学前教育专业（新课程标准）系列精品教材
"互联网+"新形态立体化教学资源特色教材

幼儿园教育
活动设计与实施

主　编◎刘志慧　刘吉霞
副主编◎刘慧杰
参　编（排名不分先后）
　　　　李　茜　张子怡　杨　晨
　　　　张子瑛　郝坛坛　白倩倩
　　　　魏芳芳　路佳悦　张凯璐

中国轻工业出版社

图书在版编目（CIP）数据

幼儿园教育活动设计与实施/刘志慧，刘吉霞主编. —北京：中国轻工业出版社，2023.1
学前教育专业（新课程标准）系列精品教材
"互联网+"新形态立体化教学资源特色教材
ISBN 978-7-5184-3896-9

Ⅰ.①幼… Ⅱ.①刘…②刘… Ⅲ.①幼儿园—教学活动—教学设计—高等学校—教材 Ⅳ.①G612

中国版本图书馆CIP数据核字（2022）第034662号

责任编辑：崔丽娜　　　责任终审：劳国强
整体设计：锋尚设计　　责任校对：吴大朋　　责任监印：张　可

出版发行：中国轻工业出版社（北京东长安街6号，邮编：100740）
印　　刷：三河市国英印务有限公司
经　　销：各地新华书店
版　　次：2023年1月第1版第1次印刷
开　　本：787×1092　1/16　印张：14
字　　数：330千字
书　　号：ISBN 978-7-5184-3896-9　定价：45.00元

邮购电话：010-65241695
发行电话：010-85119835　传真：85113293
网　　址：http://www.chlip.com.cn
Email：club@chlip.com.cn

如发现图书残缺请与我社邮购联系调换

201243J1X101ZBW

前　言

幼儿园教育活动是幼儿园有计划、有目的设计、开发、组织的以促进儿童发展为诉求的一系列活动。科学的、合理的、适宜的幼儿园教育活动是促进儿童发展的必备条件。然而，在幼儿园教育活动的实践中问题丛生。一些活动的设计和组织低于或者高于儿童的发展水平，一些活动缺乏趣味性和游戏性，一些活动的计划性和教育性不足。这些问题限制了幼儿园教育的应然效用的发挥，使幼儿的活动参与停留于形式参与层面，而没有获得实质发展。为此，我们编撰此书，希冀能够为幼儿园教育活动的科学设计和组织提供有益指导。

"幼儿园教育活动设计与实施"是很多高校学前教育专业的一门核心课程，课程目标是学生能够科学组织和实施幼儿园各项教育活动，这是幼儿园教师必备的专业素养。该课程兼具理论和实践的双重性，在学前教育专业课程结构中起到了上承专业理论，下启专业实践的重要作用，是一门融合学前教育理论与学前教育实践，注重学生实践训练的应用型课程。通过本课程的学习，学生能够熟练运用相关理论和指导策略，设计和实施幼儿园教育教学活动，并针对不同的活动类型，对幼儿给予有效的教育和引导，促使幼儿身心得到全面和谐的发展。本教材既有对幼儿园教育活动设计基本原理的阐释，也有幼儿园教育活动设计实践操作程序和案例的分享，能够有效支持学前教育专业教师和学生的教学和学习。

本教材吸收了当今国内外有关幼儿教育的先进理论和经验，紧密结合了《幼儿园教育指导纲要（试行）》《3—6岁儿童学习与发展指南》《幼儿园工作规程》等国家政策文件精神。适用对象包括本科、大专、中专等不同层次的学前教育专业学生。此外，本教材根据教师资格考试改革的需要设置了专门的学习模块，为学生提供了丰富的学习内容、学习方法和学习资料，确保教材内容做到与时俱进，与当今幼儿教育改革和发展的需要相适应。

本教材由河北大学教育学院刘志慧和泰州学院刘吉霞担任主编，对教材的体例及整体框架提出了创新的思路和编写构想，并主持全书的编审和统稿工作。刘慧杰担任副主编，负责教材编写、协助主编进行教材编审和统稿工作。全书具体编写分工如下：第一章"幼儿园教育活动的基础理论"由刘慧杰编写；第二章"幼儿园健康领域教育活动的设计"由郝坛坛编写，白文丽提供案例；第三章"幼儿园语言领域教育活动的设计"由路佳悦编写，赵江雪提供案例；第四章"幼儿园社会领域教育活动的设计"由张凯璐编写，李昕提供案例；第五章"幼儿园科学领域教育活动的设计"由杨晨编写，白文丽提供案例；第六章"幼儿园数学教育活动的设计"由魏芳芳编写，李昕提供案例；第七章"幼儿园艺术领域教育活动的设计"由张子瑛编写，赵江雪提供案例；第八章"幼儿园区域活动的设计"由张子怡、李茜编写；第九章"幼儿园主题活动的设计"由白倩倩编写。在此对为编写本教材的所有参与者表示感谢。本教材是"优秀传统文化融入幼儿园课程的实践研究"（项目编号：1702025）的研究成果。

由于本书编写时间有限，书中疏忽之处在所难免，希望广大师生提出宝贵意见，以利于我们的修订、再版。

编者

2021 年 12 月

目 录

001 第一章 幼儿园教育活动的基础理论

- 002 第一节 幼儿园教育活动的内涵
- 011 第二节 幼儿园教育活动的要素
- 014 第三节 幼儿园教育活动的类型

微视频

幼儿园教育活动的内容/012
幼儿园教育活动的设计/012
幼儿园教育活动的类型/014

029 第二章 幼儿园健康领域教育活动的设计

- 030 第一节 幼儿园健康领域教育的理论阐释
- 035 第二节 幼儿园健康领域教育内容
- 039 第三节 幼儿园健康领域教育活动的实施

幼儿园健康教育概述/030
幼儿园健康教育的内容/035
幼儿园身体保健教育活动的设计 /043

045 第三章 幼儿园语言领域教育活动的设计

- 046 第一节 幼儿园语言领域教育的理论阐释
- 052 第二节 幼儿园语言领域教育内容
- 056 第三节 幼儿园语言领域教育活动的实施

幼儿园社会领域教育目标的层次结构 /073

069 第四章 幼儿园社会领域教育活动的设计

- 070 第一节 幼儿园社会领域教育的理论阐释
- 076 第二节 幼儿园社会领域教育内容
- 082 第三节 幼儿园社会领域教育活动的实施

093 第五章
幼儿园科学领域教育活动的设计

- 094 第一节 幼儿园科学领域教育的理论阐释
- 101 第二节 幼儿园科学领域教育内容
- 111 第三节 幼儿园科学领域教育活动的实施

▶ 微视频

幼儿园科学领域教育活动的原则
/099

125 第六章
幼儿园数学教育活动的设计

- 126 第一节 幼儿园数学教育的理论阐释
- 133 第二节 幼儿园数学教育内容
- 140 第三节 幼儿园数学教育活动的实施

幼儿园数学教育内容选择的依据
/133

148 第七章
幼儿园艺术领域教育活动的设计

- 149 第一节 幼儿园艺术领域教育的概述
- 153 第二节 幼儿园美术领域教育内容与活动实施
- 162 第三节 幼儿园音乐领域教育内容与活动实施

173 第八章
幼儿园区域活动的设计

- 174 第一节 幼儿园区域活动的概述
- 179 第二节 幼儿园区域活动组织的指导
- 185 第三节 幼儿园区域活动实施案例及效果分析

190 第九章
幼儿园主题活动的设计

- 191 第一节 幼儿园主题活动的概述
- 195 第二节 幼儿园主题活动组织的指导策略
- 198 第三节 幼儿园主题活动实施案例及效果分析

214 参考文献

▶ 微视频

幼儿园区域活动的指导策略　　/182

第一章 幼儿园教育活动的基础理论

学习目标

1. 明确教育、课程、教育活动、幼儿园教育、幼儿园课程、幼儿园教育活动的含义；
2. 厘清教育与教育活动、课程与教育活动、儿童与教育活动之间的关系；
3. 了解幼儿园教育活动的要素；
4. 理解并掌握幼儿园教育活动的基本类型划分。

导入案例

认识钟表

一天，班上的珺珺小朋友从家里带来了一只漂亮的手表。自由活动时他的手表吸引了很多小朋友的目光，他大方地将手表展示给大家欣赏。不一会儿，大家就因手表上显示的是几点几分争执了起来。其中的一位小朋友找到了老师，大家在老师的引导下观察了长针和短针的指向，最终确定了手表上正确的时间。事后，教师顺着孩子们的意愿组织了谈话活动——"有趣的钟表"。在谈话中，孩子们认识到钟表是可以帮助我们掌握时间的；了解了钟表有很多种类：闹钟、挂在墙上的钟、手表、怀表等；认识了钟表中的数字、指针。紧接着又生成了数学活动——"认识钟表"，在数学活动中教师给孩子们提供了可操作的钟表模型。孩子们在教师的引导下动手操作，尝试自己认读时间，初步建立了时间刻度概念。为了让孩子们体验分、秒、时的长度，又开展了"有趣的一秒钟""一分钟可以干什么""一个小时有多长"等活动，孩子们在游戏、交谈中逐渐感知了时间的概念。

另外，在区域活动中，教师提供了时钟模型和图表，供孩子在游戏中操作。在孩子们有了一定的时间概念后，教师让幼儿尝试着认识钟表："11：30分我们要吃午饭，等时间到了小朋友们互相提醒。""今天下午15：30分集合，小朋友们要记得提醒老师哦！"教师把数学知识融入了幼儿的日常生活中。

上述案例给了你怎样的启示？幼儿园教师应该如何设计和开展教育活动？在开展和实施幼儿园教育活动的过程中，幼儿园教师应该如何设计教育目标？如何选取教育内容？应该秉持怎样的教育原则？

第一节　幼儿园教育活动的内涵

什么是教育活动？什么是幼儿园教育活动？教育与教育活动二者之间存在着怎样的一种联系？课程与教育活动、儿童与教育活动之间又存在着怎样的联系？在教育实践场域中，就幼儿教育工作者及学前教育专业学生而言，如果不经思考和学习，很容易出现对教育、教育活动、课程等概念认识不清或混为一谈的问题。由此，在探讨幼儿园教育活动相关问题前，本章拟对教育、课程、幼儿园教育、幼儿园课程、幼儿园教育活动等概念进行溯源与厘清，就教育与教育活动、课程与教育活动、儿童与教育活动的关系进行系统阐述，以明晰相关概念与联系。

一、教育与教育活动

（一）教育

随着人类社会的发展和进步，教育本身也处在不断发展的进程中，人们对教育的认识也在不断的深入，因而关于教育的含义也在不断发展和深化，古今中外产生了许多对教育的解释。比如，孟子信奉"性善论",他认为人性本善,教育的作用在于"存心养性",使人天赋的"善端"得到保持、培养、扩充、发展。荀子信奉"性恶论",他认为人性本恶,教育的作用在于"化性起伪",即通过教育和学习使人的本性得到矫正。中国教育史上最早论述教育、教学问题的论著《学记》中提到:"教也者,长善而救失者也"。法国教育家卢梭认为,植物的形成由于栽培,人的形成由于教育;教育应当依照儿童自然发展的程序,培养儿童所固有的观察、思维和感受的能力。瑞士教育家裴斯泰洛奇认为,教育的目的在于发展人的一切天赋力量和能力,为了达到这个目的,教育必须与生产劳动相结合,必须符合学生的本性,必须从最简单的要素开始。

综合比较,这些对于教育的解释和观点,从不同的角度强调了教育的不同作用,有的是从人的发展需要角度来探讨教育,有的则侧重表述教育中教育者与受教育者的关系,但这些对于教育的理解也有共通之处,即教育是有目的地培养人的活动。

现代教育背景下,教育作为一个特定的科学概念,其含义有广义和狭义之分。广义的教育是指凡是增进人们的知识和技能、影响人们的思想品德的活动,是人类社会所特有的一种社会现象。从这个角度来看,凡是有意识地增进人们的知识和技能、有目的地影响人的身心发展的一切活动,无论是有组织的还是无组织的,系统的还是零散的,都是教育。广义的教育包括各级各类的教育,如家庭教育、社会教育和学校教育。狭义的教育则专指学校教育,它是指教育者根据一定的社会要求,遵循人的身心发展规律,有目的、有计划、有组织地对受教育者施加系统的影响,促使受教育者获得主动的发展,把他们培养成为社会所需要的人的活动。

立足于幼儿园教育,它与其他各级各类的教育在某些方面有相似之处,例如,包括幼儿园教育在内的各级各类教育都会反映一定的社会和文化的价值,都会注重将与这些社会和文化价值相一致的知识、技能和能力整合到学习者的经验之中。但与此同时,幼儿园教育在许多方面也有别于其他各级各类的教育,最明显的差别体现在教育对象上。可以说,幼儿园教育是基础教育的重要组成部分,是学校教育制度的基础阶段。2001年教育部颁布的《幼儿园教育指导纲要(试行)》(以下简称《纲要》)指出,幼儿园的教育是为所有在园幼儿的健康成长服务的,要为每一个儿童提供积极的支持和帮助;幼儿园教育要尊重幼儿的人格和权利,尊重幼儿身心发展的规律和特点,以游戏为基本活动,保教并重,关注个别差异,促进每个幼儿富有个性地发展。

(二)教育活动

自1989年教育部颁布的《幼儿园工作规程》(以下简称《规程》)中出现"教育活动"这个名词以来,人们基于不同的立场与角度,产生了对教育活动的不同认识,教育活动概念的理解经历了由分歧到逐渐统一的认识过程。在实践场域中,有教育工作者将教育活动与生活活动、游戏活动并列,把教育活动仅看成是集体教学活动或是"上课",教育活动的外延范围由此被窄化;也有教育工作者对"教育活动"做广义的理解,认为幼儿园教育活动本身就包含生活活动与游戏活动。实际上,教育活动是指教育者依据教育目标,对受教育者实施有目的、有计划、有组织的影响使其发生预期变化的活动。

立足于幼儿园教育活动,一方面,透过法规文件来看幼儿园教育活动的含义,《规程》指出:"幼儿园的教育活动应是有目的、有计划地引导幼儿生动、活泼、主动活动的多种形式的教育活动。"《纲要》指出:"幼儿园的教育活动,是教师以多种形式有目的、有计划地引导幼儿生动、活泼、主动活动的教育过程。"另一方面,在现代教育背景下,幼儿园教育活动的含义有广义和狭义之分。广义地说,幼儿园教育活动包括在幼儿园内所发生的一切活动,诸如游戏活动、教学活动、生活活动、运动等;狭义地说,幼儿园教育活动主要有教学和游戏两大类活动。

综上所述,根据《规程》《纲要》的精神以及幼儿园工作的实际,首先幼儿园教育活动是以幼儿为主体的活动;其次,幼儿园教育活动是在一定的教育目的的指导下进行的活动,出发点与归宿是促进幼儿的全面和谐发展；再次，幼儿园教育活动是幼儿主动活动的过程；最后，幼儿园教育活动是具有教育价值的、多种形式的活动。

（三）教育与教育活动的关系

立足于教育与教育活动、幼儿园教育与幼儿园教育活动的关系，它们彼此之间有着密不可分的联系。具体来说，教育是包含教育活动的，它通过教育活动来实现，教育活动是达成教育目的、传递教育内容、落实教育任务的有效手段和途径之一。同理，幼儿园教育也包含幼儿园教育活动，幼儿园教育活动是实现幼儿园教育的目标，组织传递幼儿园教育的内容，落实幼儿园教育任务的一个有效手段和途径。

二、课程与教育活动

对于课程，存在着许多定义，不同的学者基于不同的研究视角或思维方式，形成了不同的课程观，进而产生了不同的课程理论。可以说，课程是一个意义十分丰富且争论繁多的概念，为透彻理解"课程"这一概念，以下将对课程、幼儿园课程、课程与教育活动的关系进行系统梳理和阐述。

（一）课程的词义

为了透彻理解"课程"这一概念，有必要从课程的中、英文词源上做一追溯，以了解其原初的含义。

1. 课程的中文词义

在中文语境中，一般认为，"课程"的出现，始见于唐代，我国唐代学者孔颖达为《诗经·小雅·巧言》中"奕奕寝庙，君子作之"句注疏："以教护课程，必君子监之，乃得依法制也。"在这里，"奕奕寝庙，君子作之"，可直解为"宏伟的殿堂，由君子主持建成"。其中"奕奕"形容"宏伟"状；"寝庙"指殿堂、庙宇，比喻伟大的事业；"君子"乃指有德者。全句的喻义为："伟大的事业，乃有德者维持。"孔颖达用"课程"一词指"寝庙"及其喻义"伟业"，可见与如今的用法还相去甚远。而到了宋代，朱熹在《朱子全书·论学》中多次运用"课程"一词，如"宽着期限，紧着课程""小立课程，大做工夫"等，这里的"课程"一词，已有"课业及其进程"的含义，其中也包含着学习范围的时限和进度的意思。

2. 课程的英文词义

在英语中，课程（curriculum）一词来源于拉丁语"currere"，其含义是"跑道"（racecourse），或"奔跑"。用名词形式解释该词的词义，"跑道"即"学程"（course of study），课程的含义是为儿童设计学习的轨道。用动词形式解释该词的词义。"奔跑"即"学习的过程"，课程的含义是儿童对自己学习经验的认识。课程一词最早可见于英国学者斯宾塞的《什么知识最有价值？》一文，并将之概念化为"教育内容的系统组织"。斯宾塞将"课程"术语引入教育中，很快被西方教育者普遍采用，但由于各家对知识、学习理论、哲学、社会要求与发展的理解不同，对"课程本质"的规定也不同；或强调内容与经验，或注重组织过程，或着眼于课目、时间安排，不一而足。因此，至今课程概念依然众说纷纭，莫衷一是。

总的来说，课程概念的表述各有差别，固然有语言方面的原因，但归根到底，反映的是人们对课程本质的理解与把握。而怎样理解和把握课程本质，将之科学地概念化，既是一个理论问题，更是一个实践问题。它直接影响着具体的现实的课程实践。

（二）课程含义的多样化界定

"课程"是教育界用得比较普遍的教育术语之一。纵观课程概念发展简史，可以明确看到，随着社会的发展和进步，在哲学观、教育观、学习观等影响下，人们对课程含义的认识与概括表现出了不同特征，关于课程的定义说法众多，难以统一，现列举以下四种比较有代表性的观点。

1. 课程即学问和学科

在我国《教育大辞典》《辞海》及众多教育著作和教育教材中，普遍把课程看作是学科或学问知识。例如，1980年版的《辞海》将课程定义为："课程即教学的科目，可以指一个教学科目，也可以指学校的或一个专业的全部教学科目，或指一组教学科目。"《教育大辞典》将课程定义为："为实现学校教育目标而选择的教育内容的总和，或指课业的进程。"

这种课程观注重学科科学体系，强调根据受教育者的身心发展特点和认识水平来编订教材，以便让受教育者进行"系统的"学习，但同时也容易出现割裂知识间的联系，忽视学习者的个别差异性的情况。在教育实践场域中，这种课程通常表现为课程标准、课程计划、教学大纲和教科书等。

2. 课程即书面教学计划

美国课程论专家比彻姆认为："课程是书面文件，可包含许多成分，但它基本上是学生注册入学于某所学校期间受教育的计划。"一个理想的课程计划应该包括："①说明用这个计划文件作为指导规划教学策略的意图；②说明为学校提出的目的，以及为此目的而设计的课程；③为实现这个目的可能需要的一批文化内容；④说明测定课程和课程体系的价值及效果的评价方案。"美国课程论专家塔巴将课程定义为"是一种学习计划"。奥利瓦也将课程定义为"学习者在学校指导下所获得的全部经验的计划和方案"。

把课程看作书面教学计划，反映的是一种综合的倾向，力图实现对课程的较为全面的把握。这种课程观既注重对教学内容的安排，又强调对教学活动过程的预设，在一定程度上丰富了课程的内涵，但同时也由于过于重视计划性，而易出现忽视课程实施过程中受教育者实际体验的情况。

3. 课程即预期的学习结果或目标

把课程定义为预期的学习结果或目标，代表人物有博比特、查特斯，后经泰勒等人的发展，将课程看作预期的学习结果和目标的观念渐趋完善。

美国学者约翰逊认为，课程应该是教学的指南，它"规定（或至少期待）教学的结果"，但"并不规定其手段，即不规定那些为实现结果而加以利用的活动、材料，以至教学的内容"。因此，约翰逊将课程定义为"预期行为的结构化序列"。

这种课程定义强调目标预测、行为控制和工作效率，在课程设计时注重预定的课程目标，以此来作为教学活动进行的基础，这一做法是十分必要的。但若把课程仅看作预期的学习结果或目标，则容易导致对师生互动、校园环境等跟学习者成长有重要关系的非预期因素和过程的忽视。

4. 课程即学习经验

与学科维度和计划维度的课程观不同，侧重经验的课程观将课程的视角转向学生的学习，把课程定义为"学生在学校内所获得的全部经验"。这种观点起源于美国教育家约翰·杜威的进步主义教育思想。杜威认为："教育是在经验中，由于经验、为着经验的一种发展过程。"他反对把课程看作一套活动或预先设定的目标，认为课程应该与儿童的生活相联系，把儿童的生活引入到教材当中去，并让儿童直接去体验。美国课程学者多尔也曾指出："公认的课程定义，已从课程的内容、科目及课程表，变为在学校领导或指导下给学习者提供的一切经验。"

从经验维度对课程进行定义，其基本着眼点是学习者的兴趣和动机，强调学习者作为主体的角色以及在课程中的体验。课程不再是外在于学习者，也不是凌驾于学习者之上，学习者本人是课程的组织者与参与者。可以说，这种课程观突出了学习者的主体地位，考虑到了学习者的兴趣和需要，但同时也难以有效地进行课程组织，教育的目的性、计划性较差，不易达成系统的教育效果。

（三）幼儿园课程

幼儿园课程与学校课程有共同之处，但由于教育对象出于不同的年龄阶段和儿童身心的特点，其课程显示了明显的区别。此外，同课程一样，幼儿园课程的内涵也由于不同学者基于不同的理念和角度，形成了不同的幼儿园课程观。现从国外和国内两个维度来对幼儿园课程的内涵进行梳理和阐述。

1. 国外维度

美国学者伯纳德·斯波特克指出，课程是教师为在幼儿园的儿童提供有组织的经验形式。包括提供的教育经验（各种作业）和向儿童提供各种非正规的教育机会。这些非正规的教育机会包括儿童的游戏和照料自己的日常生活。

英国学者普劳顿提出，不应把课程看成知识或事实，而应把它作为活动和经验。课程的目的是发展儿童作为人的基本的能力，启发他们对文明生活的兴趣，并以这些兴趣和能力充满儿童的生活。

日本学者板元彦太郎指出，课程是为了有效地实现幼儿园的教育目标，根据儿童身心发展特点和各国地区的实际情况而组织安排的幼儿园的教育内容（适合于儿童的经验、活动）的总体。

美国学者卡罗尔·卡特伦和简·艾伦提出，课程是为达到预定目标而进行的一系列具体的活动，也可被看作是选择材料和活动的依据，或是一种旨在促进儿童全面发展的教育手段和方法。

2. 国内维度

我国幼儿园课程的内涵经历了从分科到综合、从结果到过程、从知识到经验、从静态到动态等变化过程。在20世纪二三十年代，受进步主义教育思想的影响，我国幼儿教育工作者将幼儿园课程看成是幼儿在幼儿园活动的经验。20世纪50年代以后，由于我国的幼儿教育学习苏联，苏联的教学话语体系占据了主流。这一时期，幼儿园课程即为各门科目及其进程安排的总和，注重各门科目的系统教学，强调系统知识的传授，关注教材教法的研究。20世纪80年代后，幼儿园课程的含义开始采用广义和狭义之分，幼儿园课程"广义是指所有学科，狭义是指一门学科"。中国幼儿园现行的课程设置包括体育、语言、常识、计算、音乐、美术六门"。到20世纪80年代末，幼教工作者认识到以学科界定幼儿园课程的局限性，开始由"学科"视野转向"教育活动"视野，认为幼儿园课程"广义是指为实现幼儿园教育目标而组织安排的全部教育活动，或指规定的全部教学科目及其目的、内容、范围和进程的总和"。到20世纪90年代，国内对于幼儿园课程的界定主要有活动倾向、经验倾向及学科倾向三种界定。活动倾向的界定强调活动对于幼儿的重要性，认为幼儿园课程是促进幼儿身心全面和谐发展的各种活动的总和。经验倾向的界定强调幼儿在课程中要有新经验的获得，认为幼儿园课程要考虑特定的社会文化背景以及幼儿的身心发展规律和特点，有目的地选择和组织综合性的、有益的经验。学科倾向的界定强调将课程内容以各类科目的形式加以组织和安排。现代教育背景下，在我国得到广泛认同的幼儿园课程定义为：幼儿园课程是实现幼儿园教育目的的手段，是帮助幼儿获得有益的学习经验，以促进其身心全面和谐发展的各种活动的总和。

通过以上对幼儿园课程概念的梳理，可以清晰地看到国外及国内学者对于幼儿园课程的多样化界定，同时就我国的幼儿园课程含义从"学科"到"经验"、从重视"教育者"到重视"学习者"的转变历程可以看出：课程旨在指向儿童的整体发展，体现出以促进儿童身心和谐发展为目的的价值取向。

（四）课程与教育活动的关系

首先，立足于课程与教育活动、幼儿园课程与幼儿园教育活动的关系，幼儿园课程包含教育活动，各种类型的教育活动组成了幼儿园课程。从这一层面看，二者是包含与被包含的关系。

其次，上述对课程、幼儿园课程的含义进行梳理时，学界对于课程、幼儿园课程的界定既有广义上的理解，也存在狭义上的定义。如广义的课程是指学校为实现培养目标而选择的教育内容及其进程的总和，它包括学校老师所教授的各门学科和有目的、有计划的教育活动。狭义的课程是指某一门学科。同理，立足于幼儿园课程，如果从广义上将幼儿园的课程界定为幼儿园所进行的各种活动的话，那么幼儿园课程和幼儿园教育活动几乎是两个同等的概念；如果从狭义上将幼儿园课程理解为一门学科的话，那么，幼儿园课程和幼儿园教育活动就是两个互为关联的概念。幼儿园课程是幼儿园教育活动设计及实施的依据和基础，幼儿园教育活动则是幼儿园课程得以实现的中介和途径。由此可见，课程与教育活动、幼儿园课程与幼儿园教育活动既是同等的，又是互为关联的。

再者，幼儿园课程作为将幼儿教育的理念转化为幼儿教育实践的中介，这种转化是通过具体的、各种类型的教育活动的设计、组织和实施来实现的。此外，在不同的课程观下会产生不同的教育活动设计与实施状态，而幼儿园各种类型的教育活动也一定离不开幼儿园课程理念的支撑。

三、儿童与教育活动

对于儿童与教育活动的关系，可以说这是一个非常宏观的问题，因为"儿童"本身就已经是一个非常庞大的课题，能延伸出很多的研究主题。通过梳理国内外有关"儿童"的研究发现，研究视角大多聚焦和指向于儿童的发展、儿童的学习、儿童的需要、儿童的兴趣等，为了透彻理解儿童与教育活动的关系，以下将从儿童发展与教育活动、儿童需要与教育活动、儿童兴趣与教育活动这三个方面来进行切入，以阐明儿童与教育活动之间的联系。

（一）儿童发展与教育活动

1. 儿童发展的规律与特征

儿童的发展是指在儿童成长过程中生理和心理方面有规律地向更高水平量变和质变的过程。生理的发展指儿童机体或器官的正常生长（形态的增长和体质增强）、发育（功能的成熟）；心理的发展指儿童的认知、情感、意志和个性的发展。学前儿童生理发展和心理发展是相互联系、互为依存的，生理的发展为心理的发展提供基础和前提条件，同时儿童心理的发展也会影响其身体的发展。

儿童的身心发展有着明显的规律和特征，教育工作者在开展教育活动之前，必须要建立在对儿童身心发展特点及规律的了解和掌握之上，确保幼儿能通过参与精心设计的教育活动获得最大限度的发展，使每个幼儿都有机会发挥各自的潜能。概括地讲，儿童发展表现出以下几种普遍特点。

（1）顺序性。在儿童的发展过程中，无论是身体的发展还是心理的发展，都遵循着由大到小、由简到繁、由具体到抽象这样一个顺序。例如，在儿童的动作发展方面，一般是粗大动作发展在先，精细动作发展在后；在儿童的动作思维发展方面，0～3岁时，儿童主要是直觉行动思维，3～7岁时，儿童逐渐发展出具体形象思维，随着年龄的不断增长和身心发展越来越成熟，儿童进而发展出抽象逻辑思维。

（2）阶段性。儿童在发展的连续过程中，在不同年龄阶段会表现出某些稳定的、共同的典型特点。这些特点从表现方式或发展速度等方面，与其他阶段相比较，都会具有相当不同的特征，即儿童发展的年龄特征。例如，在婴儿期这一年龄阶段主要在于身体的生长和发育，幼儿期这一年龄阶段则主要是智力发展与个性形成的启蒙时期。同时，在发展的过程中，前一个阶段是后一个阶段的基础，后一个阶段是前一个阶段的继续，前后阶段彼此相连，不可分割。

（3）个体差异性。发展的个体差异性是指在儿童具有整体共同特征的前提下，个体与整体相比较，每一个儿童的身心发展，在表现形式和水平等方面都各不相同，存在着量的方面（大小、强弱）的差异，发展速度上的差异，认知结构特点上的差异等。例如，对于同样年龄的儿童，身高方面会有着明显的高矮之分；又如，在语言发展方面，有的孩子语言表达能力发展得较快，有的孩子表达能力则较差一些。

（4）不平衡性。不平衡性是指在连续不断的发展过程中，儿童身心发展的速度并不是完全与时间一致的匀速运动，在不同的年龄阶段，儿童发展的速度和水平是有差异的。具体来说，发展的不平衡性表现在两个方面，一是同一方面的发展速度在不同年龄阶段变化是不平衡的，二是不同方面发展的不平衡性。一般认为，在个体成长过程中，新生儿与青春期是个体身心发展的两个高速发展期。

2. 儿童发展的理论与启示

在学前教育发展的历史长河中，有关儿童发展的理论有很多，例如有瑞士儿童心理学家皮亚杰的认知发展理论、苏联心理学家维果茨基的最近发展区理论等。其中，最近发展区理论是维果茨基在讨论教师教学与儿童发展关系时提出的，对于探讨教育活动与儿童发展的关系也有一定的启示。

所谓"最近发展区"是指儿童发展的两种水平，一种是儿童现有的发展水平，另一种是指在教师的引导和帮助下可以达到的潜在的较高水平，而这两种水平间的差距就是最近发展区。

在教育活动中，最近发展区理论很好地启示教育工作者，一方面，教育活动的设计要适应儿童的发展水平，不可任意拔高，也不可盲目滞后，所提出的教育要求和内容应以儿童身心发展的成熟程度为基础。另一方面，在活动设计与实施的过程中，教育工作者要在充分考虑儿童的已有经验和原有基础之上，积极引导儿童的发展，找准其最近发展区，通过教育活动使儿童获得更高层次的发展。

3. 儿童发展与教育活动的关系

首先，儿童的发展是设计与开展教育活动的出发点，同时也是教育活动的最终旨归。可以说，促进儿童的发展是教育活动设计的核心，从教育活动目标的确定、教育活动内容的选择、教育活动环境的规划到教育活动的组织形式与方法等，都要紧紧围绕帮助儿童获得有益的发展这一中心点。

其次，儿童可以通过教育活动来获得发展，教育活动是促进儿童发展的有效途径和媒介之一。同时儿童发展与教育活动之间不是简单的一一对应关系，具体来说，一个教育活动可以指向儿童多个方面的发展，反之，儿童某一方面的发展也可以依托于多个不同的教育活动，从多个教育活动中获得支持。

最后，儿童发展与教育活动之间是相互影响、相互联系、相互制约与作用的关系。具体来说，一方面，儿童的发展水平与特点制约着教育活动的设计与实施，在设计与开展教育活动时，教育工作者应充分考虑儿童的身心发展水平和特点，据此来设计教育活动，确定教育的内容和方法等，从而使得儿童获得有效的发展。另一方面，教育活动也影响着儿童发展的水平和方向，如科学有效的教育活动能够促进儿童身心健康和谐的发展，反之，非科学、不适宜的教育活动则会阻碍儿童的发展。

（二）儿童需要与教育活动

1. 儿童需要

"儿童需要"是什么？在探究"儿童需要"的问题之前首先要了解"需要"是什么。"需要"一词看似是一个很简单的词语，但若不加以细细思考和探究，则很容易陷入对其理解的混乱和模糊的境地。关于"需要"的定义，在学界不同的研究者基于不同的出发点和视角有着不同的理解。具体来说，英国学者伊恩·高夫将"需要"理解为一种驱动力，"需要"成为动机的一种力量，促使人们去从事某件事情，这是"需要"最常见的用法，也是人们对需要的一般性理解。也有学者将"需要"理解为目前和所希望达到状态之间的差距，或者将"需要"理解为一种目标，例如"小明需要更多的营养"。在日常生活中，"需要"一词可以充当动词使用，如"我需要吃饭""他需要喝水"等。当然，"需要"也可以充当名词，如"游戏的需要""表扬的需要"等。

此外，要理解"需要"的内涵，还要准确区分几个与"需要"密切相关的概念，即"需要"与动机、"需要"与想要的区别和差异。首先，立足于"需要"与动机，苏联著名心理学家列昂捷夫曾经提到："每个人生来就有与生俱来的需要，作为内部的需要，只是由于对象被发现，需要才获得自己的对象性变成了动机。"即"需要"不等同于动机，需要只是动机的一种力量，是经过某种推动才演变为动机的。其次，立足于"需要"与想要，"需要"并不是简单地等同于想要，"需要"是合理的，但是想要的并不都是合理的。在某种程度上来说，"需要"是对于有机体一种有意义的满足，如果不能得到适当的满足和实现，那么将会对个体造成伤害。例如，如果教育工作者忽视儿童的游戏需要、活动的需要等，将被认为是不正当和不合理的，会阻碍学前儿童的发展。而想要的可能会对有机体产生伤害，例如，儿童不顾父母的阻拦，想要一直玩电子游戏，那么这对其视力的伤害性是非常大的。

立足于"儿童需要"，在幼儿园实践场域中"需要"一词经常被教育工作者用作动词来使用，而对其作为名词的考量则很容易受到忽视。因此，本书将"儿童需要"当作名词来解释，其含义是指在学校教育活动中，由儿童自身特点决定的，使儿童感到内心缺乏而力求获得满足的教育行为。需要注意的是，"儿童需要"是一个相当复杂的问题，每个儿童个体的需要存在着差异，例如，男孩和女孩的需要不同，不同年龄阶段儿童的需要各不相同，同一个儿童的不同需要之间也存在着差异。可以说，儿童需要的差异性是其个性化发展的内部动因，也是儿童需要个性化满足的基础。这就要求教师在教育过程中要对不同儿童的需要进行分析，根据每个儿童自身的需要予以支持和满足，从而提高针对性和实效性。

2. 儿童需要的理论与启示

学界关于"需要"的理论有许多，例如美国心理学家马斯洛提出了著名的需要层次理论，他认为个体的行动都是由需要引起的，个体的动力来自个体各种需要的满足，将人的需要按照从低级到高级的顺序，分成了生理的需要、安全的需要、归属与爱的需要、尊重的需要以及自我实现的需要五个层次，并指出只有当各种基本需要得到相对满足时，才会产生高级需要。

美国学者克雷顿·奥尔德弗提出了与马斯洛需要层次理论密切相关但又有些不同的理论，即ERG理论，他把人的需要分为生存的需要、关系的需要和成长的需要三类。具体来说，生存的需要关系到机体的存在或生存，包括衣食住行等基本的物质需要；关系的需要是指发展人际关系的需要，这种需要通过工作中的或工作以外与其他人的接触和交往得到满足；成长的需要是个人自我发展和自我完善的需要，这种需要通过发展个人的潜力和才能，才能得到满足。ERG理论并不强调需要层次的顺序，认为某种需要在一定时间内对行为起作用，而当这种需要得到满足后，可能去追求更高层次的需要，也可能没有这种上升的趋势。该理论还认为，某种需要在得到基本满足后，其强烈程度不仅不会减弱，还可能会增强。

英国学者迈·凯梅·普林格尔在《儿童的需要》一书中将儿童的需要分成了四类，即对于爱及安全感的需要、对于新体验的需要、对于赞扬和认可的需要、对于责任感的需要。此外，她在书中还写道："只有满足儿童在物质、情感、社会意识及智力发育方面的需要，才能使他们尽情享受生活、充分挖掘潜力、成长为积极参与社会，并为之作出贡献的人。"

通过对以上需要理论的梳理可以发现，尽管各个学者对于"需要""儿童需要"的看法不尽相同，但他们都强调了满足需要的重要性。立足于儿童的需要，很好地启示广大教育工作者，在教育活动中要具有关注儿童需要的意识，创造适宜的环境和条件满足幼儿的需要，在其需要得到相对的满足后，才能更好地激发幼儿的潜能，进而帮助他们在成长的过程中实现自我。

3. 儿童需要与教育活动的关系

儿童需要与教育活动之间是相互影响、相互作用的关系，了解和分析儿童的需要是设计幼儿园教育活动的前提，幼儿园教育活动的设计应建立在分析幼儿发展需要的基础之上。具体来说，在设计教育活动前，教育工作者首先要充分考虑和分析本班幼儿的发展需求，将儿童需要的满足作为科学规范教育活动的主要依据，结合幼儿的发展需要来设计教育活动，使幼儿的发展需要获得充分的支持和满足，促进幼儿向着更高水平发展。

（三）儿童兴趣与教育活动

1. 儿童兴趣

从词源学上考察，无论是英语还是德语中的"兴趣"一词，都源自拉丁语的interesse，意为"关注、能区别的，有重要意义的事物"。从字义上解释为"处于中间的事物"，由Inter-（两者之间，between）与词根esse（存在，to be）两部分构成。在中国，"兴"与"同"同源。《说文》中提到："兴，起也。从舁从同。"本义为起来，引申为兴起、开始、兴盛、兴致。趣，春秋以来的形声字。从走，取声。本快走、疾速义。与趋字音义通。引申指趋向，再引申为兴味，使人感到愉快。

综合起来，可以理解为："兴趣"是在人对物的作用中产生的，与劳动、活动有一定的关联，往往需要付出努力；且这种活动是有方向、有目标的。除此之外，与其他年龄段的兴趣相比，儿童的兴趣具有主动性、生活性、具体性、不稳定性、广泛性与杂乱性等特点。

2. 儿童兴趣的理论与启示

在西方近现代史上，许多哲学家、心理学家、教育学家都十分关注对"兴趣"问题的研究，在18世纪末和19世纪初时，有关"兴趣"的概念和理论已经出现在了哲学、心理学等著作中，并对教育学和教育心理学产生过重要的影响。例如，德国哲学家康德和费希特从哲学视角对"兴趣"问题进行了探讨，认为"兴趣"即乐趣、即关切，它与人的行为活动相联系并影响着认识过程；"兴趣"以需求为前提，又产生需求，它表达着人们感兴趣的对象同人们实现欲望能力的关系；"兴趣"是人的一切思想情感都具有的能力，它包含着促进施展思想情感能力的条件。这些观点进而也影响了德国哲学家、心理学家赫尔巴特，使得他的兴趣学说带有浓重的德国古典哲学味道。

在教育史上，赫尔巴特是第一个把"兴趣"作为一个心理概念、教育科学范畴进行专门研究的教育家，他将"兴趣"分成了"认识的兴趣""同情的兴趣"两大类，细化为经验的兴趣、思辨的兴趣、审美的兴趣、同情的兴趣、社会的兴趣、宗教的兴趣六个方面，认为"兴趣"表现为注意、期望、要求、行动四种状态。总的来说，赫尔巴特的"兴趣说"主要体现出了三个方面的意义：首先，兴趣是主动的、关心的、专心追随的，表现为积极的情感和活动，也可以欲望、意愿、冲动、热情、审美等形式出现；其次，兴趣是从属或依附于一定对象的，表现为兴趣的指向性、客观性；再次，兴趣是智力追求或求知倾向的能量和活力，表现为兴趣的动力性。国外教育史学家认为，赫尔巴特主张的"兴趣"不是伴随游戏而产生的表面兴奋，而是对心灵有影响的既深刻又生动，并且同一切认真努力相伴随的兴趣。

继赫尔巴特之后，杜威是教育史上另外一位较为系统的研究和阐述"兴趣"问题的教育家。在他的著作《民主主义与教育》一书中，杜威提到："兴趣是任何有目的的经验中各种事物的动力。""兴趣这个名词的通常用法有三种意义：活动发展的全部状态、预见的和希望得到的客观结果、个人的情感倾向。"在《我的教育信条》中杜威说道："兴趣是生长中的能力的信号和象征。我相信，兴趣显示着最初出现的能力。"《明日之学校·民主与教育》中，杜威指出："兴趣应该是选择的基础，因为儿童对他们需要学习的东西是感兴趣的。"在《教育中的兴趣与努力》一书中，杜威提到："真正的兴趣是自我通过行动与某一对象或观念融为一体的伴随物，因为必须有那个对象或观念维持自我主动的活动"，而且"兴趣是统一的活动"。通过梳理杜威关于"兴趣"的表述，其"兴趣说"主要包含以下几个方面的意义：兴趣是源于本能和需要的一种习惯；兴趣是生长和能力的表现，兴趣随着儿童的自然生长而变化发展；兴趣是有目的的经验活动的态度和动力，体现了兴趣的指向性、情感性和动力性；兴趣能够满足儿童的好奇心，促进儿童学习能力的提高；兴趣是主客体相统一的活动过程，兴趣具有统一性。

通过对以上兴趣理论的梳理可以发现，杜威和赫尔巴特关于兴趣的解说充满了哲学味道、关涉到人类的兴趣。虽然他们所指出的兴趣的含义是多方面的，但没有一个人认为兴趣是表面肤浅或脱离学习材料和自我行动的。立足于当前的幼儿园教育实际，这能很好地启示教育工作者应重视幼儿兴趣的本体价值，重视兴趣在幼儿园教育中的重要作用，树立科学、正确的兴趣观，有助于教师对儿童兴趣的正确领悟，有利于打破将幼儿的兴趣培养停留在口头上和形式上的僵局。

3. 儿童兴趣与教育活动的关系

首先，由于兴趣不仅是一种积极的情绪和态度表现，也是一种重要的内在动力。因此，在教育过程中，儿童的兴趣可以作为推动教育活动开展的有效手段和动力。

其次，儿童的兴趣是确定教育目标、选择教育内容和方法等的依据。正如《规程》中所明确指出的："教育活动内容应当根据教育目标、幼儿的实际水平和兴趣确定，以循序渐进为原则有计划地选择和组织。"

此外，激发儿童的兴趣也是开展教育活动的目的之一。设计科学适宜的教育活动，除了为达成教育目标之外，还有一个很重要的原因是为了激发幼儿的兴趣，进而更好地对幼儿进行引导和教育。

第二节　幼儿园教育活动的要素

幼儿园教育活动要素是设计与实施幼儿园教育活动的前提和基础。幼儿园教育活动要素主要包括教育活动目标、教育活动内容、教育活动设计、教育活动实施以及教育活动评价五个方面，这五个要素之间相互联系、相互作用且相互调节，构成了一个不断循环往复的有机整体。在教育实践场域中，幼儿园教师凭借对幼儿园教育活动目标的把握程度，选择适宜的教育内容，并对教育活动进行设计与规划，继而将静态的教育活动方案转化为动态的教育活动过程。在活动结束后，教师对整个教育活动进行综合性评价，以求最大限度地实现幼儿园教育活动的有效性。

一、教育活动的目标

教育是人类有目的、有计划的一种社会实践活动。它的目的性、计划性首先表现在实施教育之前就对其教育结果有了一种期望，这种预先期望就是教育目标。教育目标是伴随着教育实践而产生的，它影响着教育的内容、方法、教育活动的组织形式等，指导着教育的实施进程。因此，教育活动目标的制定就成为了教育的重要前提。

首先，从幼儿园教育活动目标的含义来看，幼儿园教育活动目标是幼儿园教育活动预期的结果和期盼，是幼儿园教育活动的"指南针"和"方向盘"，决定着教育活动的性质。可以说，幼儿园教育活动目标的确定，使得幼儿园教育活动设计的方向能得以明确，教育活动内容的选择和组织以及教育活动的实施和评价等与教育活动目标成为一个有机的整体。

其次，从幼儿园教育活动目标的制定依据来看，制定科学合理的幼儿园教育活动目标，必须考虑众多的相关影响因素。现代课程理论之父泰勒认为，课程目标的制定需要考虑学习者、当代社会生活和学科发展的需要这三大方面。幼儿园教育活动目标的制定也不例外，在制定幼儿园教育活动目标时，要以幼儿的发展、当代社会生活的要求、学科知识这三者为依据，对这三方面的因素进行综合考虑，把幼儿个体发展的需要与社会发展的需要及各学科发展的现实结合起来，以求得到一个既符合幼儿、社会发展需要又能反映某门学科发展趋势的幼儿园教育活动目标体系。

再者，从幼儿园教育活动目标的价值取向来看，在幼儿园教育活动目标的设计中，由于对儿童发展、社会需求以及对幼儿园教育活动的不同理解，幼儿园教育活动目标存在着不同的价值取向。概括地讲，在幼儿园教育活动中，较为常见的目标取向有行为目标、生成性目标和表现性目标。

此外，除了关注教育活动目标的取向外，制定幼儿园教育活动目标时，也要兼顾教育活动目标的维度。美国著名心理学家布卢姆在《教育目标分类学》这本书中以心理活动的不同领域作为分类的出发点，将教育目标分为三大领域：认知、情感和动作技能领域。具体来说，认知领域包括知识的掌握和认知能力的发展；情感领域包括习惯、兴趣、态度、价值观和社会适应能力的发展；动作技能领域包括感知动作、运动协调、动作技能方面的发展。每一领域又按其性质由简到繁、由易到难、由具体到抽象、由低级到高级分为若干层次。据此，幼儿园教育活动的目标也可以分为认知、情感与态度、操作技能三种维度。

二、教育活动的内容

《纲要》指出，幼儿园教育活动的内容根据各学科性质分为健康、语言、社会、科学、艺术五大领域，各领域的具体教育活动内容的选择既要适合幼儿的现有水平，又要有一定的挑战性；既要符合幼儿的现实需要，又要有利于其长远发展；既要贴近幼儿的生活来选择幼儿感兴趣的事物和问题，又要有助于拓展幼儿的经验和视野。此外，《纲要》也提出："教育活动内容的组织应充分考虑幼儿的学习特点和认识规律，各领域的内容要有机联系，相互渗透，注重综合性、趣味性、活动性，寓教育于生活、游戏之中。"

如果说目标是一个幼儿园教育活动的"指南针"与"方向盘"，决定了教育活动的价值方向，那么幼儿园教育活动的内容则是体现价值的重要载体。对于教师和儿童而言，幼儿园教育活动内容主要解决的是"教什么"和"学什么"的问题，即要递进式地促进幼儿掌握一系列的关键经验。《纲要》中明确指出，要"深入研究、确定不同教育阶段学生必须掌握的核心内容，形成教学内容更新机制"。因此，教育工作者要基于幼儿的发展水平、兴趣与需要，基于社会文化变迁特点，对幼儿园教育活动进行深入研究，确定基于研究的、促进儿童关键经验发展的、适宜的幼儿园教育活动内容。

可以说，幼儿园教育活动内容是构成幼儿园教育活动的基本要素，是实现幼儿园课程目标和教育活动目标的重要载体。幼儿园教育活动内容的选择和组织，是幼儿园教育活动设计中的一项重要工作。

三、教育活动的设计

[微视频] 幼儿园教育活动的设计

"设计"一词通指把一种计划、规划、设想通过某种形式传达出来的活动过程，是设计者在正式进行某项工作之前，根据一定的目的要求，预先制定规划、方法图样等。正所谓："凡事预则立，不预则废"，幼儿园教育活动的开展也同样如此。可以说，幼儿园教育活动设计是幼儿园教育活动实施的前提，教育活动要获得最佳效果、促进幼儿的发展，在实施活动之前必须要进行有效的活动设计。一份精彩完美的教育活动计划占有举足轻重的地位，教育活动设计的好坏，是教育活动能否成功实施的关键。

首先，幼儿园教育活动设计是指教师事先研究并制订具体的、可操作的教育活动计划，以支持幼儿的活动、促进幼儿的发展。具体来说，幼儿园教育活动设计是为了支持幼儿更有效地学习而预先对活动所进行的规划和组织，宗旨是为幼儿发展创设一个高效的活动系统。其主要任务在于根据幼儿的发展水平和特点，整合课程资源，确定教育活动目标、选择活动的具体内容及呈现方式，采用一定的教育方式和手段有效地安排和组织活动。其次，设计过程中的要求主要包括活动名称的取法要规范化、活动目标的制定要具体化、活动准备的考虑要全面性、活动过程的设计要确保有效性等。再者，幼儿园教育活动设计是教育理念联系教育实践的纽带，做好幼儿园教育活动设计工作，有利于提升幼儿园教育活动的质量和有效性、有利于幼儿园教育教学工作的科学化、有利于幼儿教师的成长和发展。

四、教育活动的实施

幼儿园教育活动实施是指将经由编制的幼儿园课程和经由设计的幼儿园教育活动付诸教育实践的过程。可以说，确定教育活动的目标、选取适宜的教育活动内容以及进行科学的教育活动设计，这些仅仅是静态的文本呈现，而幼儿园教育活动实施就是为实现教育活动目标、以教育活动设计为前提和依据、将静态的文本转化为动态的教育实践的过程。

对于教育活动实施的理解可以从以下三个维度进行：

一是从活动目标的维度，它是在众多复杂性中求得调和和平衡的过程。因为幼儿园教育活动彼此关联紧密，前后衔接，在对活动方案的实施中，应对活动目标进行纵向和横向的分析，确保达到纵向上的连贯、递进和一致性，横向上的互补、渗透和拓展性。

二是从活动执行的操作维度，它是采纳、调适与应用活动方案的再创造过程。因为幼儿园教育活动的实施过程，是教师组织幼儿根据活动设计方案开展教育活动的实践过程，活动设计方案必然成为活动组织的依据，但是活动实施过程不是对活动方案的"依葫芦画瓢"。它要求教师在活动中既要执行活动方案，又要根据幼儿的兴趣变化、活动表现和反馈信息，对活动组织及时调控和灵活应变。

三是从活动效果的维度，它是落实教育活动课程思想以创造教育活动新文化的过程。每一次教育活动的实施，都是对教育活动中教育思想的贯彻和落实，而实践活动的效果分析又会反过来形成新思想、新方法、新的教育活动文化，为幼儿园课程改革提供依据，推进课程改革的深入。此外，幼儿园教育活动的实施过程是教师创造性地开展工作的过程，也是教育者与儿童平等对话和交流的过程，是体现教师的教育理想和观念的过程，也是教师教育行为显现和作用的过程。教师对教育、对儿童以及对自身的正确认识和理解将通过外显的教育行为在活动的组织与实施中影响到教育的效果。因此，在幼儿园教育活动实施过程中，教师应遵循和贯彻《3—6岁儿童学习与发展指南》（以下简称《指南》）和《纲要》精神，从本地、本园的条件出发，结合本班幼儿的实际情况，制定切实可行的教育方案，采取科学合理的策略来组织与实施教育活动。

五、教育活动的评价

《纲要》在第四部分的教育评价版块中指出："评价的过程，是教师运用专业知识审视教育实践，发现、分析、研究、解决问题的过程，也是其自我成长的重要途径。""评价"指的是评定价值，是价值判断，是对客体满足主体需要程度的判断。同理，教育活动的评价是评定教育活动的价值，是对教育活动的价值作出判断。

首先，幼儿园教育活动评价是针对幼儿园教育活动的特点和组成要素，通过收集和分析幼儿园教育活动各方面的信息，科学地监测和判断幼儿园教育价值和效益的过程；也是对幼儿园教育活动目标、教育活动内容、活动材料、活动效果以及教学活动过程的实际运行状况等的判断和评定过程。

其次，幼儿园教育活动评价的目的在于了解教育活动的适宜性和有效性，调整和改进教育活动的目标和方法等，以此促进幼儿的健康发展；通过对教育活动的评价及反思，发现并分析问题，改进教育策略，提高教育质量，以此促进教师的专业发展。

最后，幼儿园教育活动评价有着极大的作用。通过对幼儿园教育活动进行评价，可以了解教育活动的目标、内容、方法等是否适合幼儿的发展水平，是否能够满足幼儿的需要，是否能够促进幼儿的身心发展，有助于提高幼儿园教育活动的实效性；可以给予教师一定的反馈，了解教育活动的过程、方法等存在的问题，从而根据反馈信息进行分析、调整或改进；还可以通过教育活动评价的反馈机制，使幼儿看到自己已有的进步，激发幼儿参与教育活动的兴趣和信心。

第三节　幼儿园教育活动的类型

在不同的社会历史发展时期，受不同教育思想及教育观念的影响，幼儿园教育活动在观念、内容及形式等方面呈现出多元化的发展趋势。基于不同的维度出发，幼儿园教育活动可以进行不同的分类，具体来说，主要有以下几种基本类型。

一、按幼儿园教育活动的性质分类

根据幼儿园教育活动的不同性质，可以将幼儿园教育活动分成教师预先设置的教育活动和儿童自主生成的教育活动两类。

[微视频]
幼儿园教育活动的类型

（一）教师预先设置的教育活动

教师预先设置的教育活动是指教师设定教育活动目标，提供相应的活动环境和材料，有目的、有计划地实施和进行的教育活动，它更强调教师的计划组织和直接指导。

示例

小班社会领域活动：我喜欢抱抱

【设计意图】

小班开学初，有些孩子因为不适应新的环境常常会哭。这时，教师通常会把他们揽在怀里。但老师发现，有的孩子会乐意让老师抱抱，有的孩子则会拒绝。为了拉近老师与孩子之间、孩子与孩子之间的距离，帮助孩子尽快融入集体，结合小班幼儿的年龄和兴趣特点，老师将幼儿熟悉的"花园宝宝"形象贯穿于整个活动过程，并对其中一段花园宝宝的故事进行了改编，旨在引导幼儿了解人们在伤心、喜悦时通常需要抱抱。

【活动目标】

1. 初步懂得抱抱是情感表达的一种方式。
2. 乐意与认识的人抱一抱，体验抱一抱带来的愉悦感受。
3. 能用简短而完整的语言进行表述，并在集体中学会倾听。

【活动准备】

1. 幼儿熟悉动画片《梦的花园》及其中的动画形象。
2. 改编故事《我喜欢抱抱》并自制动画短片。
3. 音乐《抱一抱》，"爱心"贴花若干。

【活动过程】

一、进入故事情境

师：孩子们，我们一起去"梦的花园"，看看那儿发生了什么事。

二、欣赏动画短片《梦的花园》

1. 边播放动画短片边讲述故事前半部分：从前，在"梦的花园"里住着可爱的玛卡巴卡。玛卡巴卡特别喜欢和别人抱抱，它和小树抱抱，和小花抱抱，又跟蘑菇抱抱……它发现要抱的实在是太多了，于是就坐着叮叮车去跟别人拥抱，可是叮叮车却不高兴了。

2. 借助提问帮助幼儿感受和理解故事前半部分。

师：玛卡巴卡和谁抱抱了？它为什么要抱它们？

师：叮叮车为什么不高兴？

3. 小结。

师：原来叮叮车也希望能得到别人的拥抱，可是玛卡巴卡开始却没有想到抱抱叮叮车。

三、游戏——抱一抱

1. 教师和小朋友抱抱。

师：老师也喜欢抱抱别人，特别喜欢抱抱你们这些可爱的小朋友。老师来抱抱你们好吗？

2. 带领幼儿听音乐《抱一抱》，找个喜欢的朋友抱抱。

师：你想和哪个小朋友抱抱呢？让我们听着音乐找个朋友抱抱吧。

3. 引导幼儿讨论。

师：你喜欢老师抱你吗？为什么？

师：你喜欢小朋友抱你吗？为什么？

师：你抱过谁吗？为什么要抱他？

4. 小结。

师：我们开心的时候都喜欢与人抱抱，抱抱的感觉真好。

四、继续欣赏动画片，感受什么时候需要抱抱

师：抱抱是这么开心的事情，那么玛卡巴卡后来有没有抱抱叮叮车？叮叮车有没有开心起来呢？我们继续来听故事。

1. 结合动画片讲故事后半部分：玛卡巴卡又抱了抱叮叮车，叮叮车高兴地笑了。"呜呜"，是谁在哭？原来小点点不小心摔了一跤，玛卡巴卡连忙把它扶起来，抱了抱它。小点点很快就不哭了，露出了甜甜的微笑。"再见！再见！"飞飞鱼要离开它的好朋友哈呼呼到很远的地方去，可它们怎么也舍不得分开，紧紧地抱在一起。玛卡巴卡看到了说："哦，原来不光我喜欢抱抱，大家都喜欢抱抱呀！"

2. 借助提问帮助幼儿感受和理解故事后半部分。

师：玛卡巴卡抱了叮叮车没有？叮叮车怎么样了？

师：玛卡巴卡为什么要抱小点点？

师：你哭的时候谁抱过你？心里觉得怎么样？

师：飞飞鱼和哈呼呼为什么要抱抱？

3. 小结。

师：原来，我们在开心、高兴的时候需要抱一抱，在伤心、难过的时候也需要抱一抱。抱一抱可以让自己快乐，也能给别人快乐。喜欢抱抱的孩子都是爱心小天使！

4. 在《抱一抱》的歌舞表演中，教师给幼儿贴"爱心"贴纸。

【活动延伸】

带领幼儿走出活动室，鼓励他们主动与别班的伙伴抱抱，以认识更多的朋友。

（二）儿童自主生成的教育活动

儿童自主生成的教育活动是在儿童偶发性的探究和兴趣的支配下产生了内部动机的需要，进而引导和帮助儿童生成某个主题的教育活动，它更关注儿童的兴趣和学习需要。

> 示例

中班生成活动：掉落的物体

【主题的产生】

一天户外活动，小朋友们在兴高采烈地玩着沙包，时而向上抛，时而向下抛，时而向前抛，时而向后抛，每个幼儿都玩得不亦乐乎，这时只听见几个小朋友在议论纷纷：

我的沙包这样落下来！（他一边说一边做了一个开汽车的动作）

我的沙包跟他落下来的不一样！

我的沙包也是这样落下来的！

由于结果不一样，孩子们都好奇地再次向上抛起了沙包，有说有笑地议论着沙包落下来的样子……

看到孩子们对物体落下的现象那么感兴趣，老师便决定以"掉落的物体"为主题进行研究。

【主题的价值】

1．兴趣来源于幼儿的生活，在生活中有无数种物体可供幼儿进行研究，研究资源相当丰富。

2．通过对"掉落的物体"的研究，试图让幼儿通过不断地尝试操作、探索感知、形象表征、体验分享来发现物体下落的现象，并进一步发现里面的科学道理，充分体现以幼儿为主体的原则及尝试教育的理念，并让幼儿从中体验到科学探索的兴趣，培养幼儿从小爱科学的兴趣。

【主题活动总目标】

1．通过活动，培养幼儿乐于尝试的精神，激发幼儿主动探索的欲望。

2．引导幼儿在尝试探索活动中，发现物体下落的不同现象及落在地上的不同现象，并知道物体下落时的速度与物体本身的重量有关。

3．发展幼儿的观察力、肢体语言的表现力和初步形象表征的合作能力。

【活动过程实录】

活动一　物体掉落时的现象

【活动目标】

1．通过活动培养幼儿乐于尝试的精神，激发幼儿主动探索的欲望。

2．引导幼儿在尝试探索活动中发现物体下落时的不同现象。

3．发展幼儿的观察力及肢体语言的表现力。

【活动准备】

毽子、海洋球、手工制作"降落伞"、羽毛、树叶、手绢、皮球、棉球、气球、手工制作"迷迷转"、沙包、纸片、网球、手工制作"小花盘"、皱纹纸等。

【活动过程】

1．自由探索、大胆尝试。

当孩子们见到老师为他们带来的各种各样的玩具后都兴奋极了，每个人都表现出跃跃欲试的样子，于是老师便将玩具一一展示给幼儿看，这更增加了幼儿参与活动的兴趣。这时老师与幼儿一起进行了三次不同的尝试。

第一次尝试：请幼儿自由选择一种玩具，并将其抛向空中，观察其落下来的现象。

有的孩子说：老师，它掉下来了！有的孩子说：老师，它落下来了。还有的孩子说：老师，它飘下来了……孩子们都发现了原来抛上去的物体都会掉下来的。

第二次尝试：请幼儿换一种玩具，再次向空中抛去，看看有没有新的发现。这时幼儿发现了，玩具还会落下来，但落下来的样子不一样了。

第三次尝试：鼓励幼儿拿两种玩具比较，发现物体落下来的现象是不一样的。

2．尝试讲述、发现秘密。

请小朋友说说刚才玩的是什么？它是怎样落下来的？鼓励幼儿用肢体语言来表示，并给大家演示一遍。

王一扭着身体说：我玩的是气球，它是飘下来的。

张兆凯做了一个跳起来蹲下的动作说：沙包是直着落下来的。

李金生一边转一边说：迷迷转是转着落下来的。

杜新容说得更详细：鸡毛先飘了几下，又转着落下来。

孩子们都争先恐后地说着物体下落的不同现象：有直直地落下来的，有慢慢地飘下来的，有转着落下来的……

活动二　物体掉落时的速度

【活动目标】

1．通过活动，培养幼儿主动探索尝试的兴趣。

2．在尝试探索活动中发现物体下落时的速度与物体的重量、抛起的高度等有关。

【活动过程】

1．"小朋友，当我们同时将两种玩具抛起来时，发现他们落下来的样子不一样，你再试一试，看看还能发现什么？"在教师的启发下幼儿纷纷再次进行了实验，这次他们发现物体落下来的速度是不同的。

2．为什么有的物体落得快，有的物体落得慢？幼儿通过比较发现物体的轻重、形状、大小都是不一样的。引导幼儿寻找一种可以记录物体落下的速度的方法。

3．怎样让落得慢的物体落得快？让落得快的物体落得慢呢？幼儿自由探索，分小组讨论。最终他们都想出了不同的办法。有的组说：先把落得慢的物体扔上去，这样就会比落得快的物体先落地。有的说：把落得快的物体扔得高一点，落得慢的物体扔得矮一点就行了。还有的说：把原来轻的物体绑上重的东西，让它比原来重的物体还重就可以了……后来老师根据孩子们的提议一一进行了实验，看到自己的想法得到了大家的认可，孩子们别提有多高兴了！

活动三　物体落在地上的变化

【活动目标】

1．通过活动，培养幼儿主动探索尝试的兴趣。

2．幼儿在探索中发现物体落在地上的不同变化，并用适当的语言进行描述。

3．鼓励幼儿根据自己的生活经验，大胆想象，敢于尝试，想出可以改变物体落在地上的办法。

【活动过程】

1．老师引导幼儿发现物体落在地上的现象。鼓励幼儿运用不同的物体进行实验，发现物体落在地上的现象也是不同的。通过实验幼儿发现有的物体落在地上会滚动，有的物体落在地上会弹起来跳几下，还有的物体落在地上是不动的。

2．形象讲述，发现秘密。鼓励幼儿用一种动作来表示物体落在地上的样子，并用语言进行描述。

3．改变物体落在地上的现象。与幼儿一同进行实验，并将找到的物体根据物体落在地上的不同现象进行分类。为了让幼儿想出改变物体落在地上现象的办法，老师先与幼儿进行了这样的尝试：每人向上跳一下，发现落在地上是不动的，然后带幼儿到蹦蹦床上跳，发现落下之后还会被弹起来的。这时有一名小朋友说：老师我们让物体都落到蹦蹦床上，它是不是也会跳起来？带着这样的疑问幼儿纷纷进行了实验，最后他们发现了：玩具落在滑梯上会滚下去、球落在沙地里、落在水里就不会滚也不会跳、沙包落在被子上就不会响……

活动四　表征掉落的物体

【活动目标】

1. 通过活动，培养幼儿初步的形象表征的能力和小组合作能力。
2. 鼓励幼儿用合适的符号进行形象表征，并与幼儿共同探讨表征的不同形式。

【活动过程】

1. 谈话：掉落的物体。

鼓励幼儿说出物体是怎样落下来的，并用一种符号进行表示。

2. 小组表征：掉落的物体。

每组幼儿推选一名幼儿进行记录，其他幼儿讨论用什么样的符号进行记录。经过一段时间后，老师又将幼儿的表征记录展现给大家看。有的用直线表示物体直直地落下，有的用波浪线表示物体在滚动，有的用锯齿纹表示物体在跳动，有的用蜗形、用一连串的圆圈表示物体在转动，有的用断断续续的波浪线表示物体在飘动……幼儿的表征作品出现了百花齐放的局面。在幼儿进行讲述时，每位幼儿都争着将自己的同伴讲述的不完整的地方进行补充。幼儿的兴趣十分高涨。

【延伸活动】

寻找生活中的其他物体，观察物体掉落的现象并进行表征。随后老师又鼓励幼儿在家长的陪同下到生活中去寻找其他的物体并进行表征。

二、按幼儿园教育活动的学科性质分类

按幼儿园教育活动的学科性质，可以将幼儿园教育活动划分成语言教育活动、计算教育活动、常识教育活动、音乐教育活动、美术教育活动、体育活动；或者划分成健康教育活动、语言教育活动、社会教育活动、科学教育活动、艺术教育活动等。

按幼儿园教育活动的学科性质来进行分类是编制幼儿园课程和组织幼儿园教育活动的一种常用分类方法，同时也是新中国成立后影响我国时间最长、范围最广的一种传统分类方法。

📖 示例

大班健康领域活动：小兔运萝卜干

【设计意图】

随着年龄的增长，大班幼儿在动作技能上已有较大发展，动作的协调性增强，他们活泼好动，喜欢尝试一些富有挑战性的动作。幼儿在练习跳跃的基础上将跳跃的动作自然地融合在有趣的游戏中，更好地激发幼儿参与活动的兴趣，充分发挥幼儿的自主性、积极性，使幼儿获得愉快的体验，形成乐观合作的态度。

【活动目标】

1. 使幼儿熟练掌握跳跃运动的基本动作要领。
2. 培养幼儿的动作敏捷性、协调性和平衡能力。
3. 激发幼儿积极参与体育活动的兴趣，初步培养幼儿互相合作的精神和竞争意识。

【活动过程】

一、开始部分

1. 集合幼儿。
2. 儿歌导入游戏活动：小白兔白又白。
3. 分组、分配角色。
4. 热身运动《兔子舞》。

二、基本部分

1. 教师交代本次活动的任务。

师：兔妈妈要小兔子们到很远的地方去运萝卜干，可是路上要经过很多障碍，怎样才能到达目的地，完成任务呢？

教师引导幼儿讨论如何跨越这些障碍物。

2. 教师讲解示范动作要领，指导幼儿练习。

教师以兔妈妈的身份做动作指导：过小河沟时，两脚并拢、屈膝、身体前倾、两臂后摆，尽量往远跳，落地要屈膝，要轻、稳；过小桥时，两手伸平，保持身体平衡；摘胡萝卜时，双腿略向下弯曲，双腿用力蹬地起跳，双臂向上伸展，尽量往高处跳。

3. 教师讲解游戏玩法、规则、结果；提醒幼儿注意事项（安全问题与动作要求）。

大白兔和小白兔分成两路纵队在起点线后站好，听到信号后各队第一只兔子向前跳，经过障碍物，跳到萝卜干、白菜干前停下，原地双脚向上跳起摘萝卜和白菜。然后跳回去，把萝卜和白菜放在篮子里，并拍第二个小兔子的手，然后排到队伍最后。第二只兔子接着向前跳，以此类推，哪队最后一只小兔子先返回哪队为胜。胜利队的小兔子和兔妈妈合影。提醒幼儿：动作要轻，要遵守规则，注意安全。

4. 幼儿游戏，教师观察指导：鼓励、支持、引导、帮助、纠正、保护幼儿游戏。

三、结束部分

1. 小结讲评：表扬小兔子们真能干、真勇敢；小兔子们要相互配合、齐心协力才能又快又好地完成任务。和胜利队拍照，邀请失败队一起拍照。
2. 放松运动：师幼一起围着放满萝卜和白菜的篮子做放松动作。兔妈妈带领小兔子高高兴兴地抬着篮子回家。
3. 组织部分幼儿帮助教师整理、收拾场地。

大班语言领域活动：假如动物穿上衣服

【教材分析】

假如蛇穿上衣服，它会穿不上裤子；假如海象穿上衣服，它的衣服就会总是湿答答的；假如长颈鹿穿上衣服，那它长脖子上就会需要戴很多条领带……这是绘本《动物绝对不应该穿衣服》给幼儿展现的动物穿衣后的有趣事、尴尬事。这本有趣的绘本，由美国的一对夫妇作家合作完成。它用幽默的、调侃的绘画和书面语言告诉孩子每个动物都有自己的特性，它自己的皮毛，即天生的衣服最完美。

在这个绘本中，有两个价值点可以挖掘：①对于动物穿衣后发生的有趣事的表述。

②对动物外形和皮毛特性的了解，以及这些特性与穿衣服之间可能产生的矛盾的设想和表达。

【活动目标】

1．仔细观察画面，能大胆讲述动物穿衣后遇到的各种尴尬。

2．结合有关动物的外形特征和习性的经验，对"动物是否需要穿衣服"进行积极讨论，并愿意发表自己的想法。

3．体验绘本所表达的幽默，知道动物天生的衣服最完美。

【活动准备】

绘本的PPT课件。

【活动过程】

一、导入

1．说说自己的衣服。

2．说说人为什么要穿衣服。

3．提问：动物能穿衣服吗？为什么？

4．提问：如果给动物穿衣服会怎么样呢？

二、看图讲述，说说动物们穿衣后的尴尬和不便

1．观察PPT图一（如果给母鸡穿上衣服），提问：

（1）母鸡穿了什么？

（2）可是……

（3）为什么会出现这样尴尬的事？

（4）请你用完整的话把这件事说一说。（假如给母鸡穿上衣服……）

（5）你觉得母鸡适合穿衣服吗？

2．观察PPT图二（海象），提问：

（1）这是谁？它穿衣服合适吗？为什么？

（2）如果给海象穿衣服，看！（PPT图三）发生了什么事？

（3）海象的衣服都湿了，这是为什么呢？

3．观察PPT图四（如果给蛇穿衣服），提问：

（1）看，蛇穿上裤子了吗？为什么？

（2）假如蛇穿上衣服，会发生什么事呢？

（3）那蛇适合穿衣服吗？为什么？

4．观察PPT图四（如果给猪穿衣服），提问：

请你说说假如给猪穿上衣服的故事。

5．老师小结：海象要经常下海游泳，穿了衣服会不方便；母鸡要下蛋，穿了衣服会很尴尬；蛇身体细细长长的，穿不上裤子，而且穿了衣服就不能走路了。那其他的动物穿上衣服会怎么样呢？

三、深入讨论

1．幼儿分组，就给老鼠、豪猪、长颈鹿、麋鹿、骆驼、变色龙等动物穿衣服的可行性讨论、交流自己的观点和理由。

2．交流。

你们讨论的是哪个动物，你觉得它适合穿衣服吗？说说你的理由。

四、完整阅读绘本

结合PPT演示，引导幼儿集体阅读绘本。

五、讨论

你觉得动物应不应该穿衣服？为什么？

中班社会领域活动：生气的时候

【设计意图】

4~5岁的幼儿自我意识增强，渴望被尊重和认同，对周围的人和事都有了自己的看法。随着他们交往范围的逐步扩大，交往中的矛盾也逐渐增多，此时他们能感受到强烈的愤怒和挫折，对特别感兴趣的事物容易受情绪支配，甚至还会出现情绪"失控"现象，遇到不顺心的事情时仍会大发脾气。部分能干的、个性强的幼儿，常会因同伴或父母的行为与自己的预期目标不一致而生气，甚至发脾气。结合本班幼儿的现状，老师设计了集体活动"生气的时候"，旨在帮助幼儿直面"生气"这一正常的情绪，并让幼儿获得有效的解决办法。

【活动目标】

1. 在故事情境中了解"生气"对人的影响，获得消除这一消极情绪的办法。
2. 能关注自己的情绪，有积极调整自己情绪的愿望。

【活动重点】

知道"生气"是正常的情绪，愿意想办法消除这一消极情绪。

【活动难点】

能联系自己的生活经验，用恰当的语言表达消气的方法。

【活动准备】

PPT课件、展示消气方法的图片、小兔木偶、游戏音乐。

【活动过程】

一、导入主题，了解生气是一种不良情绪

1. 小兔怎么了？你是从哪里看出来的？（引导幼儿观察PPT中小兔的表情）

幼：小兔生气了，它的眉毛皱起来、嘴巴往上翘、嘴角往下、还握紧了拳头……

2. 你喜欢这个表情吗？为什么？

小结：生气让人变得不漂亮、不快乐，还会影响身体。

二、梳理经验，获得消除生气情绪的方法

1. 小兔可能为了什么事生气呢？

联系幼儿生活经验：被爸爸批评了、新玩具坏了、和朋友吵架了、比赛输了……

2. 看来，每个人都会遇到生气的时候。听一听，小兔到底怎么了？（播放小兔独白）

幼：它穿了一件新衣服，本来很得意，可是朋友笑它像个胡萝卜，所以它生气了。

3.（接着播放PPT讲故事：小兔生气了，它扔掉了新衣服，飞快地跑回家。）看一看，小兔生气的时候做了些什么？这样做有用吗？

幼：扔坏了玩具、打翻了水杯、吓坏了兔妹妹……

师：小兔感到越来越生气，看来这样做是没用的。

4. 怎样才能让小兔消气呢？快来帮帮小兔吧！

（情境转换：教师出示木偶，以小兔的口吻与幼儿互动，及时肯定幼儿的好办法，归纳消气方法。）

5. 看一看，小兔用了哪些好办法呢？

（幼儿分散观察故事图片并分享交流，最后教师把幼儿交流过的以及没有想到的办法都融入故事。)

小结:深呼吸能使人冷静、舒服;倾诉能得到安慰和帮助;想想别人的好,会很快忘记不高兴的事;当然,生气的时候还可以做自己喜欢的事情,比如运动、吃美食和听音乐……,小兔用了大家的好办法,心里的气全消了。

三、迁移巩固,知道要保持愉快的情绪

想一想,如果以后遇到生气的事情,你会怎么做呢?

游戏:幸福列车(播放音乐:《幸福拍手歌》)。

玩法:幼儿排成一列,跟着音乐跑动起来。当火车头(老师扮演)提问时,幼儿要跟着节奏轮流表述消气的办法。

师:如果感到生气你会怎么做?

幼:去运动……

师:如果感到生气你会怎么做?

幼:听音乐……

小结:每个人都会有生气的时候,这很正常。重要的是你必须记住生气时该怎样做。希望大家快乐越来越多,烦恼越来越少,每天都有一份好心情。

小班科学领域活动:沉浮的鸡蛋

【活动意图】

沉浮是幼儿生活中熟悉、常见的科学现象,并时常引起幼儿极大的兴趣。本次活动意在通过猜测、寻找、自我探索,让幼儿初步感受、理解这一现象,激发幼儿从小探索科学奥秘的兴趣。

【活动目标】

1. 探索在清水里加入一定的盐后,鸡蛋沉浮状态的变化,初步感知悬浮现象。
2. 学会观察实验现象并做记录,乐于用自己的语言表达实验中的现象。
3. 激发求知欲望,喜欢探索身边的科学现象,体验成功的快乐。

【活动准备】

生鸡蛋若干、水杯、盐、记录卡、水、小勺、小碗、铅笔、抹布等。

【活动过程】

1. 蛋宝宝要洗澡。

师:今天老师给小朋友请来了一位小客人(出示鸡蛋"蛋宝宝")。

师:今天天气很热,蛋宝宝想洗个澡凉快凉快,请小朋友帮忙,你们愿意吗?

师:请小朋友想想蛋宝宝到了水里会怎么样。(幼儿自由发言)

2. 实验(一)。

师:请小朋友把碗里的蛋宝宝放进装有水的水杯里,发现了什么?

师:蛋宝宝在水底下很憋闷,它想浮上来透透气,小朋友有什么好办法吗?

师:用小勺、铅笔等物体来帮忙试一试,看能不能让蛋宝宝浮上来。

幼儿实验:得出结论——蛋宝宝没有浮上来。

3. 蛋宝宝浮上来了。

师:既然小朋友都帮助不了蛋宝宝,那只有老师来试一试了。

——老师取一枚鸡蛋和一杯水(盐水)让幼儿来猜结果会怎么样。然后把蛋宝宝放入水杯中,蛋宝宝浮上来了。

——老师故作得意状:小朋友刚刚用了很多办法都没有成功,老师只试了一遍就成

功了，这是为什么？

——请幼儿把自己的问题提出来，老师——验证并作答。

——例如：幼儿怀疑的对象有水杯、鸡蛋、水等，老师要——验证，最后让幼儿发现是水的问题。（是盐水）

4．老师的秘密武器。

师：为什么老师会让鸡蛋在水中浮起来呢？（老师的秘密武器——盐）

师：这是什么？（请小朋友来尝一尝）

5．实验（二）。

——往水里加盐能不能让鸡蛋浮起来呢？

——老师出示记录卡，并告诉幼儿如何做记录。

——幼儿实验，并做记录，老师巡回指导。

——请个别幼儿拿着自己的记录表说一说实验过程。

——老师总结：在水里加入一定量的盐后蛋宝宝就会浮上来。

6．师：蛋宝宝会在盐水里浮上来，那么其他的蛋，比如鸭蛋、鹅蛋、鹌鹑蛋会不会也在盐水里浮上来呢？我们以后再探索。

小班艺术领域活动：我爱我的幼儿园

【活动目标】

1．学习用自然的声音演唱歌曲，在教师的提示下，学习听前奏，整齐地开始演唱。

2．尝试按歌曲的节奏用乐器一拍一下地敲打，在为教师和自己的演唱伴奏中，感受均匀的节奏。

3．乐意参与集体演唱和打击乐器演奏活动，体验与同伴共同活动的快乐。

【活动准备】

1．人手一件小乐器，如串铃等。

2．座位排成半圆形。

3．幼儿用书：《我爱我的幼儿园》（或桌面教具一套：积木布置的幼儿园场景，玩具小人等）。

【活动过程】

1．幼儿听进行曲，按音乐节奏走步或做拍手动作。

2．幼儿欣赏教师演唱歌曲，理解歌词的内容。

（1）幼儿一边观看教师演示桌面教具或投影放大的《我爱我的幼儿园》画面，一边倾听教师示范演唱歌曲。

教师：这么多小朋友在一起在做什么？听听他们是怎么唱的。

（2）幼儿在教师的引导下，回忆歌词内容，教师用歌词反馈幼儿的回答。

（3）教师引导幼儿说出自己好朋友的名字，进一步理解歌词的内容。教师：我的好朋友是×××，你的好朋友是谁？说说看。

（4）教师再次示范演唱歌曲，引导幼儿尝试用动作表现"大家一起真快乐"，如抱抱、亲亲、拉拉手等。

教师：和朋友在一起很快乐，快乐的时候可以做什么动作呢？

（5）在歌曲情境的感染下，幼儿边听教师唱歌，边有节奏地做表现快乐的动作（一拍一下）。

3．幼儿尝试学唱歌曲。

教师提示幼儿听前奏整齐地开始演唱。幼儿听音乐，练习唱歌词，最后边唱边做表现快乐的动作。

4．幼儿学习用乐器为演唱伴奏。

（1）教师示范：打击乐器的正确拿法和演奏方法。

（2）幼儿练习按规范要求拿取小乐器，并尝试小乐器的演奏。

（3）幼儿尝试用乐器为教师的演唱伴奏。教师边唱歌，边用乐器的演奏动作指挥幼儿一拍一下地敲打乐器。教师为幼儿的演奏鼓掌，让幼儿感受大家一起演奏的快乐。

（4）幼儿尝试为自己的演唱伴奏，边唱歌边打击小乐器，感受节奏的均匀。教师引导幼儿为自己的演奏鼓掌，进一步感受与同伴共同活动的快乐。

【活动延伸】

在区角活动中提供打击乐器，让幼儿自由拿取，进一步尝试用乐器为歌唱伴奏。

三、按幼儿园教育活动的结构化程度分类

教育活动的结构化程度是指教育活动中由教师组织安排所形成的结构的高低程度。按教育活动的结构化程度分类，可以将幼儿园教育活动分成"无结构"活动、"低结构化"活动、"高结构化"活动和"完全结构化"活动。

按照这种分类方法，由幼儿自主发起的、教师组织安排成分最低的游戏活动是"无结构"教育活动；完全由教师预设并实施的、组织安排活动成分最高的教学活动是"完全结构化"教育活动；游戏活动占主要成分、教师组织安排成分较低的教育活动是"低结构化"教育活动；而教学活动占主要成分的、教师组织安排成分较高的教育活动是"高结构化"教育活动，如图1-1所示。

"低结构化"教育活动	"高结构化"教育活动
●儿童与教师共同确定学习的目标	●学习目标主要由教师预定
●活动主要由儿童发起	●活动主要是由教师发起
●活动的动机主要是儿童的需要	●活动的动机主要是教师的奖惩
●强调活动的过程	●强调活动的结果

图1-1 "低结构化"教育活动和"高结构化"教育活动的主要特征

完全结构化活动（大班）：孔雀

【活动目标】

1．了解孔雀的基本特征。

2．学用油画棒绘画的方法来表现孔雀羽毛的色彩和参差。

【活动过程】

一、说一说：孔雀长什么样

1．教师出示画有孔雀的挂图，请幼儿说说孔雀的外形特征。

2. 教师小结：孔雀很漂亮，它的尾巴颜色很鲜艳，像把五彩扇子，孔雀头上还长着三根漂亮的翎。
　二、教师示范：逐步讲解示范孔雀的画法
　　1. 先画孔雀的头和身体：一个小一点的圆和一个椭圆。
　　2. 接着画上眼睛、嘴和脚。
　　3. 再画孔雀的尾巴与翎毛，尾巴是圆形或半圆形。
　　4. 用油画棒在孔雀尾巴上点彩的方法来装饰孔雀。
　三、幼儿操作：画孔雀
　　1. 幼儿作画，教师巡回指导。
　　2. 教师提醒幼儿：将孔雀身体画在纸的最下方，尾巴可以画大一些，占满纸，要注意色彩的明暗、冷暖对比，并将孔雀尾巴点满。

四、按幼儿园一日活动构成的内容分类

按幼儿园一日活动构成的内容进行划分，幼儿园教育活动可分为生活活动、教学活动和游戏活动，三者构成了幼儿园教育活动的有机整体，它们相互联系，相互渗透，有机结合，共同促进幼儿身心全面和谐地发展。

（一）生活活动

生活活动是幼儿园区别于中小学的主要特征，主要是指满足幼儿基本生活需要的活动，具体包括幼儿园一日生活中的进餐、睡眠、盥洗、如厕等与幼儿的生活直接相关联的活动。对幼儿来讲，身体的健康发展、基本生活习惯和生活能力的形成是其全面和谐发展的前提和保障，因此生活活动对幼儿有着十分重要的教育价值。具体来说，生活活动是培养幼儿良好行为习惯的主要途径，如饭前便后洗手、不浪费粮食、饭后漱口等良好习惯的养成；生活活动是促进幼儿社会性发展的重要途径，如分享、谦让等品质的养成；此外，生活活动也是帮助幼儿掌握共同生活所需的生活规则和行为规范、提升生活自理能力的重要途径。

（二）教学活动

幼儿园的教学活动，主要是指在幼儿园中，教师为促进学前儿童身心和谐健康地发展，有目的、有计划地对幼儿施加教育影响的活动。就教学本身而言，它是由教师立足于教学目标、教学任务和教学内容来组织和实施的，在尊重幼儿主体地位的基础上强调教师的指导作用，强调教学的"结果"。

（三）游戏活动

《幼儿园工作规程》指出，游戏是对幼儿进行全面发展教育的重要形式，幼儿园教育应以游戏为基本活动，寓教育于各项活动之中。由此奠定了游戏在幼儿园活动中的地位，即游戏是幼儿园的基本活动。可以说，游戏是幼儿最喜闻乐见的活动形式，是幼儿通过亲身体验而获得生命意义的活动，它更多强调的是幼儿的主体地位和活动的过程体验。幼儿的游戏活动具有对象性、社会性、主体性和发展性等特性，同时游戏活动对于幼儿的成长和发展有着重要的价值，能够有效促进幼儿认知、语言、社会性、情绪情感以及个性等方面的健康发展。

> **知识拓展**
>
> **幼儿园要以游戏为基本活动**
>
> 幼儿的自发自主游戏（本体性游戏），教师组织的教学游戏（手段性游戏），两者构成了幼儿园的基本活动。为了使游戏真正成为幼儿园的基本活动，就必须重视这两类活动对幼儿发展的不同价值，保证这两类活动在幼儿园的开展。幼儿自发自主的活动是本体意义上的游戏，是幼儿最喜欢的活动，这里虽没有发展的特定指向，但它却凝聚着发展的全部趋势。经常参加这类活动，有助于幼儿的心理健康和个性的和谐发展。因此，幼儿园必须给予幼儿以充分开展这类游戏的机会。教师为实现特定的教育目标而组织的活动，能让幼儿学到老师要求他们学习的知识和技能，有助于促进幼儿按一定方向发展。但为了有效地促进发展，为了避免压力给幼儿造成的心理伤害，幼儿园以游戏的方式组织教学活动，或者让幼儿在活动中得到游戏般的体验极其重要。因此，为了使幼儿能在教学中更多地体验到游戏的乐趣，活动的组织结构应是偏向开放的低结构，并应体现游戏的如下特征：目标对幼儿是隐蔽的（但教师的心中是清楚的），教师的要求尽可能转化为幼儿的需要（内容是幼儿感兴趣并是力所能及的），尽可能发挥幼儿的主动性（诱导幼儿自己去发现知识），不急功近利和过于追求结果（应重在过程体验）。

五、按幼儿园教育活动的组织形式分类

按幼儿园教育活动的组织形式划分，可以将幼儿园教育活动分为集体活动、小组活动和个别活动。

（一）集体活动

集体活动是一种传统的组织形式，它是在教师的直接指导组织下进行的活动。在集体活动中，教师有目的、有计划地组织全班幼儿在同一时间、同一空间下进行活动。这种类型的活动一般有着明确的活动目标、结构化程度比较高，但由于幼儿的发展存在个别差异性，集体活动会存在教师难以充分考虑到每个幼儿的特点、兴趣及需要，难以进行因材施教的问题。

教师在组织集体活动时，应注意活动的内容和方法要考虑幼儿的身心发展特点及规律，结合大多数幼儿的兴趣和需要；活动场地的选择、活动材料的呈现要照顾到全体幼儿；活动过程中应充分调动幼儿参与活动的积极性，多给予幼儿表达和表现的机会，并做出积极的回应等。

——【幼儿园教师资格证考试：真题·2014年上】——

简答题：简述幼儿集体教学的利与弊。

（二）小组活动

小组活动是指教师将全班幼儿分成几个小组进行的活动。划分小组的方式有很多种，可以根据幼儿的发展水平或按幼儿的兴趣分组，也可以按操作材料的种类和数量进行分组。在小组活动中，幼儿能够获得更多的交流与操作机会，能够在相互交往中、合作学习中学会理解，学会交

往，有助于幼儿分享、协作等社会性行为的发展，同时这种组织形式也有利于教师了解和指导幼儿活动的情况。

教师在组织小组活动时，要有清晰的目标，注意提前准备好促使幼儿运用多种感官进行探索的材料，观察和了解幼儿是如何解决问题和完成任务的，习得了怎样的经验；同时活动过程中教师应引导和鼓励幼儿与同伴相互学习、交流合作。

——【幼儿园教师资格证考试：真题·2012年上】——

在幼儿教育活动中，最能为幼儿提供交谈机会的组织形式是（　　）。
A．小组活动　　　　B．班集体活动　　　　C．全园活动　　　　D．个别活动
参考答案：A

（三）个别活动

个别活动是集体活动和小组活动的有效补充形式，比较适合幼儿人数少、结构化程度比较低的教育活动。具体来说，个别活动一般是由一个教师面对一两个幼儿进行指导的活动，也可以是幼儿自发的、自由的活动，还可以是根据个别幼儿的特殊需要所进行的教学活动。这种组织形式，有助于教师照顾到幼儿的个别差异，施行个性化教育，有效推进因材施教。同时也能满足不同幼儿的个体需要，使其按照自己的发展速度和认知风格去探索周围的世界，有利于幼儿个性化和创造性的发展。

集体活动、小组活动、个别活动有着不同的教育功能，在设计和实施幼儿园教育活动时，教师应根据教育活动的内容与目标、班级幼儿的人数和教育活动的结构化程度等来灵活选择和运用这三种组织形式。

本章小结

1. 教育与教育活动：立足于教育与教育活动、幼儿园教育与幼儿园教育活动，它们彼此之间有着密不可分的联系。具体来说，教育是包含教育活动的，它通过教育活动来实现，教育活动是达成教育目的、传递教育内容、落实教育任务的有效手段和途径之一。同理，幼儿园教育也包含幼儿园教育活动，幼儿园教育活动是实现幼儿园教育的目标，组织传递幼儿园教育的内容，落实幼儿园教育任务的一个有效手段和途径。
2. 课程与教育活动：首先，幼儿园课程包含教育活动，各种类型的教育活动组成了幼儿园课程。从这一层面看，二者是包含与被包含的关系。其次，如果从广义上将幼儿园的课程界定为幼儿园所进行的各种活动的话，那么幼儿园课程和幼儿园教育活动几乎是两个同等的概念；如果从狭义上将幼儿园课程理解为一门学科的话，那么，幼儿园课程和幼儿园教育活动就是两个互为关联的概念。幼儿园课程是幼儿园教育活动设计及实施的依据和基础，幼儿园教育活动则是幼儿园课程得以实现的中介和途径。再者，幼儿园课程作为将幼儿教育的理念转化为幼儿教育实践的中介，这种转化是通过具体的、各种类型的教育活动的设计、组织和实施来实现的。此外，在不同的课程观下会产生不同的教育活动设计与实施状态，而幼儿园各种类型的教育活动也一定离不开幼儿园课程理念的支撑。
3. 儿童与教育活动：在教育活动中，儿童作为自身学习和发展的主体，他们既是活动的执行者、承担者、探索者，也是活动结果的最终体现者。因此，在教育过程中，幼儿园教师应树立科学的儿童观，充分尊重儿童的主体地位，根据幼儿的身心发展特点和规律，研究有效的活动形式和方

法，开展生动有趣、丰富多样的教育活动，从而促进幼儿身心全面、健康、和谐、整体地发展。

4. 幼儿园教育活动要素：幼儿园教育活动要素主要包括教育活动目标、教育活动内容、教育活动设计、教育活动实施以及教育活动评价五个方面，这五个要素之间相互联系、相互作用、相互制约且相互调节，构成了一个不断循环往复的有机整体。在教育实践场域中，幼儿园教师凭借对幼儿园教育活动目标的把握程度，选择适宜的教育内容，并对教育活动进行设计与规划，继而将静态的教育活动方案转化为动态的教育活动过程。在活动结束后，教师对整个教育活动进行综合性评价，以求最大限度地实现幼儿园教育活动的有效性。

5. 幼儿园教育活动的类型：按教育活动的结构化程度分类，可以将幼儿园教育活动分成"无结构"活动、"低结构化"活动、"高结构化"活动和"完全结构化"活动；按幼儿园教育活动的学科性质，可以将幼儿园教育活动分成健康教育活动、语言教育活动、社会教育活动、科学教育活动、艺术教育活动等；按照幼儿在园一日活动构成的内容进行划分，幼儿园教育活动可分为生活活动、教学活动和游戏活动；按幼儿园教育活动的组织形式划分，可以将幼儿园教育活动分为集体活动、小组活动和个别活动。

关键术语

教育　课程　教育活动　幼儿园教育活动要素　幼儿园教育活动类型

思考题

1. 试论述教育与教育活动、课程与教育活动、儿童与教育活动的关系。
2. 简述幼儿园教育活动的含义。
3. 幼儿园教育活动的要素有哪些？
4. 从不同的维度出发，幼儿园教育活动的类型有哪些？

建议的活动

1. 上网搜集幼儿园教育活动案例，提前了解幼儿园教育活动方案的结构，为后续的学习和运用做准备。
2. 结合你在幼儿园的实习、经历或接受教育的实际，谈谈你对幼儿园教育活动的理解或发现的问题。

第二章 幼儿园健康领域教育活动的设计

学习目标

1. 明确健康、幼儿健康以及幼儿园健康教育的内涵；
2. 掌握幼儿园健康教育的特点、价值、目标；
3. 结合理论合理设计幼儿园健康教育活动。

导入案例

大家一起笑起来

生气、伤心是当人遇到不称心、不如意或对不合理现实的一种情绪反应。一般来说，生气、伤心应该是正常的情绪反应，但若是幼儿遇事经常生气和伤心，而且将生气和伤心作为对外界的一种经常性的持久的反应，那就是不健康的行为了。因此，老师开展了一次活动，通过呈现图片、讲故事、谈话、游戏等活动，让幼儿掌握一些缓解伤心、转移情绪的方法，学会用笑去面对生活，培养幼儿的自我控制能力。

首先，老师创设情境，带领孩子们认识不同的情绪，展示带有情绪表情符号的图片，让幼儿来观察；其次，通过情景故事，激发幼儿的联想，尝试解决不好情绪的方法。老师拿着一个生气的标志，讲故事："昨天我看到一辆小汽车，很喜欢，想让妈妈给我买，妈妈说我家里有很多的小汽车玩具，说什么也不给我买，妈妈说先玩家里的，我说就不就不，我就要超市的那辆小汽车，妈妈还是不给买，我就在地上打滚，翻跟头。"接着向幼儿提问，让幼儿说一说应该怎样让他高兴？老师依次通过故事的形式讲解其他的表情标志。接下来是表达自己心情的环节，让幼儿坐在小凳子上，老师出示许多的表情标志，让幼儿自己选择一个表情粘贴在自己身上，说一说自己的心情是怎样的，并且通过游戏的方法，来让大家学习发泄不好的情绪的办法。最后，老师和幼儿一起在歌曲《三只小熊》的音乐中自由舞蹈，结束活动。

上述健康教育活动案例给了我们怎样的启示呢？在健康教育领域中，我们应该怎样更加有效地组织和开展活动呢？

第一节 幼儿园健康领域教育的理论阐释

健康是人类一切活动的基础。学前儿童的身体和心理正处于迅速生长发育时期，身体各方面的能力和习惯的可塑性很强，幼儿园作为有保育和教育双重任务的机构，科学有序地进行健康教育显得尤其重要。本节基于研究前沿对健康的最新认识，在教育部颁发的《纲要》的引领下，结合《指南》，依据幼儿的身心发展特点，着重介绍幼儿健康教育的基本概念、内涵、目标、价值以及原则等。

［微视频］
幼儿园健康
教育概述

一、幼儿园健康领域教育概述

（一）幼儿园健康教育的内涵

1. 健康的含义

健康是个体生命发展的首要前提，关于健康的概念和定义，在不同的历史时期有不同的诠释，人们对健康的认识也随着时代的更迭和科学的发展而潜移默化地发生着改变。

1948年世界卫生组织在它的宪章中关于健康的定义是："健康是一种在身体上，心理上和社会上的完满状态，而不仅仅是没有疾病和虚弱的状态。"现代健康观遵循着这一解释，不仅从生物学的意义上来认识健康的内涵，更是上升到了精神和社会适应两个层面，作为身心统一体的人，身体健康是基础，心理健康又是身体健康的支柱。1989年世界卫生组织在此基础上又指出："健康，不仅是没有疾病，而且包括躯身体健康、心理健康、社会适应良好和道德健康。"人不是处于绝对的健康或疾病状态中，健康是动态的过程。

身体健康，指人体在形态、结构、机能、体能和环境适应上的良好状态；心理健康，指人在情绪、意志、平衡人际和社会关系等方面处于良好状态；社会适应良好，指人自身适应社会环境的变化与发展过程处于良好状态，包括群体关系、社会环境、应变能力、处理角色和工作能力等方面处于良好状态；道德健康，指人的信仰、品德、情操、人格等处于积极向上，高尚和完善的状态。

2. 幼儿健康的含义

幼儿健康是指幼儿各个器官、组织的正常的生长发育，能较好地抵抗各种急、慢性疾病；性格开朗，情绪乐观，无心理障碍，对环境有较快的适应能力。《指南》中指出，幼儿健康主要是指幼儿在身体、心理和社会适应方面的良好状态。

身体健康是指幼儿个体生长发育良好，体型正常，各个组织与器官结构完整、功能正常，没有生理缺陷，对内外部环境具有一定的适应能力，体能不断增强。

心理健康是指幼儿个体的心理发展达到相应年龄组幼儿的正常水平，即情绪积极、性格开朗、无心理障碍，对环境具有较好的适应能力。

良好的社会适应指具备能较快地融入集体生活的能力；乐于与人交往合作，有良好的人际关系的适应能力；能主动积极地应付各种压力；以保持他们与环境之间以及自身内在的平衡。

3. 幼儿园健康教育的含义

健康教育概念的产生与人们对于健康的认识和需要有着密切联系。健康教育的出现最早源于与学校有关的卫生教育。从19世纪后期开始，美国及欧洲一些国家相继尝试在学校开设生理卫生课，"健康"开始被列入一系列学校教育目标之一。健康教育的基本含义可以概括为：健康教育是以预防疾病、促进健康作为主要出发点，通过有组织、有计划地开展各种教育活动，传播有关健康的知识，影响参与者产生自愿的、有利于健康的行为，自觉选择健康的生活方式，最终达到增进健康从而提高生活质量的目的。

幼儿园健康教育是教师根据幼儿的身心发展特点，以提高幼儿的健康认识，改善幼儿的健康态度，培养幼儿的健康行为，维护和促进幼儿的身心健康为核心目标开展的有计划、有目的、有组织的一系列教育活动。

保护孩子的生命安全以及让孩子们健康成长是幼儿园工作的第一要义，其需要实行多种多样的户外活动和体育运动，让孩子们在参与活动的过程中不仅产生对运动的兴趣，形成良好的习惯，同时也对周围的环境有更强的适应能力。

（二）幼儿园健康教育的特点

1. 幼儿园健康教育具有生活性

"教育即生活"的特点在幼儿园健康教育中尤为突出。幼儿在幼儿园的一日生活当中要学习如何刷牙、洗手、穿脱衣服、午睡、就餐等基本的卫生习惯和生活自理能力，然后又将这些习惯和生活自理能力运用到生活当中，提高生活质量，产生积极的自我意识和较高的自我效能感，构建自己良好的个性。所以，生活性是幼儿园健康教育的重要特点之一。我国著名教育家陶行知先生倡导"生活即教育"，指出"在生活里找教育，为生活而教育"，即生活性主要体现在健康教育应当以幼儿的实际生活为目的，其出发点和落脚点是培养幼儿养成健康的生活方式，提高幼儿的生活乃至生命质量，使他们"学会生活"。学前儿童健康教育的内容必须扎根于生活，具备浓厚的生活特征，其内容涉及生活的全部范畴，社会生活、家庭生活及幼儿园生活都可能成为学前儿童健康教育的内容。最后，生活性还体现在生活是学前儿童健康教育的重要手段，包括健康教育活动的途径、方式与环境、场所等方面。在健康教育中，学前儿童的学习以在生活中学习为主要方式，以理解、体验、探究为主，而不是被动接受灌输。在生活中的学习应以学前儿童的积极体验为中心，注重趣味性、情景性和生活性，把生活作为学前儿童学习的"实习场"，倡导学前儿童在真实的情景中体验学习。

2. 幼儿园健康教育具有群体性

幼儿有着群体趋同性，容易受到社会环境的影响，其健康行为的养成也容易受到同伴的影响。计划性行为理论启发我们，群体对某种行为的评价和接受程度，会影响当事人的行为。幼儿在幼儿园会受到同伴影响，比如，一名幼儿在家偏食严重，在幼儿园，由于受到其他同伴的影响和社会氛围的压力，他往往会先压抑自己的需要，然后努力改正，最后形成不偏食的健康行为。所以，不少家长反映，孩子到幼儿园后毛病减少了。当然，也有些幼儿在家里的习惯很好，比如饭前便后洗手，在幼儿园里发现有同伴不这么做，也会模仿这些不良行为。所以，教师如何发挥群体的良性塑造作用、避免群体的负面影响是进行学前儿童健康教育必须思考的问题。

3. 幼儿园健康教育具有整合性

整合性即把不同类型、不同性质的事物组合在一起，使它们成为一个整体。幼儿园健康教育充分协调了各种资源，贯穿于幼儿在园生活的各个环节、各个领域和各项活动中。

幼儿园环境是重要的潜在课程，潜移默化地影响着幼儿发展。这种环境不仅包括室内外环境、建筑、地面、绿化面积、空间大小等，也包含着幼儿园的精神环境，营造和谐友爱的班级氛围，建立平等尊重的师幼关系，即时有效沟通的家园合作，共同影响着幼儿的身体发育、心理感受，对幼儿养成良好的生活习惯，培养自身的兴趣爱好，以及身心健康和社会适应有着直接或间接的影响。

4. 幼儿园健康教育具有渐进式特点

健康行为的养成不是一朝一夕的事情，而是一个长期的过程。如果在这一过程中教师急于求成，往往会对幼儿有过高要求，结果是欲速则不达。所以，一定要充分认识学前儿童健康教育的渐进式这一特点。在实施学前儿童健康教育时，要循序渐进，分阶段、分步骤、有计划地帮助幼儿养成健康的行为。健康教育以增加幼儿健康知识、改善幼儿健康态度、养成幼儿健康行为为目标。教师应充分认识到幼儿身体素质的提高是一个不断发展的过程，并不是一蹴而就的，并且同一年龄阶段的不同儿童发展各异，因此，在进行健康教育时，要尊重幼儿生长发育的规律和特点，不能采用"揠苗助长"的方式，否则结果往往是适得其反，与最初的教育目标相背离。因此，应正确看待幼儿健康教育往往不会表现出立竿见影的效果的特点，在幼儿园进行健康教育时要持之以恒、循序渐进地进行。

（三）幼儿园健康教育的价值

1. 幼儿园健康教育活动有利于促进幼儿养成良好的健康生活习惯

健康是保证个体各方面发展的前提，个体要求得以生存并获得良好的社会化发展，必须有强健的体魄和强大的心理素质，对于儿童来说，身体各个器官或组织（包括脑）尚未发育完善，其生命健康存在的物质基础还远未形成。学前儿童期是生长发育迅速、新陈代谢旺盛的关键时期，可塑性很强，但是这一时期学前儿童处于生命发展的初期阶段，生活经验匮乏，对自己的身体缺乏了解，独立生活能力差，还未形成充分的自我保护意识和能力，幼儿园及时地为学前儿童提供适宜的健康教育，有利于他们形成终身受益的健康行为，养成良好的健康生活习惯，从而为促进自身一生的健康奠定坚实的基础。

2. 幼儿园健康教育有利于促进幼儿的全面发展

审视当前的幼儿园教育的观念认知，能够获知"最有价值和最贴近儿童生活"是教育者选择教育内容的依据，而衡量"最有价值"的标准便是能否有效促进学前儿童的全面发展。为此，经过多年的教育理论与实践的探讨。探索世界奥秘的自然教育，促进学前儿童言语发展且满足人际交往需要的语言教育，培养学前儿童初步思维能力的数学教育，满足学前儿童审美、表现美和创造美等精神需求的艺术教育，已经在我国幼儿园课程中得到体现，而有关人类自身奥秘与发展的学前儿童健康教育同样是幼儿园课程的重要组成部分，幼儿园各个领域的教育活动不是割裂与分散的。

3. 幼儿园健康教育关乎国家全面推进素质教育的进程

学前儿童健康教育是素质教育的基础，素质教育必须通过具体的内容来实现；素质教育强调培养学前儿童的身体和心理素质，学前儿童健康教育就是以增强和提高学前儿童的身体和心理素质为目标的教育。幼儿的健康直接关乎家庭、社会的幸福，也决定着作为国家未来希望的下一代国民素质。因此，幼儿园健康教育对于国家、社会和家庭都具有重要的现实价值，我们应当在幼儿园教育活动中，重视并积极发挥健康教育的作用。

二、幼儿园健康领域教育的目标

（一）幼儿园健康教育的总目标

幼儿园健康教育的总目标是确定其他层次目标的依据。《纲要》中指出幼儿园健康教育的总目标为：①身体健康，在集体生活中情绪安定、愉快。②生活、卫生习惯良好，有基本的生活自理能力。③知道必要的安全保健常识，学会保护自己。④喜欢参加体育活动，动作协调、灵活。

（二）幼儿园健康教育的年龄阶段目标

幼儿园健康教育的年龄阶段目标是根据幼儿健康教育的总目标和各阶段幼儿的年龄特点为依据确立的，对各年龄班幼儿的健康教育有着直接的指导作用。

1. 小班

（1）了解盥洗的顺序，初步掌握洗手、刷牙、洗脸的基本方法；喜欢自己进餐、如厕、入睡；学习穿、脱衣服；学习坐、站、行、睡的姿势正确；有一定的独立性，养成主动喝水的习惯。

（2）了解自己身体各感官及功能，知道身体不舒服时要告诉成人，乐于接受疾病的治疗。爱吃各种食物，认识最常见的食物。接受成人的有关提示，学习避开活动中可能出现的危险因素。

（3）日常生活中愿意与人交往，学会等待，轮流游戏，初步体验与老师、小朋友相处和共同游戏的乐趣。

（4）喜欢并愿意参加体育活动；能自然协调地掌握走、跑、跳、爬、钻、投掷、攀登等基本动作；学习听口令和信号做出相应的动作；玩滑梯、攀登架、转椅等大型体育活动器材时能注意安全；能合作收拾小型体育器材。

2. 中班

（1）形成基本的生活自理能力，学会使用筷子；独立有秩序地穿脱、整理衣物、鞋袜和床铺；正确使用手绢、毛巾和手纸等。

（2）结合品尝经验，进一步认识各类常见食物，在吃各类食物的同时，懂得要科学合理地进餐，逐步形成良好的饮食习惯。

（3）进一步了解自己身体的主要器官和功能，乐意配合疾病的预防和治疗；知道快乐有益健康。

（4）主动与人交往，会使用礼貌用语，能与同伴合作，会谦让，能感受同伴的喜与忧；愿意参加各类活动，大胆地表达自己心中的想法；能够保持积极愉快的情绪。

（5）认识常见的安全标志，能够在成人的提醒下遵守交通规则；不接触危险物品；遇到危险时能告诉成人，有初步的自我保护意识。

（6）喜欢并较积极地参加体育活动；能跟随信号按节奏协调地走和跑；能按要求跳、投掷、抛接，能左右手拍球；能跟随音乐节奏做徒手操和轻器械操；能注意活动中的安全与合作；爱护公物，能及时收拾小型体育器材。

3. 大班

（1）能够注意保持仪表整洁，能与同伴保持环境整洁，会动手整理自己的生活场所；初步形成良好的生活卫生习惯。

（2）初步理解不同的食物有不同的营养，身体需要各种营养；进一步养成独立进餐的好习惯。

（3）进一步认识身体的主要器官及重要功能，并懂得简单的保护方法；了解牙齿的有关知识；注意用眼卫生；学习沉着应对意外事故的常识，掌握简单的求生技能；知道男女厕所，初步理解性别角色。

（4）能文明、大方地与人交往，以积极恰当的方式参与或发起活动；尊重别人的意愿，比较自觉地控制自己的情绪和行为；学习解决活动中与同伴间的纠纷，并学会评价自己与他人，愿意学习同伴的优点，与同伴建立起友好的关系。

（5）精力充沛地坚持参加各种体育锻炼，动作协调、灵活；能轻松自如地走、跑、跳、攀、爬、钻、翻滚等；能熟练地听各种口令和信号并做出相应的动作；能随着音乐节奏有精神地做徒手操和轻器械操；具有对环境气候的适应能力，体验创造性地进行体育活动的乐趣。

三、幼儿园健康领域教育的原则

幼儿园健康教育的途径主要包括正规的健康教育活动及渗透在幼儿日常活动中的非正规的健康教育活动。正规的健康教育活动需要教师有目的、有计划地进行设计，渗透于幼儿日常活动的健康教育活动具有随机、灵活的特点，一般不需事先精确预设，因此幼儿园健康教育活动的设计主要指向教师专门开展的正规教育活动。无论是正规的健康教育活动还是日常活动的健康教育活动，教师在实施时都应当注意遵循以下原则。

（一）主体性原则

幼儿是幼儿园实施健康教育活动的主体，在进行过程中教师要充分发挥幼儿的主体性地位，使幼儿能够在教师的引导下去感受、去体验周围的世界。教师在设计、组织和实施学前儿童健康活动时要充分考虑到幼儿的兴趣和需求。比如教师在选取活动内容时，要充分考虑到幼儿的年龄特征和身心发展规律，选取幼儿感兴趣的内容，让幼儿在参与的过程中充分去学习，让幼儿从"要我学"转变成"我要学"。

（二）科学性原则

教师设计、组织、实施学前儿童健康教育活动要遵循科学性原则，制定活动目标要科学，选取活动内容要科学，选择活动方法要科学。所谓遵循科学性原则就是要教师学会观察幼儿、研究幼儿，掌握幼儿的身心发展特点和规律，帮助幼儿树立科学的健康知识，帮助幼儿形成科学、健康的行为方式和生活方式，养成良好的习惯。

（三）发展性原则

学前儿童健康教育要为幼儿一生的健康发展负责，既要考虑到幼儿的现实发展，又要考虑到幼儿的终身发展。维果斯基的最近发展区告诉我们，教师在实施学前儿童健康教育活动中既要充分考虑到幼儿的已有发展水平，又要考虑到幼儿将要达到的水平，要善于在两者之间形成最近发展区，让每一个幼儿都在已有水平上得到充分发展。教师绝不能只顾幼儿的眼前发展，而忽视了幼儿的终身发展，既要让幼儿充分自由发展，又不能让幼儿养成懒散的坏习惯，要为幼儿以后的生活和学习奠定坚实的基础。

（四）差异性原则

教师在实施学前儿童健康教育活动中要遵循差异性原则，教师要从思想上高度认识到，每个幼儿都是一个独立的个体，是唯一的，每个幼儿都有着自身特有的兴趣爱好和需求，教师不能用同一标准去要求所有幼儿。一般来说，幼儿健康教育以集体健康行为指导为主，但是，由于幼儿常常存在着个体特殊的健康问题，因此必须在进行集体行为指导的同时，对幼儿进行有针对性的健康行为的个别指导，关注到个别幼儿的需求，在开展集体教学活动时，还要辅之以个别活动或区角活动，让每一个幼儿都能充分发挥自身的积极主动性，满足每个幼儿的兴趣和需求，让每个幼儿都能健康快乐地成长和发展。

学前儿童健康教育关系着幼儿一生的健康发展，对幼儿身心健康发展具有重要意义。学前儿童健康发展既需要幼儿园的努力，还需要与家庭和社会密切合作，幼儿园、家庭和社会三者紧密联系、相互补充，共同为幼儿创设良好的环境，全方位地促使幼儿身心健康成长和发展。

第二节　幼儿园健康领域教育内容

[微视频]
幼儿园健康
教育的内容

幼儿园健康教育，主要是教师通过有目的、有计划的专门的健康教育活动来进行，也包括在日常生活中随机发生的健康教育。幼儿园健康教育内容的选择，主要依据幼儿园健康教育的目标、幼儿身心发展特点与已有经验水平，以及幼儿园健康教育的学科知识。在具体的教育内容上，要遵循整合、序列、均衡、可行、需要等原则，既要尊重幼儿心理发展的内在要求，也要兼顾学科知识的内在逻辑体系的要求。幼儿园健康教育的内容主要包括身心发展、动作发展和生活习惯与能力这三个方面。在开展以健康领域为主要内容的主题活动时，教育工作者要从幼儿身边的健康事件入手，选取贴近幼儿生活、幼儿容易理解和感兴趣的健康教育内容来设置和开展主题活动。

一、幼儿园健康领域教育内容选择的依据

（一）以幼儿园健康教育目标为依据

事实上，幼儿园健康教育的目标已经界定了幼儿园健康教育的内容，并且提示其内容要点。幼儿园健康教育内容的选择应当以实现其目标为目的，因此，幼儿园健康教育内容的选择必须以幼儿园健康教育的目标为依据。

例如，针对幼儿园健康教育总目标中明确提出的"知道必要的安全保健常识，学习保护自己"，那么幼儿园各年龄班健康教育内容的选择中就应具有为实现这一目标的内容，如生活安全常识、活动安全常识、粗浅的药物安全常识、应付和处理意外事故的简单知识与技能、初步的自我保护能力等；针对目标中提出的"生活、卫生习惯良好，有基本的生活自理能力"，就应选择盥洗、穿脱衣服、进餐等生活技能方面的内容进行训练。

（二）符合幼儿身体和心理发展特点与生活经验

幼儿园健康教育内容的选择要与幼儿身体和心理发展特点和规律相适宜，符合幼儿现有生活

经验水平和健康习惯。幼儿的学习以直接经验为基础，2~3岁时"自我中心"认知解除；3~4岁时以直接行动思维（思维依靠动作）；4~5岁是具体形象思维，此阶段的幼儿在思考和解决问题时可以摆脱动作和动作对象，他们能够做到这一点所依靠的工具称表象。5~6岁幼儿以具体形象思维为主，初步出现抽象逻辑思维特征。幼儿教师在选择健康教育活动的内容时，必须根据幼儿身心发展的年龄特征、个体差异，考虑幼儿已有的知识经验和行为习惯，选择既与幼儿原有经验相适宜又有利于幼儿主动建构的教育内容，才能达到理想的教育效果。例如，中班幼儿由于腕关节、手指关节的灵活性逐渐增大，细小肌肉群力量逐渐增强，教师可设计"筷子夹夹夹"这个健康教育活动开展健康教育，增强幼儿手眼协调能力，训练手指、手腕动作的准确性和灵活性。中班幼儿较容易掌握使用筷子的方法，能体验到使用筷子的乐趣，教育效果突出。

二、身体和心理发展

（一）身体健康发展

（1）人体认识与保护教育。主要指认识身体的主要器官及其主要功能，了解保护身体主要器官的基本知识和技能。

（2）疾病防治常识教育。主要指预防接种的有关知识和态度，常见疾病的基本预防知识，常见外伤的简单处理知识和方法，预防龋齿及换牙的有关知识等。

（3）生长发育常识教育。主要指观察、认识自己身体生长发育的变化，体验身体功能逐渐完善的感受，接受健康的早期性启蒙教育，具有探索生命现象的兴趣。

（二）心理健康发展

1. 情绪情感

情绪是个体对外界刺激产生的主观的、有意识的体验和感受，具有心理和生理反应的特征，情绪是人们生活中一种常见的心理现象和社会现象。学前期幼儿的情绪具有易变化、易外露、易冲动的特点，从核心经验来看，情绪安定、保持愉快情绪、恰当表达情绪、调节情绪是奠定幼儿心理健康的基础。

《指南》中所提出的，让幼儿保持安定、愉快的情绪，就是让幼儿的基本情绪和社会情绪都能够尽可能处于较为稳定的积极情绪状态，即使暂时处于消极状态，也要尽可能迅速地向积极情绪转化。

2. 社会交往能力

①尊重他人，懂得基本的礼貌礼节，学习理解他人的情感，对他人的情绪情感能做出和谐适度的反应。②学习交往技能（分享、合作、互助等），能和他人和睦相处。③有初步的公平竞争的意识和行为。在竞赛性的活动中，正确面对输赢，并懂得要通过努力获得成功。

【幼儿园教师资格证考试：真题·2019年下】

有时一名幼儿哭会惹得周围的幼儿跟着一起哭，这表明幼儿的情绪具有（　）。
A．冲动性　　　　　B．易感染性　　　　　C．外露性　　　　　D．不稳定性
参考答案：B

参考解析：儿童情绪的易受感染与暗示有关，这些现象在小班较为明显。随着年龄的增加，幼儿情感的稳定性会逐渐增强，但仍受家长和教师的感染。故选B。

三、动作发展

1. 身体控制和平衡能力

身体控制指的是控制身体在空间的位置,以达到稳定性和方向性的目的,身体控制的稳定性也被称为平衡。身体控制和平衡能力是一种综合能力,包含了柔韧性、灵敏性、力量、速度、耐力等身体素质。学前阶段是身体控制和平衡能力,学习与发展的重要阶段,发展学前儿童的身体控制和平衡能力,有助于提高他们的生活适应能力,促进幼儿感知觉系统和运动系统的发展,有助于培养学前儿童坚强勇敢的品质,促进认知发展。在《指南》中,有涉及身体控制与平衡能力的相关内容,具体见表2-1。

2. 身体移动能力

身体移动指的是独立和安全地将自己从一处移动到另一处,是身体在空间上移动的技能,身体移动是一项基本运动技能。不同身体移动,项目的运动负荷有所不同。跑、跳、攀登的动作强度较大,走、爬等动作的运动强度则相对较小。不同身体移动,项目中运动负荷和心理负荷所占比例有所不同。在《指南》中,关于身体移动的内容,具体见表2-2。

3. 器械(具)操控能力

器械(具)操控能力是指操纵或控制物体的能力,包括投、掷、接、拍、击打物体,运球、滚球、踢球,空中截击的能力,具体是指个体用拍、投、抛、接、击、顶、踩、踏等各种方式主动作用于各种目标物体,并有意识地使之在位置方向、速度、状态等方面发生改变的运动能力。器械操控能力是基本运动技能的核心,在许多运动项目中都很重要,例如棒球、棒球等运动的核心部分之一就是抓握和操作能力。在《指南》中,关于器械(具)操控能力的内容,具体见表2-3。

表2-1 《指南》中关于身体控制与平衡能力的内容

3～4岁	4～5岁	5～6岁
1. 在提醒下,能自然坐直、站直 2. 能沿地面直线或在较窄的低矮物体上走一段距离 3. 能双脚灵活交替上下楼梯 4. 能身体平稳地双脚连续向前跳 5. 四散跑时能躲避他人的碰撞 6. 能单脚连续向前跳2米左右 7. 能双手抓杠悬空吊起10秒左右	1. 在提醒下,能保持正确的站坐和行走姿势 2. 能在较窄的低矮物体上平稳地走一段距离 3. 能以匍匐、膝盖悬空等多种方式钻爬 4. 能助跑跨跳过一定距离或助跑跨跳过一定高度的物体 5. 能与他人玩追逐、躲闪跑的游戏 6. 能单脚连续向前跳5米左右 7. 能双手抓杠悬空吊起15秒左右	1. 经常保持正确的站坐和行走姿势 2. 能在斜坡、荡桥和有一定间隔的物体上较平稳地行走 3. 能以手脚并用的方式安全地爬攀登架、网等 4. 能躲避他人滚过来的球或扔过来的沙包 5. 能单脚连续向前跳8米左右 6. 能双手抓杠悬空吊起20秒左右

表2-2 《指南》中关于身体移动(无器械)能力的内容

3～4岁	4～5岁	5～6岁
1. 能沿地面直线或在较窄的低矮物体上走一段距离 2. 能双脚灵活交替上下楼梯 3. 能身体平稳地双脚连续向前跳 4. 四散跑时能躲避他人的碰撞 5. 能单脚连续向前跳2米左右 6. 能快跑15米左右 7. 能行走1千米左右(途中可适当歇歇停停)	1. 能在较窄的低矮物体上平稳地走一段距离 2. 能以匍匐、膝盖悬空等多种方式钻爬 3. 能助跑跨跳过一定距离,或助跑跨跳过一定高度的物体 4. 能与他人玩追逐、躲闪跑的游戏 5. 能单脚连续向前跳5米左右 6. 能快跑20米左右 7. 能连续行走1.5千米左右	1. 能在斜坡、荡桥和有一定间隔的物体上较平稳地行走 2. 能以手脚并用的方式安全地爬攀登架、网等 3. 能躲避他人滚过来的球或扔过来的沙包 4. 能单脚连续向前跳8米左右 5. 能快跑25米左右 6. 能连续行走1.5千米以上

表2-3 《指南》中器械（具）操控能力的相关内容

3～4岁	4～5岁	5～6岁
1. 能双手向上抛球 2. 能单手将沙包向前投掷2米左右	1. 能连续自抛自接球 2. 能单手将沙包向前投掷4米左右	1. 能连续拍球 2. 能单手将沙包向前投掷5米左右

四、生活习惯与能力

生活自理能力是指人们在日常生活中照料自己的行为能力及自我服务，自己照顾自己是一个人应该具备的最基本的生活技能。

学前儿童生活自理能力主要指日常生活自理能力，包括自我意识的形成和日常生活自理能力的全面提高，即掌握生活自理的技能，提高动手能力；感受自己的成长，树立自立意识；养成自己做事的好习惯，积累自理生活的经验。日常生活自理能力主要是指洗澡、进餐、洗漱、穿衣，上下床、上厕所、控制排便等。在《指南》中，关于生活自理能力的内容，具体见表2-4。

表2-4 《指南》中关于生活自理能力的内容

3～4岁	4～5岁	5～6岁
1. 在提醒下，按时睡觉和起床，并能坚持午睡 2. 喜欢参加体育活动 3. 在引导下，不偏食挑食，喜欢吃瓜果蔬菜等新鲜食品 4. 愿意饮用白开水，不贪喝饮料 5. 不用脏手揉眼睛，连续看电视不超过15分钟 6. 在提醒下，每天早晚刷牙 7. 在帮助下，能穿脱衣服或鞋袜 8. 能将玩具和图书放回原处 9. 能熟练地用勺子吃饭	1. 每天按时睡觉和起床，并能坚持午睡 2. 喜欢参加体育活动 3. 不偏食、挑食，不暴饮、暴食，喜欢吃瓜果蔬菜等新鲜食品 4. 常喝白开水，不贪喝饮料 5. 知道保护眼睛，不在过强或过暗的地方看书，连续看电视不超过20分钟 6. 每天早晚刷牙且方法基本正确 7. 能自己穿脱衣服、鞋袜、扣纽扣 8. 能整理自己的物品 9. 能用筷子吃饭	1. 养成每天按时睡觉和起床的习惯 2. 能主动参加体育活动 3. 吃东西时细嚼慢咽 4. 主动饮用白开水，不贪喝饮料 5. 主动保护眼睛，不在过强或过暗的地方看书，连续看电视不超过30分钟 6. 每天早晚主动刷牙，方法正确 7. 能知道根据冷热增减衣服 8. 会自己系鞋带 9. 能按类别整理好自己的物品 10. 能熟练地使用筷子 11. 能使用简单的劳动工具或用具

——【幼儿园教师资格证考试：真题·2020年上】——

为帮助幼儿掌握正确的洗手顺序和方法，王老师自编了儿歌，"清清水哗啦啦，卷卷袖子洗手啦，先洗小手心再洗小手背，个个手指都洗到，人人夸我讲卫生"，引导幼儿边唱边练。下列说法与该教师的做法无关的是（　　）。

　　A. 注重幼儿的知识积累　　　　　　B. 注重幼儿的气质养成
　　C. 注重幼儿的情境体验　　　　　　D. 注重幼儿的习惯培养

参考答案：B

第三节　幼儿园健康领域教育活动的实施

　　幼儿园进行健康教育的途径主要包括正式的健康教育活动及渗透在幼儿日常活动中的非正式的健康教育活动。正式的幼儿健康教育活动是在教师有目的、有计划的设计下进行的，而渗透于幼儿日常活动的健康教育活动具有随机性、灵活性的特点，一般不需事先精确预设，因此幼儿园健康教育活动的设计和实施主要指向教师专门开展的正规教育活动。

　　本节分别从幼儿健康活动中的身心发展、动作发展、生活习惯与能力出发，结合具体案例来阐述和分析。

一、身心发展的设计与实施

大班健康教育活动：大家一起笑起来

【设计意图】

　　生气、伤心是当人遇到不称心、不如意或对不合理现实的一种情绪反应。一般来说，生气、伤心应该是正常的情绪反应，但若幼儿遇事经常生气和伤心，而且将生气和伤心作为对外界的一种经常性的持久的反应，那就是不健康的行为了。因此，本次活动，通过呈现图片、讲故事、谈话、游戏等活动，让幼儿掌握一些缓解伤心、转移情绪的方法，学会用笑去面对生活，培养幼儿的自我控制能力。

【活动目标】

　　1. 在日常生活中学会思考解决问题的方法，知道高兴、快乐有利于身体健康。
　　2. 通过活动掌握一些缓解伤心、转移情绪的方法。
　　3. 养成活泼开朗和乐于助人的品质。

【活动准备】

　　各种情绪的小人标志、两段音乐、PPT课件、一个开心小狗。

【活动过程】

一、创设情境，认识不同的情绪

　　1. 故事引入主题：今天老师要带小朋友们去表情王国去旅行，小朋友们可要认真看仔细了，表情王国里的小朋友是什么样的表情呢？带着这个问题我们一起向表情王国出发吧！

　　2. 让幼儿观察第一幅图：哭。

　　师：让幼儿猜猜图中的小朋友为什么哭？

　　幼儿：有人打他了，有人让他干他不愿意干的事情……

　　3. 让幼儿观察第二幅图：笑。

　　师：让幼儿猜猜图中的小朋友为什么笑？

　　幼儿：和小朋友下棋赢了，她吃了甜甜的糖……

　　4. 让幼儿观察第三幅图：生气。

　　师：让幼儿猜猜图中的小朋友为什么生气？

　　幼儿：别人不和他玩啦，有人惹他生气啦……

　　5. 让幼儿观察第四幅图：发怒。

　　师：让幼儿猜猜图中的小朋友为什么发怒？

　　幼儿：有人说他坏话……

二、通过情景故事，激发幼儿的联想，尝试解决不好情绪的方法

1. 师：老师拿一个生气的标志，讲故事：昨天我看到一辆小汽车，很喜欢，想让妈妈给我买，妈妈说我家里有很多的小汽车玩具，说什么也不给我买，妈妈说先玩家里的，我说就不就不，我就要超市的那辆小汽车，妈妈还是不给买，我就在地上打滚、翻跟头。

提问：让幼儿说一说怎样让他高兴？

2. 老师拿了一个哭鼻子的标志。

故事：哎，我好伤心啊，前天我在幼儿园，老师拿了一杯水想喝水，这时候，我也拿着杯子想去接水喝，不小心和老师碰在了一起，这时候，老师对我说，以后不能乱跑了，可是我真的没有跑，我觉得老师冤枉我了，我特别的伤心。

提问：小朋友们，我们应该怎么帮助他呢？（可以和老师说清楚……）

3. 老师依次通过故事的形式讲解其他的表情小人。

三、选择表情，表达自己的心情

1. 让幼儿坐在小凳子上，老师出示许多的表情标志，让幼儿自己选择一个表情粘贴在自己身上，说一说自己的心情是怎样的。

2. 老师告诉幼儿生气、不高兴会对自己的身体不好。

四、通过游戏的方法，学习发泄不好的情绪

1. 出示道具：开心小狗。

游戏规则：听音乐，小朋友们传道具——开心小狗，音乐一停，开心小狗在谁的手里，谁就要模仿给出的动作表情。

2. 游戏"传递微笑"。

（1）请你对旁边的伙伴露出可爱的微笑，并且可以说些问候或者祝福的话（比如我想和你做朋友、我见到你很快乐等），也可以用动作（拉拉手、抱一抱等）来表示，这样一个一个传递下去。

（2）幼儿传递微笑，教师巡视指导幼儿微笑。

（3）幼儿交流活动后的感受。

师：你们收到朋友的微笑祝福了吗？那你们高兴吗？对，快乐是可以传染的，所以我们要经常笑一笑，把快乐带给别人。

五、结束部分

1. 师：看到小朋友们高兴的时候，客人老师的脸上也洋溢着笑容。那么我们请客人老师和我们一起唱支歌，跳个舞，大家一起笑起来吧！

2. 师幼一起在歌曲《三只小熊》的音乐中自由舞蹈，结束活动。

二、动作发展的设计与实施

中班健康教育活动：运球

【设计意图】

幼儿期是身体生长发育的关键时期，是为人的一生奠定物质基础的重要时期。幼儿身体的发展状况不仅影响到幼儿的身体发育，还会影响幼儿的心理发展，甚至影响到幼儿的一生。正如陈鹤琴先生所说："健全的身体是一个人做人、做事、做学问的基础。"幼儿园的教育活动，是教师以多种形式有目的、有计划地引导幼儿生动活泼、主动学习

的教育过程。

【活动目标】

1. 学习游戏"运球",体验与同伴按节奏同步前进。
2. 积极探索有效的合作运球方法,体验齐心协力合作带来的快乐。

【活动准备】

1. 大小一样的皮球若干、筐两个、箱子、盖子各两个。
2. 画好两条跑道线,每条跑道终点放一把小椅子。

【活动过程】

一、游戏导入,准备活动

1. 回忆游戏《拍手游戏歌》,找到好朋友。
2. 热身活动:模仿各种运动项目的动作,如踢足球、跑步、打排球、游泳等。

（1）游戏规则。老师:小朋友们,大胆用你身体的不同部位,想一想运球的方法。

（2）让孩子们尝试不同部位的运球方法,如胸夹球、背夹球、头夹球、胳膊夹球等。

（3）让孩子们重点进行胸夹球、背夹球的练习。

（4）老师介绍游戏玩法与规则。

师:每两位小朋友一对,男孩一组,女孩一组,纵队站在起跑线后。

二、游戏《运球》

1. 游戏:两队前面的一对幼儿面对面地站立,将球放在胸前夹紧,使球不至于滑出来,然后步伐一致地侧身向终点快速行进。两人夹球到达终点后,绕小椅子回到起点处,将球交给下一对小朋友,以最先完成运球任务的小组为胜。

2. 活动过程中的注意事项:两人必须夹球侧行且不能用手夹球,到达终点后必须绕过椅子方可返回。

三、幼儿比赛

老师担任裁判,公布获胜队,并给获胜队以鼓励。

小结:孩子们,通过这个运球的体育活动,我们知道原来小小的球,可以和我们的身体这么多部位玩出这么多的花样,而且小朋友之间的协调能力也很不错,全体小朋友!表扬表扬你自己!

四、活动结束

师:小朋友们,是不是很累了?让我们一起放松一下吧!两人一组相互揉揉肩、敲敲背,放松一下全身的小肌肉吧!

1. 教师给胜利的幼儿奖励。
2. 幼儿带着皮球回活动室。

三、生活习惯与能力的设计与实施

小班健康教育活动:哎呀!我要"嗯嗯"啦!

小班幼儿初来幼儿园,总会带着一点紧张、一点焦虑。幼儿在对新环境的适应过程中,除了情绪上的稳定外,最大的挑战还是生活中的自我服务能力。在日常观察以及和家长的沟通中,教师发现很多幼儿都不愿意在幼儿园大便,有的幼儿即使有便意也要忍到家里去解决,来不及就拉在了裤子里。如何引导幼儿表达自己的便意,并且在有需要的情况下及时大小便,这是幼儿教师需要思考的问题。《指南》指出,"具有良好的卫生和生活习惯""具有基本的生活自理能力"是幼儿健康成长的重要目标,也是其他领域学习与发展的基础。因此,结合学习活动的开展,培养幼儿的生活意识,对小班幼儿的发展有着重要意义。随着来园时间的增加和一日活动的开展,初入园的幼儿比以前活跃了,能够和同伴进行互动交流,能够用简单的语言表述自己的想法。因此,结合幼儿的实际生活需要和思维特点,设计了本次学习活动。

【活动目标】

1. 在猜猜讲讲中,对"噗噗"进行有趣的联想。
2. 知道"噗噗"后有便意了不憋着,愿意表达自己的需要。

【活动准备】

1. 活动材料:小叮当PPT课件、律动《小星星》。
2. 幼儿已有经验:知道憋大便不舒服,知道"噗噗"了以后可能要大便。

【活动过程】

一、叮当"噗噗"啦——情境导入,激发活动兴趣

1. 出示图片(小叮当),和小叮当打招呼。
2. 播放律动,和"小叮当"一起动一动。
3. 寻找小叮当。

总结:小叮当不要难为情,噗噗很正常,每个人都会"噗噗"的,小叮当你快出来吧。

二、猜猜小叮当吃了什么——对"噗噗"进行联想

1. 吃了什么东西,会"噗噗"?

鼓励幼儿对已有经验说一说。

2. 吃了什么,会有圆形的噗噗?

师:这个形状很特别,是什么形状的?

师:小叮当可能吃了什么?

教师根据幼儿的回答,用有节奏的语言进行回应,如"西瓜西瓜圆圆,啊呜啊呜吃下去",并配以肢体动作,增加趣味性。

师:小叮当吃了那么多,小肚子都圆了,又忍不住"噗噗"。

3. 吃了什么,会有噼啪的"噗噗"?

师:听,它还在吃什么?这个声音好特别。

小叮当可能吃了什么啊?

(咕噜咕噜的声音、咔嚓咔嚓的声音)

总结:小叮当有可能吃了特别的食物,所以才会有不同声音的"噗噗"。而且不停地吃,肚子都吃撑了,难怪有那么多的"噗噗"。

三、每个人都会"噗噗"

知道"噗噗"后有便意,不憋着,要及时表达自己的需要。

1. "噗噗"还会是什么样的?

师:"噗噗"除了有声音,还会……

2. 想要"嗯嗯"了怎么办?

师:因为有时候"噗噗"了,会想要"嗯嗯"。

师:在幼儿园要"嗯嗯"了,怎么办?

师:每个人都会有"噗噗"和"嗯嗯"。想"嗯嗯"了,就要快点向老师寻求帮助,或者自己去找小马桶。

3．一起来跳跳"嗯嗯"舞。

师：小叮当还要教我们怎么自己去"嗯嗯"。让我们一起来和小叮当跳一个"嗯嗯"舞吧。（播放音乐）

师：找到自己"嗯嗯"的好方法了吗？

师：小叮当的"嗯嗯"舞，告诉我们"嗯嗯"的时候先要脱下裤子，稳稳地坐在马桶上，然后用力气，"嗯嗯"好了以后还要记得擦屁股。

【活动反思】

1．关注生活，让学习变得更有趣

本次学习活动来源于幼儿的实际生活需要，结合小班幼儿初来幼儿园，有便意后不愿意在幼儿园解决的情况，在活动设计时选择了有趣的游戏情境，讲讲关于"嗯嗯"的联想，同时关注幼儿其他素养的培育。例如，在和"小叮当"打招呼的情境中，关注幼儿的礼貌养成；在寻找"小叮当"的环节中，运用过渡语提问"是谁'噗噗'啦？小声地问一问，是不是小叮当啊"，从而引导幼儿理解、发现别人"噗噗"时不要大声询问，要注意顾忌别人的情绪，因为这是别人的"小秘密"，进而使生活习惯的培养不再教条化，让整个学习活动变得生动有趣。

2．注重鼓励，让想象变得更精彩

活动中有较多的想象环节，对于初入园的小班幼儿来说，这样的环节还需要适当地引导，尤其是借助画面展开想象的过程。因此，想象前，幼儿对画面的观察就显得至关重要。在活动中，教师要引导幼儿仔细看，多用鼓励的语言激发他们细致观察，引发他们观察想象。例如，在对"圆形"食物进行想象的过程中，孩子们结合已有经验，想出了西瓜、龙眼、比萨饼、苹果、棒棒糖等食物，教师就要表示出对幼儿想象的欣赏，进而鼓励他们进一步借形想象。在借"声音"想象的过程中，幼儿也能够结合声响的特质，说出跳跳糖、爆米花、雪碧等。由于教师的不断鼓励和欣赏，幼儿充满了积极的情绪，想象过程也变得轻松精彩。

3．启发模仿，让表达变得更清晰

小班幼儿的语言表述常常渗透在师幼互动之中。在对食物进行联想时，教师引导幼儿表述"可能是……""我猜是……"，随机创编了"某某某某圆圆，啊呜啊呜吃下去"等有节奏的语言，在增加趣味性的同时，启发幼儿通过模仿、替代的方式，让语言表述更完整、更清晰。

四、幼儿园健康领域教育活动的设计与实施

幼儿园教育活动设计是一个将教育理念转化为教育行为的实践系统的起始环节，是在一定的学习理论和教学理论指导下对教育活动的系统规划过程。它具有技术性、创造性、开放性、广泛性等基本特征。幼儿园教育活动设计是教师为落实幼儿园课程、促进幼儿全面和谐发展而有目的、有计划地开展的创造性工作，是教师在科学的教育理念指引下对教育活动对象、活动目标、活动内容、活动环境、活动策略等因素进行科学分析而完成的活动预案。因此必须遵循发展性、主体性、活动性、开放性、整合性的基本准则和要求。

[微视频]
幼儿园身体保健教育活动的设计

幼儿园健康领域教育活动的设计既需要结合教育理念，关照健康教育的相关理论知识，又涉及幼儿学习经验、条件、方法、情境、资源的研究与开发。幼儿园健康领域教育活动设计是幼儿园健康教育活动实施的前提，教师在进行健康教育活动设计时，应当在科学教育理念的关照下，依据特定的教育教学目标，选择符合幼儿身心发展特点的教育内容和活动方式，认真构建在适时

的契机下引导、维护、支持和促进幼儿学习的活动方案。

在幼儿园进行健康教育活动时，活动设计是制定目标的方向，而健康教育活动目标的实现，还要看具体的实施过程。在具体实施中，教师的指导直接影响了活动的质量和目标的达成，科学有效的指导对完成健康教育活动目标、达到理想的教育效果起关键作用。具体实施过程中教师应注意以下几点。

1. 幼儿教师应具备过硬的专业理论知识

教师自身积累扎实的学前卫生学和儿童心理学知识是进行幼儿园健康教育的前提。幼儿健康教育有其自身的知识背景，教师只有自身专业理论知识深厚，掌握各个年龄段幼儿身心发展的特征，才能采取科学的方式方法，传递正确的适宜幼儿身心发展的健康教育内容，取得良好的教育效果。

2. 遵循幼儿的思维特点

具体形象性是学前儿童思维的基本特点，这个特点决定了幼儿更容易理解和接受直观、生动、具体的教育影响，尤其是对概念的感知和理解。因此，在幼儿园健康教育活动组织过程中，教师应当善于运用直观形象的、便于幼儿理解的语言，充分调动幼儿的各种感觉器官来帮助其理解和感知各种抽象事物、词语、概念等，以丰富的形式提高幼儿参与健康活动的主动性和积极性。

3. 注重活动目标的生成性和灵活性

每个生命都是独特的存在，每个幼儿都是特别的、不可替代的生命个体，不同的幼儿在认知、情感、个性等方面都有着自身不同的频率和阶段。因此，正视幼儿个体生命的差异性是幼儿园健康教育的基本要求。幼儿教师应在了解幼儿的需要、兴趣及认知水平的基础上，尊重幼儿的成长规律，处理好活动的预设目标与个体实际情况之间的关系，根据活动进程与幼儿实际，及时、灵活地调整活动目标及活动环节。

本章小结

健康是人类一切活动的基础。幼儿正处于迅速生长发育时期，各方面的能力和习惯的可塑性很强。因此，对幼儿实施科学的健康教育显得尤为重要。

本章节基于对健康的最新认识，在教育部颁发的《纲要》的引领下，依据幼儿的身心发展特点，着重介绍了幼儿健康教育的基本概念、目标、内容以及组织健康教育活动的原则和指导策略等。

关键术语

幼儿健康教育　　健康教育活动

思考题

1. 简述幼儿健康教育的目标和内容。
2. 幼儿健康教育应遵循哪些原则？
3. 幼儿身体锻炼的方法有哪些？
4. 设计一个幼儿体育活动，并进行模拟试讲。

建议的活动

1. 搜集幼儿园健康教育活动案例，了解幼儿园健康教育活动方案的结构，为后续的学习和运用做准备。
2. 结合你在幼儿园的实习、经历或接受教育的实际，谈谈你对幼儿园健康领域教育活动的理解或发现的问题。

第三章 幼儿园语言领域教育活动的设计

学习目标

1. 明确幼儿园语言领域教育活动的内涵、目标与原则;
2. 厘清幼儿园语言领域教育的内容;
3. 理解并掌握幼儿园语言领域教育活动的实施。

导入案例

晨间谈话：棉袄回来了

教师：嘉嘉今天怎么这么开心呀？有什么有趣的事吗？

嘉嘉：昨天我和姥姥坐公交车回家，上面太热，我就把棉袄脱下来放在椅子上了，结果下车的时候，我忘拿了。

教师：啊？棉袄丢了？

嘉嘉：没有，我们又找回来了。

教师：怎么找回来的？

嘉嘉：我和姥姥坐下一班公交车，坐到终点站，发现我的棉袄放在终点站的椅子上。

教师：你们觉得嘉嘉这件事有趣吗？还有什么想问的？

琳琳：我感觉嘉嘉讲得很有趣，她的衣服在终点站找到了，你是怎么想到这个好办法的？

嘉嘉：当时我和姥姥都很着急，看到公交车已经走了，我们又追不上，但是我们知道它一定会在终点站停下，所以我们就只好坐下一班车了。

琳琳：嘉嘉，你太聪明了！

看完这个案例，你觉得琳琳和嘉嘉的语言能力如何？具体有什么样的表现呢？仔细分析和思考，在这个案例中，教师运用的什么方式参与和推进幼儿语言发展？

第一节 幼儿园语言领域教育的理论阐释

幼儿园语言领域教育是专门研究幼儿语言发展及其教育的一门应用性学科。适应了幼儿期语言，特别是口语快速发展的关键时期，符合幼儿身心发展规律，并为每一位在园幼儿的身心健康发展提供了前提。幼儿园语言领域教育活动是幼儿教育工作者有目的、有计划、有组织地利用各种教育资源促进幼儿语言发展的教育，是对幼儿听、说、读、写等各个方面所进行的全面系统的教育。

本章主要对幼儿园语言领域教育活动的理论、幼儿园语言领域教育活动的内容及其设计与实施等方面加以阐述。

一、幼儿园语言领域教育概述

（一）幼儿园语言领域教育的内涵

想要深刻领会幼儿园语言领域教育，需要知晓以下三点：第一，什么是语言，幼儿的语言发展具有什么样的特点；第二，什么是语言教育，幼儿园语言领域教育又具有什么特点；第三，对以上两点进行追问与思考，加之对幼儿园语言领域教育的内涵及其特点的学习。这样，便对幼儿园语言领域教育的概念有了一定程度的了解。

语言是人类认知世界及进行表述的方式和过程。作为幼儿教育工作者或幼儿家长，必须要了解并掌握幼儿各个年龄阶段的语言发展特点，通过对幼儿语言发展特点的学习与思考，帮助幼教工作者有目的、有计划、有组织地促进幼儿语言以及身心全面发展。

幼儿各个年龄阶段的语言发展特点为：0～1岁是准备语言阶段，这个阶段婴儿虽然还不会说话，但是在为语言的产生做积极的准备；1～1.5岁是理解语言阶段，这个阶段婴儿开始开口说话，能说出一定数量的词汇，对成人语言的理解能力迅速发展；1.5～3岁是表达语言阶段，这个阶段婴幼儿的语言能力飞速发展，是语言发展的突发期，词汇量迅速增加，并且能说出短语和句子，听和说的积极性很高，而且听和说的能力提高很快。3～4岁幼儿由于神经系统发育还不完善，发音器官和听觉器官的调节、控制能力相对较差，所以他们有些音发得还不够准确和清晰。此时是他们语音发展的关键期。这时的幼儿已经能听懂日常生活用语，会向别人表达自己基本的想法和要求，只是语句不够完整，有时会出现时断时续的现象。他们对词义的理解比较表面化和具体化；4～5岁幼儿基本能够发清楚大部分语音，已经能听懂日常一般句子和一段话的意思。他们掌握的词汇数量和种类迅速增加。在使用简单句的基础上，其语言逐渐连贯起来。5～6岁幼儿在正确的教育和影响下，能够清楚地发出母语的全部语音，并能听懂更多较复杂的句子，理解一段话的意思；能够掌握表示因果、转折、假设关系的连接词，掌握表示类概念的词汇；能够用语言描述事物发展的顺序，并且会有意识地组织句子，表达时运用各种语气。

语言教育中，"语"，是指口头语言；"言"，是指书面语言。语言教育主要任务是为了提高学生理解和运用祖国语言文字的能力，即听、说、读、写的能力。语言教育是一种综合教育。语言教育的内容，一般来说，指语言能力和语言知识两个方面，即语言技能和语言修养两个方面。也就是说，语言教育主要是负责语言能力的训练和语言知识的传授。

学前儿童语言教育概念的界定，学术界经历了一个从狭义的理解到广义的理解逐步完善的认识过程。

狭义的学前儿童语言教育把3～6岁儿童掌握母语口语的过程，特别是3～6岁儿童期掌握母语的听说训练和教育作为研究对象，着重于对3～6岁儿童加强口语听说训练。这种理解忽视了3岁前儿童语言获得；忽视了儿童的早期阅读和早期书写内容；忽视了教育的作用。因此，狭义的学前儿童语言教育既不利于儿童早期0～6岁语言一体化的研究与教育，也不利于学前儿童语言的健康发展，更不利于实际工作中对学前儿童语言的具体指导。

广义的学前儿童语言教育把0～6岁儿童的所有语言获得和学习现象、规律以及训练与教育作为主要研究对象，并对0～6岁儿童加强听、说、读、写的训练。这种理解将教育对象扩展到0～6岁；认识到母语的书面语学习的必要性，即对学前儿童进行早期阅读和早期书写准备的训练；注重儿童语言运用能力的培养，主张学前儿童语言教育应当在认识世界和社会交往的过程中展开，全方位地发展学前儿童的语言能力。

幼儿园语言领域教育的特点为：①是一项专门的语言学习过程；②教师引导幼儿主动参与，获得丰富的语言经验；③具有目的性和计划性，有利于幼儿语言能力的全面发展。

（二）幼儿语言学习的特点

无论是幼儿教育工作者还是幼儿家长，了解幼儿语言学习的特点是必要的，只有对幼儿语言学习特点如数家珍，才能运用合理科学的教育方式与方法更好地促进幼儿语言的发展。幼儿语言学习的特点主要有以下几点。

1. 幼儿期是语言发展的最佳期和关键期

从生理发展的角度看，幼儿到了3岁以后，大脑迅速发育，听觉器官与发音器官相应成熟，能听懂和模仿成人说话，具备了语言学习的物质基础；从心理上看，3～6岁这个时期，幼儿与周围环境接触的机会越来越多，生活经验日益丰富，求知欲也旺盛起来，他们对语言产生一种自我需要。这种需求便促进了幼儿语言迅速发展起来，所以，幼儿期是语言发展的最佳期，此外，也是语言发展的关键期。如果一个人在幼儿时期因某种原因未能学会语言，以后再学就困难重重，难以达到正常人的水平。

2. 幼儿通过模仿和实际练习获得语言

幼儿对周围人语言的模仿能力很强，他们说话时的语言，用词、用句，甚至语气腔调都很像他所接近和信赖的人们。这种模仿类型的学习是在实际练习中进行的。例如，老师拿着幼儿经常饮用的写着"学生饮用奶"字样的酸奶，询问幼儿："这个叫什么呀？"一位小朋友语气认真地说："上课别偷喝。"其他小朋友听到后哈哈大笑起来，并且都跟着假装认真地说："上课别偷喝。"笑声夹杂着模仿的话语在整个班里此起彼伏。

3. 幼儿获得语言是自然而然的过程

幼儿在模仿语言的过程中有一种内在的自发积极性，而且是自然而然地进行语言学习的。幼儿对于生活周围的语言并不是全盘接受，只有他们能够理解和模仿，并且吸引注意的语言，他们才会有意识地进行练习。例如：幼儿模仿奥特曼打斗的场面，嘴里会发出"驾，驾"，类似于骑马时催马跑快的声音。

4. 幼儿在实际生活中理解语言

幼儿在实际生活中理解语言，积累语言，发展语言。在自然情景中，幼儿无形中会获取丰富的词汇和短句，向着规范的、完整的语言方向发展，语词的敏感性也在不断地提升。同时，在自然的语言学习氛围中，幼儿语言学习的兴趣和积极性也有了很大提高。例如：将儿歌融入一日生活，老师可以唱儿歌："小朋友走楼梯，慢慢走，轻轻走，小小手扶扶好，不能挤来不能推，一个跟着一个走。"

（三）幼儿园语言领域教育的价值

《指南》在语言部分明确地指出："语言是交流和思维的工具。幼儿期是语言发展，特别是口语发展的重要时期。幼儿语言的发展贯穿于各个领域，也对其他领域的学习与发展有着重要的影响；幼儿在运用语言进行交流的同时，也在发展着人际交往能力、理解他人和判断交往情境的能力、组织自己思想的能力。通过语言获取信息，幼儿的学习逐步超越个体的直接感知。"该段话说明了幼儿语言学习和发展对幼儿身心全面发展的重要价值。

1. 促进幼儿认知发展

幼儿语言教育可以促进幼儿的认知发展，特别是概括能力的发展。通过学习语言，幼儿对外界事物的认识逐渐突破了只能通过感知获得有关事物个别、表面和单一特征的阶段，他们开始借助语言，获得事物一般、概括性的特征，概括的内容也逐渐丰富。如借助语言发现事物之间的异同点，借助语言间接、概括地认识事物，从而获得新的概念。

2. 促进幼儿沟通交流发展

幼儿语言教育可以帮助幼儿掌握一种与他人交往的工具，学习使用语言与他人交流思想、信息和情感，分享他人对周围世界的理解和看法。在成人的指导下，幼儿开始理解他人的语言，并从他人的言语中获取自己需要的信息；他们开始学习使用合适的语言表达自己的要求、想法以及表露自己的情绪和情感，从而实现与他人相互交流的目的。

3. 促进幼儿社会化发展

幼儿语言教育在幼儿社会化的过程中具有举足轻重的作用。语言发展既是幼儿认识和理解社会规范的基础，也是幼儿社会化的重要标志之一。在成人的指导下，幼儿可逐步学会借助语言，表达自己对外部世界的认识；学会认识和理解他人，逐步掌握社会对个体行为的期待，以社会或群体的行为规范，指导和调节自己的行为，加速社会化进程。

4. 促进幼儿情绪情感发展

幼儿语言教育对幼儿情绪情感的发展具有重要影响。语言发展是幼儿社会交往发展的基础，而交往能力的提高则有利于幼儿形成与成人、同伴之间的亲密关系，使幼儿获得积极的情感体验，促进其情绪情感的健康发展。作为语言教育的一项重要内容，文学作品通常是充满情感色彩的，在学习文学作品的过程中，幼儿可以通过移情、表演等方式获得关爱、快乐、悲伤等多种情感体验，文学作品中蕴含的价值观念和优美的语言还能够陶冶幼儿的道德、审美等高级情感。

> **知识拓展**
>
> 　　14世纪开始到现在，全世界范围总共发现了100多例被野兽抚养的人，这些由动物抚养长大，几乎没有与人接触的孩子统称为"狼孩"。他们通常各种器官功能正常，却完全无法理解语言是什么东西。1878年，法国医生曾对一名11岁左右的狼孩进行长达5年的精心照料和教育，狼孩在语言方面却没有任何进步，无法融入社会。1967年美国发展心理学家埃里克·勒纳伯格提出了"关键期假说"，他认为语言习得的关键期是从2岁到青春期。而后来又有许多心理学家对语言习得关键期做了丰富研究，现在普遍认为1～5岁是语言学习关键的时间段，错过这个时间段，人们语言的学习就变得尤为困难。这就为"狼孩"回归社会后无法学习语言的原因做出了解释。

二、幼儿园语言领域教育的目标

教育目标是培养的人才应达到的标准，是我国新时代教育培养人的方向和规格。教育目标在幼儿园这一教育阶段的具体化就是幼儿园教育目标，是我国所有幼儿园必须要遵循的。幼儿园语言领域教育目标是国家对幼儿园提出的，在语言教育活动中培养幼儿的规格和要求，幼儿园语言领域教育的目标指引着整个学前儿童语言教育的方向。

（一）确立幼儿园语言领域教育的目标的依据

幼儿园语言领域教育目标是根据国家的教育目标、幼儿园保育和教育的主要目标以及幼儿身心发展规律确定的，各个教育阶段的教育目标都不是一座"空中花园"，其确立需要像打地基那样牢固的客观依据。我国幼儿园阶段语言教育目标制定的主要依据如下。

1. 依据国家的教育目标

幼儿园语言领域教育目标要与新时代中国特色社会主义教育目标的方向和步调保持一致，社会进步与发展对需要培养什么样的人提出了要求，这是各个教育阶段对受教育者进行教育的必要依据，也必然是幼儿园语言领域教育所遵循的准则和制定目标的依据。

2. 依据幼儿园保育和教育的主要目标

根据《幼儿园工作规程》，幼儿园保育和教育在语言发展方面的目标是"培养幼儿运用语言进行交际的基本能力"。这是对儿童语言教育目标概括性的表述。把这个概括性极高的目标分解为可操作、可观测的目标，需要分析语言及语言运用的相关规律，如语言包括哪些成分、运用语言进行交际包括哪些活动形式、其中需要哪些规则等。根据这些规律，就可以具体地规定学前儿童语言教育要使儿童的哪些语言行为、能力和态度有所发展。幼儿园保育和教育在语言发展方面的目标中,还强调了语言的交际功能,重视儿童在与成人和同伴交往过程中语言的运用,逐步提高儿童口头语言表达水平。因此,目标中不仅包括最基本的儿童倾听和表达能力的培养,还包括提高儿童口语表达能力以及为入学后的书面语言学习做准备等目标。

3. 依据幼儿身心发展的客观规律

教育的对象是人,教育的一个基本职能是促进教育对象的身心发展,因而教育目标的制定必须时刻关注教育对象的发展特点与规律。在学前阶段,儿童语言发展具有哪些潜力,最高能达到什么程度,发展所需要的条件是否具备等问题,对学前儿童语言教育目标有直接的影响。

语言发展的相关研究成果提供了各种信息,对理解不同时期儿童身心发展特点及需要、学前儿童的行为表现及其原因、儿童的兴趣及发展的普遍性特征和个体差异有很大帮助。了解和掌握这些规律和特点,才能在制定学前儿童语言教育目标时有的放矢,具有针对性。学前儿童语言教育目标应该是全面的、综合的,包括情感态度、认知经验、能力技能等多方面的教育要求。应针对学前儿童语言发展的实际水平和差异进行适当的调整,以期最大限度地促进学前儿童语言的发展。

(二)幼儿园语言领域教育目标的层次结构

教育目标从纵向的角度来看,幼儿园语言领域教育目标具有一般的层次结构,主要分为三个层次,即语言教育总目标、年龄阶段目标和活动目标。

1. 幼儿园语言领域教育的总目标

幼儿园语言领域教育总目标是幼儿园语言领域教育任务要求的总和,即幼儿园三年语言教育所期望的最终结果,它是幼儿园教育总目标的一个组成部分。《纲要》中指出了语言领域的教育总目标:①乐意与人交谈,讲话礼貌;②注意倾听对方讲话,能理解日常用语;③能清楚地说出自己想说的事;④喜欢听故事、看图书;⑤能听懂和会说普通话。

2. 幼儿园年龄阶段目标

幼儿园年龄阶段目标是对幼儿园各年龄班儿童语言发展提出的具体要求。儿童语言发展表现出一定的共性和连续性,将语言教育目标分化为不同的要求,形成对每一个年龄阶段儿童逐步提高要求的具体目标,这是年龄阶段目标的一个特点。不同年龄阶段儿童语言能力也表现出一定的差异。每一个年龄阶段的具体目标都建立在上一个阶段语言发展的基础上,同时对这个阶段的儿童具有一定的挑战意义,使儿童在经过语言学习后能更上一层楼。幼儿园各年龄阶段语言教育的目标具体见表3-1。

3. 幼儿园活动目标

幼儿园语言活动目标一般由教师自己制定,它有两层含义。一层是指各项学前教育活动所指向的学前儿童语言发展目标。例如,日常生活活动有发展儿童与同伴和成人语言交往的目标;体育活动常对儿童提出听指令做动作的要求等。另一层含义则特指语言教育活动目标,如谈话活动目标、讲述活动目标、书面语言教育活动目标等。在专门的语言教育活动中,其目标要指向为儿童提供尽可能丰富的游戏经验,为其全面发展做贡献。

表3-1 幼儿园各年龄阶段语言教育目标

年龄阶段	教育目标
3~4岁	1. 敢在熟悉的人面前说话 2. 需要帮助时会用语言提出请求 3. 能较清楚地表达自己的想法,必要时可配合动作手势

续表

年龄阶段	教育目标
4~5岁	1. 愿意主动地与他人交谈 2. 乐意围绕某个自己熟悉或感兴趣的话题与别人交流自己的想法 3. 能依据所处情景，使用恰当的语气说话。如别人悲伤时会用安慰的语言
5~6岁	1. 愿意与别人讨论问题并当众发表自己的意见 2. 愿意用语言协商的方式解决与别人的冲突 3. 会说普通话，发音正确清晰，能有序、连贯、清楚地讲述一个事件 4. 会使用较丰富的词汇表达，如能使用常见的形容词、同义词等进行表达

三、幼儿园语言领域教育的原则

幼儿园语言领域教育原则是根据幼儿园语言领域教育的目标、要求和幼儿身心发展规律与特点制定的，反映了幼儿园语言领域教育活动的基本规律，是幼儿教育工作者经过长期理论积累与实践反思总结出来的。其贯穿幼儿园语言领域教育活动的整个过程，指导幼儿园语言领域教育教学活动的各个方面，是幼儿园教师组织语言教育教学活动必须遵循的基本准则。

（一）适宜性原则

适宜性指的是幼儿教师在制定教育目标、确定教育内容、创设教育环境、实施教育过程等环节中，都能充分考虑幼儿的身心发展规律与特点、学习特点和情感需要，开展语言教育活动时采取最适合幼儿的方式。适宜性原则充分表明了幼儿身心发展特点和需要。幼儿教师要依据本班幼儿的年龄特点和实际需要选择适宜的教育目标、教育内容和教育方法，不要生搬硬套，忽视适宜性原则。

（二）渗透性原则

渗透的含义不仅是语言教学活动要渗透到幼儿的一日生活中，而是一个双向耦合的渗透，各个教育领域之间也有相互渗透的过程。一方面，语言教学活动要渗透到幼儿的一日生活之中，在幼儿生活的各个环节中自然地融入语言教育；另一方面，语言领域同样需要与社会领域、科学领域、健康领域、艺术领域之间进行相互渗透，相互融合，不能孤立进行。

（三）参与性原则

参与性原则不仅包含教师和幼儿的参与，而且注重家长资源以及社会资源的积极参与，各个方面形成教育合力，共同促进幼儿身心全面健康发展。在语言领域教育活动设计过程中，教师要善于运用丰富多样的教学方法和辅助工具，充分调动幼儿的主动性和积极参与性，在参与活动的过程中获得体验与发展；在语言领域教育活动设计过程中，还要注重与幼儿家长以及社会各界进行沟通，使家长与社会各方力量参与到幼儿园语言领域教育活动中来，充分利用各种教育资源，共同推进幼儿语言教育的发展。

（四）发展性原则

幼儿语言领域教育是谋求幼儿的长远发展。当然，发展不只有知识的学习，还包括能力的提高、情感态度的改善以及良好行为习惯的培养。因此，幼儿教师应树立终身学习的目标，不断学习理论知识，并在实践中合理运用，理论结合实践，促进幼儿更好地发展。

第二节　幼儿园语言领域教育内容

幼儿园语言领域教育内容是幼儿园教育工作者必须要掌握的，为什么这么说呢？幼儿园语言领域教育内容就像是语言领域教育活动这一骨架的血肉，幼儿园语言领域具有丰富的教育内容，因此语言领域教育活动才能有血有肉。丰富的内容是否都科学合理是个问题，如何选择教育内容有待思考。

一、幼儿园语言领域教育内容选择的依据

幼儿园语言领域教育的内容并不是任意选择、毫无章程的，而是有需要遵循的依据，有需要符合的规律。教育内容是实现教育目标的重要手段，所以，幼儿园语言领域教育的内容应该根据我国的教育目标来选择；幼儿园语言领域教育目的主要是促进幼儿语言领域的发展，因此，幼儿园语言领域教育内容应该根据幼儿语言发展的特点及其规律来选择。

（一）依据幼儿园语言领域教育目标

幼儿园语言领域教育目标是国家对幼儿园在语言领域教育中，培养幼儿语言领域该如何发展的明确要求，这是幼儿园以及幼儿教师必须要牢记于心并坚定执行的指导方向，同时也是确定幼儿园语言领域教育内容的主要依据。

幼儿园语言领域教育目标是什么呢？《纲要》指出，幼儿园语言领域教育的总目标：①乐意与人交谈，讲话礼貌；②注意倾听对方讲话，能理解日常用语；③能清楚地说出自己想说的事；④喜欢听故事、看图书；⑤能听懂和会说普通话。

毫无疑问，幼儿园语言领域教育的目标是培养幼儿的语言能力，即语言的理解能力和表达能力。因此，在确定语言教育内容时，需要对如何发展提高语言理解能力和语言表达能力进行具体分析；幼儿语言教育目标是倾听、表述、欣赏文学作品、早期读写和书写准备五大块，每个部分都包含认知、情感与态度、能力与技能三个方面。因此，在确定语言教育内容时，要根据这五大块和三个方面，分析有关的活动，突出其中可以作为语言学习内容的因素加以利用；根据语言教育目标确定教育内容，是把教育目标中的各部分、各方面要求转换为幼儿学习语言的内容，使儿童通过多种多样的学习获得语言经验。需要注意的是，语言教育目标和语言教育内容并不是一一对应的，一个目标要通过多种内容来实现，一种内容也可以执行多项目标的要求。

（二）依据学前儿童语言发展的特点

语言发展特点是指从非言语交际向口语交际转换，从口语交际向书面语言学习转换，这两个转换是互相交叉的。因此，语言教育内容在确定之时，须针对儿童语言发展特点进行合理选择。

幼儿向口语表达发展过程中，需要学习听说轮换、及时反馈；对语词的理解和应用；构词成句、表达意思三个方面的内容。因此，教育内容可以选择谈话、讲述、辩论、文学作品学习和早期阅读等活动，让儿童对这些内容进行练习，使儿童获得相关的语言经验。

幼儿口语表达发展之始，首先要学习的是对词的感知、理解和应用。只有将词的音、调和它的具体意义联系起来，才能准确感知和理解每一个词。对词的学习是自然而然获得的，其渗透在

儿童的一日生活中。因此，在一日生活与学习活动中，需要提供相应的学习内容以及有目的的引导，这样才能使儿童具有丰富的词汇，能恰当地运用词汇，将词或句与实际物体的意义联系起来，并且在生活情境中学习运用相应的词和句。

幼儿口语表达向书面语言学习发展过程中，需要学习口头语言和书面语言之间的关系，具有识字能力。即对说出的话与写出的字之间的关系有一定理解，对不同字形的辨认以及对字形结构的分析与书写。

（三）依据不同活动领域的特点

幼儿的学习方式具有特殊性，与其他教育阶段的学习方式是不同的，幼儿主要是以活动和游戏的方式进行学习，即幼儿各个方面的发展是在多种多样的活动中进行的。同样，幼儿的语言也是通过多种多样的活动实现发展的。

不同领域活动有不同的特点，语言学习内容也各不相同。例如：在科学领域活动中，需要教师用语言来指导幼儿进行观察，幼儿则需用语言表达观察的情况和结果；在健康领域中，儿童要听懂教师的指导语，并能用语言重复教师的指导语。不同的活动导致儿童所获得的语言经验也有所不同。例如，科学教育中有关"我的五官"的谈话和语言教育中"我的五官"的谈话活动，前者着重于帮助儿童更好地认知有关幼儿自身身体器官的科学教育内容，如正确说出嘴巴、眼睛、耳朵等的名称和个数，通过谈话来巩固加深儿童对五官的认识。而语言教育中的谈话活动，则主要侧重于儿童的语言能力训练，较多地注意儿童围绕五官"谈些什么"和"怎样谈"，如大胆表述我的嘴巴有什么用，我的眼睛有什么用等。教师应该研究不同活动领域的特点，把语言教育内容有机地渗透到各种活动中，切实提高儿童的语言水平。

二、幼儿园语言领域教育的内容

幼儿园语言领域教育内容的结构主要包括专门性语言教育活动和渗透性语言教育活动两大类。专门性语言教育活动，顾名思义，是幼儿教师在专门场所有目的、有计划、有组织地对幼儿进行语言领域教育的内容，主要包括谈话活动、讲述活动、辩论活动、文学活动、早期读写活动等专门的幼儿语言培养活动；渗透性语言教育活动主要包括日常生活中的语言交往，自由游戏中的语言交往，其他领域活动的语言交往，还有随机渗透的日常生活环节中的语言交往。因此，可以说幼儿园语言教育的内容的内涵相当丰富，涵盖面广，涉及领域多种多样，既包括了教师通过有目的、有计划地组织专门的活动内容，也包括从幼儿入园的问候、晨间谈话，到幼儿离园时的道别等各个环节，以及在其他领域活动中渗透的语言教育内容。

专门性语言教育活动主要是为幼儿提供机会，对其日常语言交际中获得的语言素材进行提炼和深化，达到对语言规则的理解及有意识的运用，是我国目前幼儿园语言教育中经常采用的最基本的内容。

（一）谈话活动

谈话是指两个或两个以上的人就某一主题进行的交谈，是人们最常使用的语言运用形式，也是儿童交流能力发展的重要途径。《指南》指出：幼儿的语言能力是在交流和运用的过程中发展起来的。谈话活动是幼儿口头语言发展的重要活动，幼儿在交往和谈话中发展口头语言能力。因此，谈话对于幼儿语言以及各个方面的发展是十分有价值的。

谈话包括个别交谈和集体交谈两种。个别交谈的一般要求有：①主动发起与别人进行交谈，尽量清楚、完整地表述自己的意思；②集中注意倾听别人的说话，针对别人的话能提出询问或作出积极的应答；③懂得交谈中要听说轮换，耐心而有礼貌地把谈话延续下去。集体交谈的一般要求有：①在自由活动或游戏活动中，能积极参与两个人以上的交谈，并根据需要发表自己的意见；②在集体活动中，能注意倾听并理解教师的提问，并作出相应的回答；③注意倾听同伴在集体中的发言，及时作出更正或修补。

（二）讲述活动

讲述活动是有目的、有计划地培养幼儿语言表述能力的语言活动。其分为叙事性讲述和说明性讲述。叙事性讲述指用口头语言把人物的经历、行为或事情发生、发展、变化讲述出来，要说清楚人物、时间、地点、事件和事件发生的原因，并且要说明白事情发生、发展的先后顺序；说明性讲述是独立讲述的其中一种类型，是用简单明了、规范准确的独白语言，说明与解释事物的形状、特征、功用或操作过程的讲述形式。幼儿园中讲述活动能培养幼儿独立思考和表述能力，还能培养幼儿调节语言，清晰交流的技能，给予幼儿积极运用语言的机会。

【幼儿园教师资格证考试：真题·2019年下】

简答题：幼儿口语表达能力发展的趋势。

对话言语是两个人之间的相互交谈。独白言语是一个人独自向听者讲述。对话言语的发展和独白言语的出现是幼儿口语表达能力发展的趋势。幼儿前期最先掌握的是对话言语，随着年龄的增长掌握独白言语。同时，情境性言语的发展和连贯性言语的产生也是幼儿口语表达能力发展的重要趋势。

（三）辩论活动

幼儿园的辩论活动，是指在一定的竞争压力下，辩论的双方或多方运用一定的方法，围绕一个相互对立的话题进行解释证明、论证反驳的语言活动。其有利于培养幼儿的语言综合运用能力、独立性与批判性思维能力以及社会性发展等。

辩论是当下幼儿园语言教育领域逐渐兴起的一种学习形式，对幼儿的语言综合运用能力、独立性与批判性思维能力以及社会性发展均具有很高的价值。它要求幼儿在理解论题的基础上，用简洁、准确的语言来表达自己的观点，并对对方观点进行"辩驳"，在此过程中，幼儿的语言理解、倾听和表达能力都能够得到锻炼与提升。

辩论活动中，对个人观点的坚持与维护可促进幼儿思维独立性的发展，同时为其未来坚定、执着及个性化品格的培养与发展奠定基础；对他人观点中的纰漏与错误的质疑、反驳则可推动幼儿批判性思维的发展。此外，辩论活动中的小组合作、尊重他人及其观点等，能让幼儿习得尊重差异，从而促进其社会性的发展。

（四）文学活动

幼儿园文学活动可分为三个部分，分别为文学语汇发展、文学形式发展、文学想象发展。文学语汇是指文学作品中所运用的全部的语词总和，包括词汇、语言句式以及修辞方式。语汇是儿童语言学习的内容，也是儿童语言表达的材料；文学作品形式经验是指儿童对于经常接触的诗歌、故事、散文等文学作品的结构和表现手段的学习；幼儿在学习和欣赏文学作品的过程中，能通过想象理解文学作品中的词汇概念，能想象出文学作品所传达的情节画面、人物特征和主题意境等内容。幼儿园文学活动能扩大幼儿的视野，增长见识，促进幼儿文学语言与文学素养的发展。

文学作品是以语言表达情感的载体，能让读者对各种事物、人生以及世界有更深刻的认识，得到更多的内心体会，特别是有些文学作品的读者。如果能与之产生情感共鸣，就能理解其中蕴含的思想情感。目前，幼儿园文学活动中的文学作品形象极为生动鲜明，就是为满足幼儿的学习需求，其不仅能引导幼儿对情感模式进行识别，还能够利用词语将其中的情感与内心的感受表达出来，进而有利于提升和发展幼儿的社会化能力。

（五）早期读写活动

对早期读写的定义主要是指0～6岁学前儿童凭借变化着的色彩、图像、文字和成人形象的读讲，来理解以图为主的幼儿读物内容的活动过程，是一个融观察、记忆、思维、表达等多种认知于一体的综合过程。早期读写是指幼儿园、家庭通过对幼儿提供与视觉刺激有关的材料，让幼儿接受有关材料的信息，在观察、思维、想象等基础上对材料内容进行初步理解和语言表达，并以文字的形式记录下来，发表自己的观点见解。早期读写是幼儿接触书面语言的形式和运用的机会，是幼儿发展语言能力的机会，是幼儿掌握词汇构成和文字表征的机会，同时也是幼儿发展学习读写倾向的机会。

幼儿园早期读写活动可分为三个部分，包括儿童前阅读活动、儿童前识字活动以及儿童前书写活动。前阅读特指幼儿以图画书为主要阅读材料，以图画为主要阅读对象，从而获得图画书内容，形成理解，获得意义的过程；儿童前识字活动指在接受学校教育之前，儿童获得的有关符号和文字在功能、形式和规则上的意识，并在有目的、有意义的情景中初步习得符号与文字；儿童前书写活动指儿童能够通过观察和注意周围环境中的文字信息，逐步积累一些初步的书面语言知识，包括握笔、涂画和书写的基本方法，萌发初步的书写意愿。

渗透性语言教育活动主要是利用学前儿童各种生活经验，为幼儿提供充分而又广泛的学习和运用语言的机会。渗透的语言教育活动对幼儿语言发展具有重要价值，但在日常生活中往往容易被忽略。发挥语言在各项活动中的渗透作用，是语言教育的必由之路。在日常教育中有必要加大这一方面的教育力度，使之和专门性语言教育内容遥相呼应，彼此配合，相互补充，将学前儿童的语言学习落到实处。

（一）日常生活中渗透性语言教育

日常生活中幼儿语言领域教育要求主要有：①在集体活动和个别交往的场合中，能认真倾听教师关于遵守行为规则的要求，以此指导和约束自己与他人的行为；②在掌握行为规则的基础上，学习用语言评价自己和同伴的行为；③理解并执行教师的指令；④在他人面前大胆讲述自己的见闻。

（二）人际交往中渗透性语言教育

人际交往中幼儿语言领域教育要求主要有：①正确使用礼貌用语；②用语言向他人提出请求和表达愿望；③用适当的词、句或语气、语调与同伴展开讨论或辩论，协商与调解同伴之间的纠纷等。

（三）游戏活动中渗透性语言教育

游戏活动中幼儿语言领域教育要求主要有：①游戏时与同伴随意进行交谈，结合游戏情节自言自语或进行恰当的人物对话；②同伴之间会用语言协商、讨论与合作，共同开展游戏；③用连贯性语言评价游戏的规则执行情况与游戏开展情况，对游戏进行适当的小结。

（四）学习活动中渗透性语言教育

学习活动中幼儿语言领域教育要求主要有：①在认识活动中，能积极主动地提出问题和解答问题；②能完整连贯地讲述所观察的事物或现象；③在集体中，能较长时间地倾听教师对各种学习内容的讲解和指导，理解学习的内容；④能用几种不同的符号来表达对认知内容和认知过程的感受和认识。

第三节　幼儿园语言领域教育活动的实施

幼儿园是促进幼儿语言发展的重要场所，幼儿教师是激发幼儿的语言潜力的关键人物。语言能力对于幼儿非常重要，将会伴随他们的一生。因此，教师担负着培养幼儿语言能力的重担。只有了解如何进行幼儿园语言领域教育活动的设计与实施，为幼儿提供良好的教育环境以及条件，激发幼儿的语言运用能力，这样才能够真正锻炼幼儿，促使幼儿喜欢交流、能够表达、有话可说，并养成良好的语言习惯。

一、幼儿园语言领域教育活动的设计与实施

（一）幼儿园语言领域教育活动设计与实施的原则

幼儿园语言领域教育活动要取得实效，需掌握语言教育活动设计与实施的原则，活动设计与实施的原则是语言活动必须遵循的基本准则和基本要求。语言教育活动设计与实施的原则主要有以下几点：①教育活动经验连续性原则；②教育活动中主客体交互作用的原则；③教育活动相互渗透性原则；④活动内容和活动方式相适应原则。

（二）幼儿园语言领域教育活动设计与实施的步骤

语言教育活动的设计是一项具体的任务。不同类型的教育活动有不同的设计方法与设计思路，但语言教育活动存在着一些共通的规律，因此语言教育活动应有设计的一般步骤。第一，确定活动目标。这是语言教育活动设计中最重要的一环。教师在制定活动目标时应做到以下几点：①目标应着眼于儿童的发展，既要适应儿童已有的发展水平，符合儿童语言发展的规律，又要将促进儿童语言发展作为落脚点。②活动目标的内容和要求，在方向上要和终期目标、阶段目标相一致。③活动目标的内容应包含认知、情感与态度、能力与技能三个方面。第二，选择活动内容。活动内容是语言教育内容的具体化。语言教育活动内容是实现教育目标的手段，是将目标转化为儿童发展的中间环节，也是活动设计和实施的主要依据。第三，策划活动流程。学前儿童语言教育活动是作为一个过程展开的。实际上就是教育内容、教师的指导活动和儿童的学习活动如何展开的过程。第四，拟定活动方案。从形式上看只是将活动目标、活动内容、活动准备、活动流程形成书面语言载体的形式，实质上它包含着一定的教育指导思想和理论观点，使教育实践活动沿着预定的轨道、朝着预期的目标前进。

二、谈话活动的设计与实施

（一）幼儿谈话活动的核心经验及教学策略方法（表3-2）

表3-2 谈话活动的核心经验及教学策略

谈话活动的核心经验		教学策略
良好的倾听习惯和能力	在他人谈话的时候能够安静、有礼貌地倾听	1. 创设积极的语言交往环境 多途径丰富儿童的经验，让学前儿童有内容可以谈；选择恰当的谈话主题，让学前儿童想谈；营造一个安全、积极的谈话氛围，让学前儿童敢谈并有机会谈 2. 在一日生活中促进学前儿童谈话核心经验的发展 一日生活中要有必要的谈话环节；关注一日生活中的师幼谈话；一日生活中的谈话要处理好"四对关系" 3. 善用提问、激发和推进学前儿童的谈话 4. 聚焦学前儿童谈话核心经验的提升
掌握并运用交流和表达的规则	遵守谈话中的基本规则	
初步运用谈话策略	能够采用多种辅助手段帮助交流和表达，能围绕主题发起、修补和维持谈话	

（二）幼儿园谈话活动案例及分析

大班谈话活动：我喜欢的动画片

【活动目标】
1. 帮助幼儿学会专注地倾听同伴谈话，迅速掌握别人的谈话内容，学习别人的谈话经验。
2. 培养幼儿围绕一定的话题谈话能力，充分表达自己的想法和见解。
3. 能够让幼儿说出自己喜欢的动画片及人物角色，并说出原因。
4. 能够让幼儿主动修补自己的谈话，找出合理的论据来解释自己的观点。

【活动准备】
1. 动画片图片。
2. 各种动画片短小片段。

【活动过程】
1. 创设情境，教师带领幼儿参观动画城。
教师：小朋友们，你们喜欢看动画片吗？现在呀，请大家闭上眼睛，老师要带你们去动画城看动画片了哦。（将很多的动画片画面呈现在幼儿面前）教师：请小朋友们说说，你看到了哪些动画片？这么多的动画片，哪一个是你现在就想看的呢？
2. 观看动画片。
（1）根据幼儿的提议，播放幼儿想看的动画片。
（2）教师：小朋友们，刚刚你们看了喜欢的动画片，现在老师想知道你们最喜欢的动画片里的谁？为什么喜欢它？请你们告诉我好吗？假如你是它，你最想干什么呢？
（3）向伙伴分享自己看过的其他动画片。
3. 模仿自己喜欢的动画片里的角色。
教师：刚刚小朋友们都说了自己喜欢的动画片里的人物，那你们想不想当小演员，来模仿自己喜欢的角色呢？（请小朋友们模仿自己喜欢的角色说话，走路等）
教师：小朋友们刚刚模仿得都很棒，动画城的小伙伴们要奖励你们听听它们的歌，现在让我们听着歌曲，休息一下。

【活动评析】

　　大班儿童口头语言交往经验更丰富，谈话能力也进一步提高，因此这个阶段谈话活动的核心经验主要是有关语言运用和策略的发展。在这个活动中，教师将核心经验聚焦于"围绕主题开展谈话"和"学会修补谈话"，是适合大班儿童谈话经验发展的。

　　大班儿童在教师的引导下，围绕主题谈话的水平已能达到比较稳定的水平，但是修补自己谈话的能力可能还处于初始水平，因此这个活动的目标应该是在巩固儿童"围绕主题开展谈话"的基础上，逐渐引导儿童学习修补自己的谈话，表现为提出证据支持自己的观点。

三、辩论活动的设计与实施

（一）幼儿辩论活动的核心经验及教学策略方法（表3-3）

表3-3　辩论活动的核心经验及教学策略

辩论活动的核心经验		教学策略
解释并坚持自己观点的经验	辩论需要向别人说清楚自己的观点，也需要在别人反对的情况下，坚持自己的观点和反驳别人的观点	1. 选择幼儿有兴趣，具有争议性的辩题 2. 用恰当的方式引出辩论话题（故事导入、情境导入等） 3. 帮助幼儿围绕话题展开辩论 幼儿辩论随意性强，会出现偏离辩题的情况，教师要及时将幼儿拉回来 4. 注意保持辩论各方话题均衡 辩论有时会出现双方实力悬殊的情况，这样辩论很难进行，教师要启发幼儿，尽量保持中立 5. 有效修补可能中断的辩论过程 辩论活动难度大，不可控因素多，比如出现"一边倒"的局面
运用恰当方法进行辩论的经验	辩论有很多种方法，比如陈述、假设、对比、反问、举例等。让幼儿掌握一些基本的方法，并锻炼其思维方式	
理解和尊重别人观点的经验	辩论的时候，既要据理力争，也要有接纳不同观点的胸襟。态度上尊重人，心理上尊重不同观点	

（二）幼儿园辩论活动案例及分析

大班辩论活动：晴天好还是雨天好

【活动目标】

　　1. 能大胆、清楚地表述喜欢或不喜欢晴天、雨天的观点，对辩论活动感兴趣。
　　2. 初步了解辩论活动中陈述、对比、假设、反问等常用的辩论方法。
　　3. 能遵守轮流发言、举手示意、有序抢答等基本的辩论规则。

【活动准备】

　　1. 带领幼儿了解晴天、雨天给生活带来的好处及不便；观看成人进行辩论的视频，简单了解辩论的基本过程。
　　2. "晴天""雨天"的图片各1张，"辩论""陈述""对比""反问""假设"等字卡各1张，黑板1块，长条桌1张，小椅子若干。

【活动过程】

引出辩题,激发幼儿活动的兴趣。

1. 教师出示"晴天""雨天"的图片,组织幼儿进行简单谈话,引出辩题。

——这里有2张图片,它们分别代表什么意思?

——在我们生活的这个地方,晴天的时候多还是雨天多?

——你更喜欢晴天还是雨天?

2. 小结:小朋友的观点不一样,有的喜欢晴天,有的喜欢雨天,相信你们一定有自己喜欢的理由。

创设辩论环境,引导幼儿了解辩论的基本含义,激发幼儿想说的欲望。

1. 出示字卡"辩论",引导幼儿讨论:什么是辩论?

——现在,我们就来进行一项辩论活动。小朋友们,谁知道什么是辩论?

——(经过幼儿的自由讨论后)教师小结:辩论就是争论。大家有两种不一样的观点,每个人都来说出自己的理由,最重要的是要说服对方,这样就是辩论。

2. 请幼儿根据自己的意愿进行选择,分为晴天队、雨天队两组,教师根据情况加以调整。

进行第一场辩论:轮流发言,阐述自己最想说的理由。

——小结:你们都说出了自己喜欢晴天或者雨天的理由,表现得非常自信,而且说得很清楚。

进行第二场辩论:举手发言,说出更多不一样的理由。

1. 鼓励幼儿相互交流,说说自己不一样的理由。

——除了刚才说过的理由,还有没有其他的理由来证明你的观点呢?现在给大家一分钟的时间,先和你旁边的小朋友互相说一说。

2. 鼓励幼儿举手说出更多理由,并对幼儿的现场言语及时梳理、反馈,提升言语的质量;提示幼儿遵守"举手发言、安静倾听"的辩论规则。

——现在进入辩论的第二个环节:举手发言。我是主持人,想发言的小朋友请积极举手,看谁能说出更多的、不一样的理由来。

——小结:在举手发言中,小朋友们说出了更多的、不一样的理由,而且用到了一些方法来和对方辩论,非常棒。

进行第三场辩论:自由辩论,根据对方的观点进行反驳。

1. 引导幼儿讨论:自由辩论是怎样的辩论?辩论最重要的是要说服对方,怎样才能说服对方呢?

——小结:自由辩论的时候要仔细听听对方说的是什么,他的理由有没有道理,如果没有道理就抓住这个理由说服他,这是一个好办法;如果你的理由很充分、非常有道理,也可以说服对方,这也是一个好办法。

2. 幼儿自由辩论。教师重点鼓励、引导幼儿关注对方的观点并进行反驳,并通过解决自由辩论中出现的矛盾冲突,建立有序抢答的规则。

3. 教师根据幼儿现场表现,从阐述观点、遵守规则两个方面给予积极评价。

——你们第一次参加这样的活动,表现都很棒。第一,你们都想说,而且很勇敢地说,就像刚才××小朋友一样,大家都能清楚地说出自己的想法,这是老师最希望看到的。第二,你们都能遵守辩论规则,知道看着对方,知道轮流、举手发言;自由辩论的时候,一个站起来,其他的小朋友都不讲话,这样辩论活动非常有秩序,每个人说的话都能听清楚。

4．出示"陈述""反问"等字卡，提升幼儿辩论中使用的策略方法。

——你们在辩论的时候用到了很多小方法，比如一开始的时候，有的小朋友说"我喜欢晴天，因为晴天可以晒被子"，说得非常清楚、完整，这就是一种方法，叫作"陈述"（出示字卡"陈述"）。还有一种方法，大家在说的时候，用到了"如果"这个词，"如果晴天的话就……""如果雨天的话就……"这也是一种方法，叫作假设（出示字卡"假设"）。还有小朋友用到了第三种方法："晴天的时候可以出去玩，雨天的时候不能出去玩"，把晴天和雨天比一比，这种方法就叫作对比（出示字卡"对比"）。

——小朋友们，你们今天用到了这么多的辩论方法，自己都不知道吧？以后继续辩论，我们还会了解更多的方法。有了这些方法，你们就很容易说服对方了。那时候，你们就会成为"辩论家"了，希望你们继续加油啊！

【活动评析】

辩论是一个非常具有挑战性的活动，即便是很擅长组织语言领域活动的老师，也极少愿意啃这根"硬骨头"。如何通过合适的活动，促进幼儿辩论核心经验的形成，一直是很多幼儿教师的"七寸"。解决该问题的思路主要有：①选择生活话题，打开幼儿的话匣子，让幼儿有话可说；②实施递进策略，推动辩论深入，要让幼儿的语言和思辨能力有所提升；③放手错误行为，形成辩论规则，让幼儿会站在不同的角度，制定并完善规则；④总结辩论方法，提升思维能力，辩论的方法有陈述、假设、对比、反问、举例等多种。教师以幼儿的具体表现为例，让幼儿很轻松地就理解了"什么是陈述""什么是假设"等。一旦幼儿理解这些概念，就更加有利于激发幼儿对辩论的兴趣和热情，推动辩论活动从无意向有意发展；更加有利于他们"有意识地运用和积累各种辩论方法"，促进其思维能力的发展。

四、讲述活动的设计与实施

（一）幼儿讲述活动的核心经验及教学策略方法（表3-4、表3-5）

表3-4　叙事性讲述活动的核心经验及教学策略

叙事性讲述活动的核心经验		教学策略
使用丰富多样的词句讲述	指示明确、词汇丰富、句型多样的语言运用能使得讲述更为清楚、生动，更能抓住学前儿童的兴趣与注意力	1. 在日常交流中引发儿童叙事 在家玩了什么，自由活动或区域活动时与孩子聊聊正在做什么事，孩子寻求帮助时请他讲讲事情的经过 2. 创设情境，支持儿童在游戏中叙事 角色游戏是学前儿童运用叙事语言的重要情境 3. 提供机会鼓励儿童在同伴或集体面前叙事 4. 开展叙事性讲述集体教学活动 ·生成适合儿童年龄特点及生活经验的讲述命题 ·设立符合叙事能力发展水平的核心经验目标 ·选择吻合儿童感知特点的叙述凭借物 ·经验准备，让儿童有话可讲 ·支架搭建，让儿童有据而讲 ·层层铺垫，让儿童有备而讲
有条理地组织讲述的内容	有条理的组织经历或想象能让眼前的学前儿童理解他们所未经历的事情发生的来龙去脉	
感知独白语言的语境	讲述者能够独立构思并在集体面前讲述。这要求学前儿童能够理解集体场合是一种与日常交谈不同的语境，初步感知听众的一些特征与需要，从而能够采用一定的方法吸引听众的注意	

表3-5　说明性讲述活动的核心经验及教学策略

说明性讲述活动核心经验		教学策略
使用规范准确、简洁明了的说明性词句	说明性讲述的突出特点是使用规范准确、简洁明了的词句	1. 说明性讲述需要有一定的认知准备做铺垫 说明性讲述需要儿童有内容可讲，这种独特的讲述类型，需要儿童对讲述对象有一定的科学认知（可能是从日常生活中无意识获得，也可能通过网络、电视、图画书等来源了解的，还可能是在讲述活动中教师以知识铺垫的形式帮助学前儿童认识的） 2. 注意凭借物的选择与使用 学前儿童思维水平、表象储存能力有限，无法做到完全脱离情景讲述，通常需要借助凭借物（多样化） 3. 说明性讲述核心经验的形成不仅仅局限于讲述活动 · 通过阅读科学知识类图画书渗透核心经验 · 在科学探究活动中引入说明性讲述的核心经验 · 在一日活动中有意培养儿童的说明性讲述核心经验
理解说明性讲述的内容组织方式	在学前儿童说明性讲述学习过程中，随着儿童认知水平的提高，可以逐渐做到从有内容地讲述到有顺序地讲述，最后发展到有重点地讲述。当然这一发展过程有着说明性讲述独特的内容组织方式	
以独白语言的形式进行	说明性讲述这种语言形式属于独白语言，需要讲述者能够在脱离情境的场合，独立构思讲述内容并有条理地讲述出来	

（二）幼儿园讲述活动案例及分析

中班说明性讲述活动：苹果

【活动目标】

1. 尝试用规范的语言，按一定的顺序讲述苹果的结构和生长过程。
2. 能细致观察、感知生活中熟悉的事物。

【重点难点】

用规范的语言，按一定的顺序讲述苹果的结构和生长过程。

【活动准备】

摸箱，实物苹果，生长过程操作学具，图画书《种子长成苹果》的PPT课件。

【活动过程】

一、苹果的外形

1. 出示摸箱，猜猜里面可能会有什么？
2. 请四个孩子用小手摸一摸，摸上去有什么感觉？可能是什么？
3. 听了小朋友的介绍，你们觉得可能会是什么呢？
4. 验证结果，仔细看一看这些苹果一样吗？
5. 小结：我们摸到的苹果是圆圆的，硬硬的，光滑的。我们看到的苹果形状不一样，大小不一样，颜色也不一样。

二、苹果的结构

1. 你们喜欢吃苹果吗？为什么？
2. 品尝苹果，认识果皮、果肉、果核。
3. 出示PPT1，苹果的外面是什么？中间是什么？里面是什么？
——我们会按照从外到里的顺序来介绍苹果。
4. 你们知道吗，果核里面还藏着秘密呢？（演示切开果核）你发现什么了？
5. 出示PPT2，谁会用从里到外的顺序来介绍苹果？

6. 小结：苹果是一种水果，它的外面是果皮，中间是果肉，里面是果核。果核像个小房子，保护着苹果的种子宝宝。

——种子有什么用呢？这么小的种子真的能长成苹果树吗？

三、苹果的生长过程

1. 苹果生长图排序。

——想一想小种子是怎么长成苹果的？然后把这些图片按顺序排一排，贴在空白处。

2. 交流苹果生长过程，说一说小种子是怎么长成苹果的？
3. 观看PPT，幼儿跟着老师按时间顺序讲述苹果的生长过程。

【活动延伸】

鼓励幼儿完整阅读图画书《种子长成苹果》。

【活动评析】

该活动是一个说明性讲述活动，此活动的目的是培养幼儿"理解说明性讲述的内容组织方式"的核心经验，并将核心经验的发展阶段定位在稳定阶段，即让幼儿学习"按照一定的顺序讲述"。在此活动中，教师层层递进、由简入难地帮助幼儿学习按照一定的顺序讲述。

对于中班幼儿来说，已经具备了对苹果的认识，包括外形、口味，及其中所含的营养等，如何让幼儿有顺序地讲述这一水果呢？教师首先让幼儿在品尝水果的过程中，按照由外到内的顺序认识苹果的结构，并按照这一顺序讲述苹果结构，再让幼儿自主地按照从内到外的顺序讲述苹果结构，由于幼儿可以直观地看到苹果的结构，因此可以很快学会如何按照这一顺序讲述。接着，教师为幼儿提出了更高的挑战，让幼儿学习按照苹果的生长顺序讲述。由于这一要求没有前面的讲述顺序那么直观，幼儿很难组织讲述内容，这时教师出示图片，让幼儿对苹果的生长进行排序，让幼儿在排序的过程中既能梳理对苹果生长顺序的认识，又能在后面的讲述中以自己排好的图片顺序为讲述凭借物，组织讲述的顺序与内容，逐渐获得按照一定顺序讲述的说明性讲述核心经验。

教师在本活动中先后使用了4种方法促进幼儿核心经验的获得，包括摸苹果、观察不同的苹果外形；切苹果、品尝苹果，了解苹果的结构；用图片排列苹果的生长顺序；引入《种子长成苹果》图画书，用PPT展示图画书内容，为幼儿示范图画书中标准规范的说明性语言。之所以要选择多种不同的方法，与说明性讲述这一口头语言类型的特点有关。这一语言类型要求使用规范准确、简单明了的说明性语言讲述事物的特点、外形、操作过程等，易使活动过程枯燥单调。采用多种教学方法，不仅可以使幼儿在操作、思考中保持较高的积极性，还能达成核心经验学习的目的，确保活动的有效性。其次，"苹果"活动案例中采用先认知后讲述的教学策略，这也与说明性讲述的特点密切相关。说明性讲述不像故事续编或叙事性讲述，可以结合故事情节的结构或生活经验想象、虚构讲述内容，而是需要对客观事物的真实特点准确地认知，具有较强的科学性、规范性。因此，要想达成此类活动的目标，幼儿需要先具备一定的科学知识，才能做到言之有物、言之有序。

"苹果"这个说明性讲述活动示范了如何将这种语言类型的核心经验与教学活动相结合，将核心经验转化为活动目标，选择适当的教学方法和策略，在了解幼儿相应的核心经验发展水平的基础上，帮助幼儿循序渐进地学习核心经验。

当然，并不是所有的说明性讲述活动都要采用多种教学方法，或先认知后讲述的教学策略，这要根据幼儿核心经验的发展水平、讲述的对象、教学目标等来决定，只有增强教学方法和策略的针对性，才能保证活动的顺利进行，确保幼儿有的放矢地学习说明性讲述的核心经验。

五、文学活动的设计与实施

（一）幼儿文学活动的核心经验及教学策略方法（表3-6、表3-7、表3-8）

表3-6　文学语汇活动的核心经验及教学策略

	文学语汇核心经验	教学策略
词汇	幼儿的语言文学，是由各种词汇组合起来的语言艺术作品，学习文学作品是幼儿拓展词汇的重要途径	1. 文学语汇感知与理解的促进策略 通过聆听的方式感知新词和语词排列的次序；通过观察与操作相结合的方式增进儿童对新词汇及修辞手法的理解；通过多元文学作品的选择促进儿童对不同文学作品语句形式的感知 2. 文学语汇创意表达的促进策略 ·多种符号形式的表达 ·榜样示范 ·启发引导
语句	文学作品向幼儿展示成熟的语言，丰富多样的句法方面。文学语句是由儿童文学作品中的一个词或句法上有关联的一组词构成的，是幼儿理解复杂的语言句法结构和熟练地使用这些句法结构的前提条件	
修辞手法	修辞指通过修饰、调整语句，运用特定的表达形式提高语言表达作用的方式方法。包括比喻、夸张、比拟、反复等修辞手法	

表3-7　文学形式活动的核心经验及教学策略

	文学形式核心经验	教学策略
诗歌的形式特征	诗歌的形式特征表现为分行排列。在分行排列的基础上，通过句式长短的变化，按照音律和谐规律地塑造出诗歌独特的形式美。对诗歌分行排列结构的了解要求儿童理解这种分行排列的结构所带来的美，即音乐美（节奏与韵律）、绘画美（或生动或优美的画面内容）和形式美（句式多样而灵活）	1. 增加幼儿与多种文学形式互动的机会 体裁多样、题材多样、难度层次多样 2. 借助多种方式促进儿童对文学作品结构的理解 听赏方式、媒介物的辅助作用、问题线索的鹰架（提多种类型的开放性问题）、操作游戏 3. 运用多元符号创意表达文学作品的形式结构 唱诵、表演、绘画与动作 4. 不可忽视文学作品形式结构中所表现的意境美 5. 多种活动类型共同促进文学形式核心经验的形成与发展
故事的形式特征	故事（包括童话与生活故事）的形式经验以学前儿童对作品中的人物特征和情节结构的理解为主。学前儿童对故事中人物特征的认识主要通过对人物的语言和行动两个方面来进行。学前儿童对情节结构的理解是儿童故事理解的基本表现，包括学前儿童对故事主要情节乃至主题的概括	
散文的形式特征	散文具有灵活多样的表现形式，联想自由而无拘束，但仍有一个内在的结构线索将所有材料有机地纳入一个结构之中，这就是散文形散而神不散的文体特征。对散文线索结构的学习是学前儿童理解与仿编散文的基础	

表3-8　文学想象活动的核心经验及教学策略

	文学想象核心经验	教学策略
再造文学作品的想象	对文学作品中词汇含义、人物特征、人物关系、故事背景、故事情节蕴含情感、主题意境的想象，从而准确理解作者所想表达的内容	1. 促进文学想象核心经验发展的常用教育策略 引导幼儿多接触优秀的文学作品；关注幼儿文学想象的过程；根据想象核心经验的发展阶段进行引导；给幼儿提供多种表达文学想象的机会 2. 促进幼儿文学想象核心经验发展的特定策略 ·"再造文学作品的想象"核心经验的教育策略 ①丰富幼儿的听觉感受；②画面辅助幼儿想象；③通过动作体验作品中的想象；④提供多种表现想象的机会 ·"创造文学作品的想象"核心经验的教育策略 ①理解先于创造；②经验先于想象；③想象先于表现
创造文学作品的想象	幼儿在理解文学作品内容、结构和主题的基础上，进行想象，从而创造出一个新的结构片段、情节或结尾	

（二）幼儿园文学活动案例及分析

中班语言活动：国王生病了

设计意图：在新冠病毒的影响下孩子们刚刚回到幼儿园参与集体生活。如何让孩子们预防疾病，在有效的时间内能加强身体锻炼、增强抵抗力是近一段时间的工作重点。随着天气越来越凉，结合秋冬防疫要求及本班幼儿的年龄特点，老师用中班幼儿非常喜欢的提问猜测方式设计了本次课程，希望能在幽默的氛围中激发幼儿对运动的兴趣，同时让幼儿理解适量运动对身体的益处，让孩子们有主动参与运动的意识。

【活动目标】

1. 观察绘本图画书画面，初步理解故事情节与内容，体会作品中蕴含的幽默情趣。
2. 能自主阅读，结合画面推理、猜想故事，大胆表达自己的想法。
3. 知道适当的运动有益于身体健康，并能体会计划要真正地亲自实施才能成功的道理。

【重点难点】

重点：观察画面理解故事内容，让幼儿知道运动对自己身体有益处。

难点：自主阅读发现病没好的原因，让幼儿理解只有适量运动才是最好的。

【活动准备】

物质准备：大书、计划表、运动图卡、小书、故事动画、黑板。

经验准备：知道基本的运动项目。

【活动过程】

一、开始部分

通过提问和观察画面细节激发幼儿阅读的兴趣。

（1）提问扉页的人物及所处位置。

——图片上的人是谁？你从哪看出他是国王？（他戴着皇冠）

——这位国王戴着皇冠坐在哪里呀？（轿子里）

（2）认识并了解轿子。

——什么是轿子，坐在轿子里的人还用自己走路吗？

二、基本部分

1. 通过观察分析画面内容，让幼儿理解故事情节并鼓励幼儿大胆猜测。

（1）提问并分析国王的状态，猜测医生提出的治疗方案。

——你从哪里看出来他生病了？

——你们生过病吗？那生病了怎么办呀？

（2）猜测运动计划表的内容，丰富运动项目的经验。

——国王生病的原因是什么？

——如果你是医生，你会让国王做哪些运动呢？

2. 通过自主阅读小书，观察并发现国王参与的运动项目，让幼儿知道运动对身体有好处。

（1）提出问题，让幼儿带着问题找答案。

——医生让国王去做了哪些运动？他的病好了吗？

——这个秘密啊，就藏在这本图画书里，书本的名字就叫《国王生病了》。

（2）幼儿阅读图书，教师巡回指导。

——你发现了哪些运动呢？引导幼儿观察画面说一说自己的发现。

3．出示运动计划表，验证并体验运动项目，知道要适量运动的道理。

——医生让国王做了什么运动？

——国王每天都去运动，为什么他的病还是没有好呢？

为什么其他人也都病倒了？（运动过量）

小结：看着别人运动，自己没有动是没用的。同时也不能过量地运动，只有适量运动才能保证身体的健康。

4．集体阅读大书结尾，让幼儿知道要亲自实施计划才能成功的道理。

三、结束部分

观看视频《国王生病了》，让幼儿进一步理解运动对身体的好处并感受幽默的故事情境。

现在天气越来越冷了，小朋友们要自己运动起来，增强抵抗力，这样就会健康不生病。接下来我们也可以像国王一样，做一个运动计划，一起来设计本班的运动计划表吧……

【活动延伸】

和孩子们一起讨论并设计本班运动计划表。

【活动反思】

通过《国王生病了》这个故事告诉孩子们：生活中要多多运动，才能更健康，不能过于依赖别人、让别人代替做。在教学活动中，孩子们的兴趣很浓厚，能很认真地观察图片，并能大胆猜测图片中可能发生的故事。特别是在讨论医生会建议国王参加哪些运动这个环节时，孩子们都能积极发言，每个孩子都说出了自己知道的运动项目。在猜测国王的病有没有好的环节时，孩子们的认识发生了一些分歧，通过他们自己的观察讲述再次进行讨论最后得出了结论，原来在每次运动时国王都在边上休息，所以国王的病才没能好，让幼儿明白了不是凡事都能请别人代替的道理。

六、早期读写活动的设计与实施

（一）幼儿早期读写活动的核心经验及教学策略方法（表3-9、表3-10、表3-11）

表3-9　前阅读活动的核心经验及教学策略

	前阅读核心经验	教学策略
良好阅读习惯和行为的养成	养成良好阅读习惯；获得图画书的基本概念；形成正确的图画书阅读行为	1．认真阅读理解图画书的三种"语言" ·多途径丰富儿童的经验，让学前儿童有内容可以谈 ·选择恰当的谈话主题，让学前儿童想谈 ·营造一个安全、积极的谈话氛围，让学前儿童敢谈并有机会谈 2．围绕幼儿前阅读核心经验进行提问与互动 ·一日生活中要有必要的谈话环节 ·关注一日生活中的师幼谈话 ·一日生活中的谈话要处理好"四对关系" 3．用真正符合学前教育规律的方式帮助幼儿习得前阅读核心经验
阅读内容的理解和阅读策略的形成	通过对主角形象的感知，对主角行动和主角状态的理解，获得图画书内容；初步形成预期、假设、比较、验证等阅读策略	
阅读内容的表达与评判	能叙述阅读内容，并在生活中回忆和迁移；对图画书的人物特征、故事主旨形成自己的理解和判断	

表3-10　前识字活动的核心经验及教学策略

前识字核心经验		教学策略
获得符号和文字功能的意识	知道文字和符号能够表达意义；具有记录作用，能将口头语言或信息记录下来	1. 在幼儿园主题课程中关注前识字的核心经验 2. 在阅读活动中发展学前儿童的前识字核心经验 3. 在专门性的前识字活动中发展幼儿的前识字核心经验 明确专门性教学活动的重点；专门性的前识字活动要以游戏为教学形式 4. 在丰富的前识字环境中促进儿童前识字核心经验的发展 5. 教师要引导家长观念的转变
发展符号和文字形式的意识	能区分有意义的符号、文字与绘画，知道汉字是方块字，具有独特形式	
形成符号和文字规则的意识	了解文字在构造上有一定规律，在生活和阅读中，有意识地利用这些规律来习得汉字的含义或读音	

表3-11　前书写活动的核心经验及教学策略

前书写核心经验		教学策略
建立书写行为习惯的经验	儿童能够非正式地涂画、模仿与书面文字相关的符号，这些符号不仅指简单的汉字字形，还包括简单的笔画、图形等	1. 幼儿日常生活中前书写学习：计划、记录、日记、新闻 2. 在主题课程中融入前书写学习 3. 幼儿园早期阅读教学活动中融入前书写学习
感知理解汉字结构的经验	儿童通过观察发现汉字的视觉特点，能够在对书面文字逐步熟悉的过程中，慢慢来积累对汉字结构的认知和理解，并将这些理解贯彻在前书写的探索中	
学习创意书写表达的经验	尝试使用一些新颖的方法表达自己的意思，在成人与他们交流讨论时能够说出这些图形代表的是什么，有的学前儿童会将某些固定的"替代"方式记下来，重复使用，形成自己独特的表达策略	

（二）幼儿园早期读写活动案例及分析

大班前书写活动：河马妹妹买新衣

【活动目标】

1. 为河马妹妹买过冬物品，初步了解电话购物的方法。
2. 学写购物计划书，懂得要买需要的东西，不随意购物。

【活动准备】

1. 教学用的PPT课件（小猴子电话购物的画面和声音；河马妹妹过冬前的装束和家里的陈设；购物广告单；电话订购→物品包装→快递送达的物流过程）。
2. 第一课时完整听故事，初步了解商店、电话、电视、网络、定制等多种购物方式。
3. 购物广告单人手一张；购物计划书空白纸条人手一张；笔。

【活动过程】

1. 听小猴的电话（知道电话购物时要说清楚物品的名称、尺寸、数量、送达的地点等要素）。

——上次我们的故事讲到哪里了？

——朋友们告诉河马妹妹许多购物的方法，最后河马妹妹到了裁缝店定做了自己的衣服，终于满意地回家了。（PPT1出示河马妹妹穿上漂亮衣服的画面）

教师继续讲述：

——今天，河马妹妹想去找小猴玩。它来到小猴家。听！小猴家好像有声音，小猴子在做什么？（PPT2倾听小猴子的电话对话）

小猴子：您好，请问您这里是不是哈哈电话购物商店？

接线员：您好，这里是哈哈电话购物商店。请问您需要什么？
　　小猴子：冬天马上要到了，我想购买一台空调。
　　接线员：好的，空调有大、中、小三种型号的，您要哪一种？
　　小猴子：我一个人住，买小的就行。请送到森林街1号。
　　接线员：好的，我们明天送货，谢谢您的购买，再见！
　　小猴子：再见！
　　教师提问：小猴子在和谁说话？它们在说什么？（买空调——为什么购买？大、中、小号——小猴子买的是哪一种？为什么不买大的？送到森林街1号——可以再听一遍，送到哪里？）
　　总结：要买到自己需要的东西，要说清楚买什么、大小是怎样的。
　　2. 为河马妹妹制作购物单（学习有计划地购物）。
　　（1）教师讲述。
　　——天气马上就要变得更冷了，小猴已经在做过冬的准备了。河马妹妹心想我也要做好准备，过一个暖和的冬天。
　　——河马妹妹刚到家就收到了一封信，打开一看，原来是购物广告。（PPT3购物广告：广告中有与季节无关的物品）
　　——快来帮河马妹妹想想，它还需要哪些东西？（PPT4画面中河马妹妹穿着棉衣、棉裤、戴着帽子）教师提示：仔细看看河马妹妹和它的家，看看还需要哪些东西？
　　——大家都想帮忙，那我们就为河马妹妹做一张购物清单吧。（教师出示纸条）请你们把河马妹妹需要的东西记下来，并且要记清楚哦。
　　（2）幼儿自己制作购物单。（教师巡回指导：观察幼儿记录的内容是否是冬天的、是否有还没有买的；是否关注到物品的大小和数量等。）
　　（3）交流购物单。
　　——谁来介绍自己制作的购物单？
　　幼儿发起：我给河马妹妹买了……为什么要买××（正确的）？为什么要买××（不正确的）？你们买了吗，你们为什么不买？（总结：要买冬天的东西，并且是家里没有的东西）
　　教师发起：很多朋友都给河马妹妹买了××。看看大家是怎么记录的？（引发幼儿关注东西的尺寸、数量等要素。教师总结，如果把尺寸大小、数量多少也记录一下的话就更清楚了。）
　　3. 看看东西是怎样送到家的（了解电话购物的流程）。
　　（1）观看PPT课件。（PPT5电话订购→物品包装→快递送达的物流过程。）
　　（2）河马妹妹做好了过冬的准备，你们家呢？小朋友们请你们回家看看，帮妈妈制作一张购物清单。

【活动评析】

　　1. 建立书写习惯的经验：在"河马妹妹买新衣"活动中，教师将前书写活动的活动安排作为记录的环节，请小朋友写购物单，这一环节充分地为学前儿童提供了"建立书写习惯的经验"的机会。大班的学前儿童，在经过了这一关键经验的稳定阶段之后，已经开始能够书写一些简单的汉字字形。活动给孩子们提供了练习和实践这些字形的机会，并能够为孩子提供一个例子，告诉他们如何将书写的行为形成习惯，与日常生活相联系。
　　2. 学习创意书写表达的经验："河马妹妹买新衣"活动中要求学前儿童书写购物清单，并未要求学前儿童"抄写"，这是为了鼓励学前儿童使用在活动中获得的文字信息和已有的书面文字积累，有创意地表达自己的想法，给河马妹妹列出购物清单。最后的交流环节中，学前儿童有机会向其他人解释、说明自己书写的内容，是一个说明自己的符号所代表意思的过程，也是向其他人学习更适合的表达方法的过程。

本章小结

学前教育是教育的基础阶段，语言教育活动是幼儿园课程的核心部分。幼儿在3周岁之后，语言能力开始快速发展。处于这一年龄段的幼儿有着使用语言同他人交流的强烈欲望。根据幼儿客观的发展规律，幼儿教师应当为幼儿营造良好的语言环境，发现语言教育过程中存在的问题，并积极改进，帮助幼儿的语言能力得到良好的发展。

熟知和掌握幼儿语言领域教育核心经验，有效运用教学策略解决语言教育活动中的问题，科学进行幼儿园语言领域教育活动的设计，有利于提高幼儿园语言教学的质量，从而更好地促进幼儿身心和谐全面地发展。此外，幼儿教师应当在日常教学、组织幼儿活动的过程当中，注重自身的规范发音，给予幼儿正确的示范。还应当注重词汇教学以及语法教学的精准性，使幼儿能够积累足够多的词汇，掌握正确的语法表达形式，如此将促使幼儿的语言表达能力得到有效养成与提升。总之，幼儿语言能力的发展不是一朝一夕可以实现的，需要教师不断探索、不断改进教学策略，并在各项活动中加以渗透。如此，才能更好地提升幼儿的语言能力，促进幼儿的全面健康发展。

关键术语

语言　语言教育　幼儿园语言领域教育　幼儿园语言和教育设计与实施

思考题

1. 如何理解幼儿园语言领域教育活动，举例说明幼儿语言学习的特点。
2. 幼儿园语言领域教育内容都有哪些？
3. 根据幼儿园语言领域教育活动内容，说说幼儿语言领域核心经验。

建议的活动

1. 搜集优秀的幼儿园语言领域教育活动案例，熟悉幼儿园语言领域教育活动设计形式，根据幼儿园语言领域教育的特点、目标、内容合理实施教育活动。
2. 在理论知识学习的过程中紧密联系实践，通过在幼儿园中亲身实践，不断学习、反思、改进语言领域教育教学模式，或者通过幼儿园语言领域教育活动视频的学习增进对幼儿语言发展的理解。

第四章 幼儿园社会领域教育活动的设计

学习目标

1. 了解幼儿社会性发展的基本概念、发展特点和影响因素,加深对幼儿社会性发展的理解;
2. 熟知幼儿社会教育的目标结构与幼儿社会领域教育内容;
3. 掌握并能够独立进行幼儿社会领域教育活动的设计与实施。

导入案例

我的祖国

开学后,许多幼儿都兴奋地向大家讲述自己在假期中和爸爸、妈妈到外面旅游的事情。全班30多个幼儿去了10多个地方,有的幼儿还把旅游拍的照片带来,为大家讲述所见所闻;有的把当地的土特产带来给其他幼儿品尝;还有的把在当地买的纪念品拿来供大家欣赏。教师看到幼儿对这个话题很感兴趣,正是一次很好的爱国主义教育的机会,于是就抓住了这个兴趣点生成了"祖国是个大家庭"的主题活动,相继组织了"我爱我的祖国"(综合活动)、"祖国的美好河山"(社会活动)、"万里长城"(绘画活动)、"爱"(诗歌朗诵类语言活动)、"我是中国娃"(歌舞表演类艺术活动)等活动。

上述案例给了你怎样的启示?这些主题活动都有什么共同点?什么是幼儿园社会领域教育?在设计幼儿园社会领域教育活动时,幼儿园教师应如何确定教育目标?如何选取教育内容?如何实施教育活动?

第一节 幼儿园社会领域教育的理论阐释

什么是幼儿园社会领域教育?要想真正了解幼儿园社会教育的研究对象,必须掌握幼儿社会性相关的理论。本节围绕幼儿社会性发展阐述其内涵、主要特点和影响因素,在此基础上探讨幼儿社会领域教育的内涵、特点、价值,明确幼儿园社会领域教育的目标与原则。其中教育目标的选取与制定,为幼儿园教师选择社会教育内容起到引领方向的作用。

一、幼儿园社会领域教育的概述

(一)幼儿园社会教育的内涵

1. 幼儿社会性发展

幼儿社会性发展(有时也称幼儿的社会化)是指幼儿从一个生物人到逐渐掌握社会的道德规范与社会技能,成长为一个社会人并逐渐步入社会的过程。在这个过程中,幼儿在其生物特性的基础上与社会生活环境相互作用,学习社会角色,从而不断丰富自己的社会经验,形成个性,掌握参加社会生活所必备的道德品质、价值观念、行为规范以及形成积极的生活态度、善于自我调节、适应周围社会环境等。可以说,幼儿社会性发展的过程就是由"自然人"发展为"社会人"的过程。

幼儿社会性发展的主要内容有:亲子关系、同伴关系、性别角色、亲社会行为、攻击性行为。亲子关系和同伴关系既是幼儿社会性发展的重要内容,又是影响幼儿社会性发展的重要因素;性别角色是幼儿作为一个有特定性别的人在社会中的适当行为的总和,是社会性的主要方面;亲社会行为和攻击性行为则属于幼儿道德发展的范畴。

幼儿社会性发展具有一系列特点:第一,遗传素质是幼儿社会性发展的基础。人类的遗传素质是由上代人为下代人提供的特殊素质，为人类从事社会活动提供了可能。它是通过人类的社会实践不断受到社会影响，为适应人的社会活动而不断形成与发展的一种特殊功能。人类具有经祖辈遗传而形成的特有的心理和行为方式，幼儿在特定的社会生活条件下，就能够发展成为具有高度心理发展水平的人。因此，人类的遗传素质体现了对环境因素的内化作用，从而为幼儿的社会性发展奠定了生物学基础。第二，幼儿社会性发展是幼儿与其他个体及群体间相互作用而实现的。幼儿从呱呱坠地开始就与其周围的个体及群体发生着各种各样的联系，进行交往与互动，接受影响。与此同时，幼儿不是完全被动接受他人的影响，而是具有主观能动性，在受到外界影响的同时，也会对其产生作用。这种相互影响的过程，逐步推动着幼儿的社会性发展。第三，社会性发展具有关键期。人的一生都处在不断发展变化的环境之中，社会化是一个漫长的过程。而学前期是社会性发展的最佳时期，婴幼儿期的社会化经验对于个人后来的社会化有着重要的影响，应抓住这一关键期，促进幼儿社会性的健康发展。第四，社会化是终身的过程。幼儿从一出生，就开始接受社会对其施加的影响，并持续一生。在不同的年龄阶段，社会化的内容、要求是不同的，幼儿扮演着各种不同的社会角色，掌握相应的社会技能与社会规范等。因此，终身社会化是幼儿更好地适应社会的必然要求。

社会性发展是幼儿健全发展的重要组成部分，幼儿期社会性发展的好坏，直接关系到幼儿未来人格发展的方向和水平。

2. 幼儿社会性发展的影响因素

幼儿社会性的发展是在诸多因素的影响下形成的，这些因素可以分为内外两个维度，内在因素主要指幼儿自身的特性，外在因素则包括各层级的物质与精神环境，具体指家庭和幼儿园的影响。

幼儿一些自身因素会影响其社会性发展，主要有幼儿的智力水平、个性特征、气质类型、能力等。有研究表明，幼儿的气质与其社会化发展有较显著的相关性。大多数情况下，幼儿的能力和其性格的发展是相辅相成的。

家庭对幼儿早期的社会性发展起着不可替代的作用。幼儿从出生到入小学前这一阶段绝大部分时间是在家里度过的，父母是幼儿的第一任老师，其社会化始于家庭。有效的家庭教育能够促进幼儿习得社会生活的基本行为规范，培养幼儿良好的思想道德品质和独立自主的能力，促进幼儿个性的形成和发展。因此，家庭结构、家庭生活环境、家庭关系、父母教养方式等都不同程度地影响着幼儿的社会性发展。

幼儿园对幼儿社会性发展的影响是最大的，也是最直接的。众多研究表明，幼儿园的物理环境和空间使用情况对幼儿的行为表现会有较大的影响；幼儿园的心理环境（也称精神环境）更是影响幼儿社会性发展的重要因素，幼儿园的师生互动、集体生活、同伴交往、激励机制等对幼儿社会性发展有着重要的意义。

3. 幼儿园社会教育的含义

幼儿园社会教育又称幼儿园社会领域的教育，是指以发展幼儿的社会性为目标，以促进幼儿的自我意识、增进幼儿的社会认知、激发幼儿的社会情感、引导幼儿的社会行为、提高幼儿社会适应能力、培养幼儿良好的道德品质为主要内容的教育。教师通过有目的、有计划的社会教育活动，帮助幼儿在社会认知、情感、态度、知识、能力、技能等方面获得发展，使他们逐渐成为能够很好地适应社会生活的、具有自身特点的、健康的个体。

（二）幼儿园社会教育的特点

幼儿园社会领域教育的学习与发展是丰富并复杂的，且幼儿园社会教育由于其教育对象存在特殊性，表现出潜在性、实践性、生活化、长期性和启蒙性的特点。幼儿园教师需要较为系统地学习幼儿教育心理学和学前教育学原理，才能更清楚地掌握这些特点。

1. 潜在性

幼儿园社会领域的教育具有潜移默化的特点，这是指幼儿的思想和性格在幼儿园社会教育中不知不觉受到感染、影响而发生变化。幼儿园社会教育更多的是基于幼儿一日生活的各项活动，幼儿通过与教师、同伴交往互动，观察与模仿，通过亲身体验、氛围熏陶和情感激发等多种方式习得良好的行为习惯，发展各种能力。特别是幼儿社会态度、社会情感和社会行为的培养，往往内化于幼儿内心，不易立即显露或被发现，具有较强的潜在性。

2. 实践性

个人的社会化过程是其与周围的人与环境不断交往的过程。幼儿社会知识的习得和社会性发展必须在社会交往和实践中逐步实现。社会学习的内容只有通过幼儿亲身体验、感知和实践，才能真正与幼儿个体发生联结，才能为幼儿所认识、理解和接受，真正内化于幼儿内心。

3. 生活化

幼儿园社会教育是一种渗透性教育，社会学习无处不在、无时不有，无法离开幼儿的生活而独立存在。幼儿社会教育的基本内容来源于生活，主要是与幼儿的社会生活相关的常识与规则。它既包括日常生活中的一般生活事件，也包括粗浅的与生活相关的人文社会知识、地理学知识、历史学知识、经济学知识等。此外，幼儿社会教育的途径与方式也与生活密切相关，教师可以利用幼儿的日常生活、自由活动、意外突发事件以及其他领域活动中的契机进行社会教育。

4. 长期性

幼儿园社会教育具有长期性的特点。就其实施过程而言，幼儿获得社会经验、学会与人交往、养成良好的社会行为与美好品质等，是一个长期的、渐进的、漫长的积累过程，需要长期坚持，持续施加影响；就其实施结果而言，幼儿的社会学习和社会性发展不是一朝一夕、一蹴而就的事情，其结果不会立竿见影，教育效果具有一定的潜在性和滞后性。

5. 启蒙性

幼儿还处在人生发展的初始阶段，其意识和行为的各个方面都不稳定，可塑性极强。幼儿园社会教育并不以让幼儿掌握系统的人文社会生活知识为追求，而是以丰富幼儿心灵、培育其良好的品德与社会行动能力为目标，为幼儿的成长提供丰富的精神资源，使他们在对生活的丰富体验中获得丰富的心灵，在与社会环境积极互动的基础上形成良好的品德与社会行动能力。

（三）幼儿园社会教育的价值

幼儿园社会教育的价值在于两个方面：其一，通过幼儿园社会教育，包括各种有计划、有目的的正规性社会教育活动及渗透在幼儿日常生活中的非正规性社会教育活动，可以帮助幼儿形成良好的社会认知、社会行为和社会情感态度等，促进幼儿社会化，形成积极的情绪情感，培养健康的个性品质，使幼儿将来能够适应各种社会环境，得到健全的发展。其二，幼儿园社会教育培养一个个未来社会合格公民，促进社会和谐稳定；同时，在幼儿社会性发展的过程中又传承和弘扬了社会优秀文化，推动人类社会的发展。

二、幼儿园社会领域教育的目标

教育目标是教育活动的出发点和导向，是教育活动的核心，也是评价活动效果的标准。布卢姆曾说过："有效的教学始于准确地知道希望达到的目标是什么。"幼儿园社会教育的目标是指社会教育所要达到的要求和预期结果。它为幼儿园社会教育指明了方向，为教师的教学提出了基本要求，为幼儿的发展做出了基本规划。

(一)幼儿园社会领域教育目标制定的依据

制定科学合理的幼儿园社会领域教育目标必须考虑众多的相关影响因素。现代课程理论之父泰勒认为,课程目标制定依据三大信息来源,即学习者、当代社会生活和学科发展的需要。幼儿园社会领域教育目标的制定也不例外,即以幼儿的发展、社会的要求和幼儿社会教育学科本身这三者为依据。

1. 以幼儿社会性发展水平为依据

幼儿社会性的发展,与其身心发展的整体水平,特别是心理发展的水平相适应,又与其身心发展的各个方面相互影响、相互促进、相互制约。在学前阶段,幼儿社会性发展有哪些特点和潜力、身心发展有哪些规律、最高能达到什么程度等问题,对确立幼儿园社会领域教育目标有直接的影响。因此,以幼儿的社会性发展水平作为制定社会教育目标的依据,首先必须掌握幼儿社会性发展的特点和需要,根据他们的身心发展规律进行教育。此外,由于受到遗传、家庭、环境以及幼儿自身特点等多种因素的影响,幼儿的社会性发展还表现出显著的个体差异。因此,在制定社会教育目标时,制定者需要经常观察幼儿,以便真正了解幼儿的社会性发展水平,从而制定出科学的、合理的、可行的社会教育目标。

2. 以当代社会的培养目标为依据

幼儿园教育具有社会属性,幼儿园教育的目的是为祖国的未来培养人才,因此,幼儿园社会教育就需要关注社会的发展,关注社会的未来,其目标的制定要能反映出社会的要求和愿望。比如针对拜金主义、"官本位"等不良思想问题,幼儿园社会教育目标应强调合作分享、乐于助人、爱护环境等优良品质,将社会的要求融入幼儿园社会教育之中。最为重要的是要引导幼儿增加对社会现实的了解,明白某些不当行为的严重后果,如不注重保护环境会带来什么严重影响等,从而逐渐塑造自己的行为,满足社会提出的要求。总之,幼儿园社会领域教育是为幼儿的将来做准备,它要使幼儿在社会性、情感、智力和身体等方面得到完整的发展。

3. 以幼儿社会教育学科发展的需要为依据

幼儿园社会教育目标的制定还需要考虑社会教育学科发展的需要,把握学科本身的知识体系,而幼儿园社会教育的内容涉及的学科众多,如历史学、社会学、经济学等,目标制定者应积极向学科专家请教,并听取学科专家的意见,使课程目标更有操作性,更为科学。

《纲要》将社会领域作为幼儿园教育的五大领域之一,进一步以社会需要、幼儿发展以及学科等因素为依据,明确提出了社会领域的教育目标;《指南》也进一步明确指出:"幼儿社会领域的学习与发展过程是其社会性不断完善并奠定健全人格基础的过程。"《指南》和《纲要》具有共同的教育观、儿童观、发展观,为幼儿园教育指明了方向,两者共同的理念和方针是教师开展幼儿社会教育的基本依据和指导思想。

(二)幼儿园社会领域教育目标的层次结构

根据目标的概括性程度,幼儿园社会领域教育目标可以分为三个层次,即社会教育总目标、年龄阶段目标和活动目标。越是高层次的目标,其概括性越高;越是低层次的目标,越具体,其概括性越低。

1. 幼儿园社会教育总目标

幼儿园社会教育总目标是社会教育的总要求,从宏观角度概括了社会教育所期望的最终结果,引领幼儿园社会教育的方向,是其他层次目标的基础和依据。

《纲要》提出,幼儿园社会教育的总目标为:
①能主动地参与各项活动,有自信心;

[微视频]
幼儿园社会领域教育目标的层次结构

②乐意与人交往，学习互助、合作和分享，有同情心；
③理解并遵守日常生活中基本的社会行为规则；
④能努力做好力所能及的事，不怕困难，有初步的责任感；
⑤爱父母长辈、老师和同伴，爱集体、爱家乡、爱祖国。

2012年，为了使教育能够更好地契合当前新时代下的社会发展和幼儿发展，教育部在原有的《纲要》的基础上提出了《指南》。《指南》中的社会领域被概括为社会适应与人际交往两大方面，两个方面下又各包含几个具体的目标。人际交往方面具体包括愿意与人交往，能与同伴友好相处，具有自尊、自信、自主的表现，关心尊重他人四个目标；社会适应方面具体包括喜欢并适应群体生活、遵守基本的行为规范和具有初步的归属感三个目标。作为在社会环境中生存的个体，应该要处理好人与人、人与群体的关系。幼儿通过与成人、同伴的交往形成良好的人际关系，掌握交往技能，并通过不断认同、接纳并逐步内化社会行为规范，树立正确的价值观，获得应有的归属感，更好地适应社会。

2. 幼儿园社会教育年龄阶段目标

幼儿园社会教育的年龄阶段目标是总目标在各个年龄段上的具体表现，是把总目标的要求落实到各个年龄阶段。一般按照小、中、大三个阶段划分，有较低到较高三个等级具体描述。幼儿园社会教育的年龄阶段目标是一个持续、渐进的过程，符合幼儿发展特点，同时也表现出一定的阶段性特征。幼儿园社会教育年龄阶段目标具体见表4-1。

3. 幼儿园社会教育活动目标

幼儿园社会教育的总目标、年龄阶段目标一般由权威机构制定，是上位的、相对固定的、较笼统的目标。而具体的社会教育活动目标一般由教师自己制定，是下位的、灵活性较强的、具体可操作的目标。有时活动目标是在一次活动中要完成的任务，有时是一组相近的活动或一个主题系列活动的目标。教育活动的目标，作为教育活动的效果，是通过对幼儿行为的检验而得到体现的，可操作性较强。例如，中班社会教育活动"认识交通信号灯"的目标为：知道行人红绿灯与机动车红绿灯的不同，进一步了解红灯、绿灯、黄灯对机动车的指示意义；在游戏中体验车辆遵守红绿灯规则的重要性；增强交通规则意识，并能向成人宣传。

表4-1　幼儿园社会教育年龄阶段目标

小班 （3~4岁）	1. 初步了解自己身体的重要部位的主要特征和功能，初步懂得自我保护 2. 知道自己是幼儿园的小朋友，初步萌发独立性和培养最基本的自我控制能力 3. 逐步熟悉集体生活环境，认识集体中的同伴和成人，初步了解他们与自己的关系，初步适应集体生活 4. 保持愉快的情绪，不好哭、不怕生，愿意与他人交往，积极参与集体生活 5. 掌握日常生活中常用的礼貌用语，能有礼貌地同他人交往，见了老师和长辈会问好 6. 初步了解和掌握基本的卫生要求，养成初步的卫生习惯 7. 初步懂得主要的交通安全常识 8. 培养初步的学习习惯，遵守最基本的学习活动规则 9. 激发从事简单的自我服务劳动的兴趣，初步了解父母和老师的劳动 10. 初步学习不提无理要求，不无故发脾气 11. 与同伴共同活动，不争夺或独占玩具
中班 （4~5岁）	1. 初步认识自己与他人的异同 2. 初步了解自己与他人的情绪，懂得同情和关心他人 3. 萌发最基本的自我控制能力，初步懂得不损害同伴 4. 初步了解周围主要的社会机构、设施，初步知道它们与人们生活的关系，引发最初的爱家乡的情感 5. 初步了解重大的节日，感受节日的快乐

续表

中班 （4~5岁）	6. 激发与他人交往的愿望，在与同伴及成人交往中，能初步准确地使用礼貌用语 7. 初步懂得与他人合作，初步懂得分享和谦让 8. 了解周围成人的劳动，学做一些力所能及的事，初步养成爱劳动、爱惜劳动成果的习惯 9. 大胆表达自己的见解，能初步克服困难，完成任务，能有始有终地做一件事 10. 初步学会评价自己和同伴，能初步承认错误，改正缺点 11. 初步养成诚实、守纪律等良好的品德行为 12. 初步感受民间艺术及我国的传统文化精品
大班 （5~6岁）	1. 初步了解自己的成长及成人为此付出的劳动，激发爱父母、老师及其他长辈的情感 2. 初步学会控制自己的情绪和行为，初步学会在紧急情况下的应变办法 3. 了解自己所在的集体，初步懂得应对集体做有意义的事，培养初步的集体荣誉感和责任感 4. 主动、准确地使用礼貌用语，能以恰当的方式与他人交往，和同伴友好相处 5. 主动关心、照顾小班和中班的小朋友 6. 了解周围的社会生活，初步了解社会机构、社会成员和他们的劳动及其与人们生活的关系，萌发尊敬、热爱劳动者的情感 7. 初步了解我国的民族及丰富的物产，萌发爱祖国的情感 8. 初步了解国家的友好往来，萌发爱好和平的情感 9. 分辨是非，初步懂得应向好的榜样学习，萌发初步的爱憎感 10. 能遵守各项规章制度，以规章制度对照自己与他人的行为，喜欢从事力所能及的劳动，初步懂得爱惜劳动成果，爱惜公物 11. 感知家乡的自然和文化景观，初步了解我国主要的自然、人文景观，萌发对民族文化的喜爱及保护自然社会环境的初步认识 12. 初步感知世界著名的人文景观及优秀艺术精品，萌发对世界文化的兴趣

三、幼儿园社会领域教育的原则

幼儿园社会领域教育的原则是幼儿园社会教育必须遵守的原则，从幼儿社会学习的特点和规律出发，幼儿园社会教育应遵循以下原则。

（一）正面教育原则

1. 以积极的方式对幼儿提出正确要求

希望幼儿表现出某种举动的时候，教师要以积极的、正面的方式直接告诉幼儿具体如何去做和做什么，而不是告诉他们不要去做什么。因为幼儿还处在自我意识的发展初期，更多地是以外部评价来进行自我评价。这是一切教育最基本的原则，是对所有教育工作者最基本的要求。正如陈鹤琴先生所言："积极的鼓励胜于消极的制裁。"

2. 创设有安全感的环境

有安全感的环境应具有以下几个因素：①在物质上是丰富多样和材料充足的；②在气氛上是宽容和接纳的，意味着只有最低限度的强制性和必然性；③在制度上是明确的和必要的；④在设计上是具有某种倾向性或暗示性的。

3. 树立良好的榜样

幼儿园社会教育具有价值导向性，幼儿的社会性学习过程具有较强的观察模仿能力。幼儿园社会教育应从模仿开始，用幼儿的同伴、成人及象征性人物作为榜样，为他们提供积极的行为模式。

4. 以鼓励表扬为主

以鼓励表扬为主是指教师在幼儿社会教育中要善于发现幼儿的优点，对幼儿充满期待，给予幼儿积极的肯定和鼓励，更多的包容和理解。教师对幼儿的优点与进步要及时给予肯定和表扬，帮助他们明确是非，增强自信。但这并不等同于放纵，也不是否定合理的批评，核心在于逐步培养幼儿勇于承认并改正失误和缺点的态度，树立起自信心。

（二）生活教育原则

生活教育原则是指教师要将幼儿还原到真实的生活中开展社会教育。幼儿园社会教育具有生活化的特点，社会教育离不开幼儿的日常生活，教师应尽可能依托幼儿的日常生活，结合幼儿的生活经验、生活内容和生活方式，善于抓住生活中的细节并转化为教育契机，长期一贯地坚持。

（三）情感支持原则

情感支持原则是指在教育过程中教师应通过爱与关心来建立起教师与幼儿之间的双向接纳桥梁，为幼儿的社会性发展营造良好的情感氛围。教师要投入积极的情感，以激发幼儿良好的社会情感，促进幼儿的社会性发展。

（四）渗透性原则

《纲要》提出："社会领域的教育具有潜移默化的特点。幼儿社会态度和社会情感的培养尤应渗透在多种活动和一日生活的各个环节之中，要创设一个能使幼儿感受到接纳、关爱和支持的良好环境，避免单一呆板的言语说教。"渗透性原则是指在幼儿园的一日生活当中，教师应注意将社会教育的内容渗透在其中，包括其他领域的活动、游戏活动等。要建立亲密、平等、互相尊重的师幼关系；创造安全、宽松、自主、允许探索与失败的学习气氛；同伴之间有自由交往的时间和空间等。

（五）实践性原则

实践性原则是指在社会教育过程中，不只以单纯的说教来教育幼儿，教师创设和利用各种情景，组织多种多样的活动，让幼儿参与其中。幼儿的社会学习必须通过实践、亲身体验才能真正理解和接受。教育者要为幼儿创造实践活动的机会，引导幼儿学习并掌握正确且具体的行为方式，允许幼儿犯错。

（六）一致性原则

一致性原则是指实施社会教育的多个主体间保持观念和行为上的一致，尽力为幼儿的社会学习营造一个连续与统一的影响环境。学前儿童社会学习是一个长期的过程。被模仿学习的对象与环境应有相对的稳定性与一致性，才有利于幼儿良好行为习惯的养成。这就要求教育者要做到言行一致，始终一贯，能够协调统一幼儿园内部的力量，并且努力协调幼儿园与家庭和社区之间的力量。

第二节 幼儿园社会领域教育内容

幼儿园社会领域教育的内容主要是指幼儿园社会领域所包含的特定的现象、问题、规则及事实等基本的组成部分。它们依照一定的原则，形成一个有机整体。幼儿园社会领域教育的内容是幼儿园社会课程的主体部分，是幼儿园社会课程发挥其功能的关键因素，是实现社会课程目标的重要保证和手段，是幼儿教师设计和实施社会教育活动的主要依据。它既要贯彻社会对幼儿发展的要求，也要反映出社会教育领域的最新理论研究成果，更要符合幼儿身心发展特点和社会性发展规律，立足于幼儿综合素质的早期培养，促进幼儿的社会化。

一、幼儿园社会领域教育内容选择的依据

幼儿园社会教育内容的选择是社会课程设计的一项重要工作，社会环境的丰富性与复杂性决定了幼儿园社会教育的内容是相当广泛和丰富的，但在幼儿现有的经验和发展水平下，并不是所有的内容都适合作为社会教育课程内容。因此，人们需要对社会教育的内容加以选择，以适应幼儿发展特点和水平，促进其社会性发展不断完善，也为其健全人格奠定良好的基础。幼儿园社会教育内容的选择遵循以下依据。

（一）以幼儿园社会领域教育目标为依据

幼儿园社会教育目标作为对幼儿社会性发展的预期结果，作为选择教学材料、勾勒教学内容、形成教学步骤以及准备测验和考试的标准，是幼儿园社会教育内容选择的重要依据。幼儿园社会教育内容是教育目标实现的重要载体，在选择幼儿园社会教育内容时，必然受到目标的引导和制约。例如，我国幼儿园社会教育的主要内容应当围绕《纲要》和《指南》中的目标来选择。《纲要》在提出社会领域的总目标之后，为确保目标的实现，明确提出了幼儿园社会教育的内容及实施要求；《指南》中对各年龄阶段教育目标的细化，也为选择教育内容指明了方向。在选择幼儿园社会教育内容的过程中，不可过于偏向某一方面，造成目标的缺失，而应力争使所选教育内容能最有效地实现教育目标。

（二）以社会现实和社会发展需要为依据

将社会现实和社会发展需要作为选择幼儿社会教育内容的依据主要有以下两个方面原因：一方面，从课程角度来说，幼儿园社会教育是一门关于人和社会、文化的课程，离开了社会现实，这一课程也就失去了存在的根基；从幼儿学习角度来看，幼儿的社会性发展离不开一定的社会现实，幼儿是通过现实生活来学习社会知识、体验社会情感及完善社会行为的。幼儿园社会教育的内容应当尽可能基于幼儿的生活经验与实际，从幼儿的生活出发，为幼儿选择所熟悉的并能丰富幼儿生活经验的内容。另一方面，社会也是处在不断发展变化之中的，科技的发展、社会的进步使得人们的思想观念、与社会群体之间的关系、生产生活行为方式都应当反映在幼儿园社会教育的内容中。社会教育内容的选择必须充分了解和反映社会生活的变化，使课程内容真正成为反映时代、反映社会的内容，使课程内容起到引导幼儿主动适应变化着的社会的作用。

（三）以幼儿身心发展规律和水平为依据

幼儿身心发展的特点、规律和社会性发展水平是幼儿园社会教育内容选择的内在依据。首先，幼儿现有的生活经验与学习能力，制约着幼儿园社会教育内容选择的范围。幼儿所拥有的生活经验有限，主要涉及家庭、幼儿园及周围社会环境的生活经验，且幼儿处于感知运动阶段，抽象思维还没有得到充分发展。因此，社会教育内容的选择需要遵循幼儿的发展规律，内容不应过于偏难、偏深，在幼儿已有经验的基础上适当扩展，及时了解和把握不同年龄班幼儿的发展特点和需求，并在幼儿的"最近发展区"内设置活动内容，使内容既以幼儿的心理水平为基础，又能满足幼儿的阶段性需求，让幼儿学习"做力所能及的事"，"做有适度挑战的事"。其次，幼儿的经验和发展不是笼统的，而是具体的、连续的，是具有一定结构的。在选择幼儿社会教育内容时应考虑到幼儿发展的不同侧面，注意内容之间的连续性，相似的教育内容会重复出现，但在深度和广度上都应有所区别，不同内容之间有一定的联系，使课程内容更有效地促进幼儿的整体发展。

以上是社会教育内容选择的主要依据，除此以外，还有许多方面，如地方文化的特色、教师自身专业素养水平、幼儿园的实际发展情况等，在选择社会教育内容时也应充分注意。总体

来说，无论从什么角度确定幼儿园社会教育的内容，都要以幼儿的发展规律及生活经验作为出发点，符合教育目标的要求，同时也要反映社会、政治经济与文化发展的需求。

> **知识拓展**
>
> **最近发展区**
>
> 维果斯基的"最近发展区理论"，认为学生的发展有两种水平：一种是学生的现有水平，指独立活动时所能达到的解决问题的水平；另一种是学生可能的发展水平，也就是通过教学所获得的潜力。两者之间的差异就是最近发展区。教学应着眼于学生的最近发展区，为学生提供带有难度的内容，调动学生的积极性，发挥其潜能，超越其最近发展区而达到下一发展阶段的水平，然后在此基础上进行下一个发展区的发展。
>
> （资料来源：https://zhidao.baidu.com/question/14472180.html）

——【幼儿园教师资格证考试：真题·2016年上】——

教师拟定教育活动目标时，以幼儿现有发展水平与可以达到水平之间的距离为依据，这种做法体现的是（　　）。

A．维果斯基的最近发展区理论　　B．班杜拉的观察学习理论
C．皮亚杰的认知发展理论　　　　D．布鲁纳的发展教学法

参考答案：A

二、幼儿园社会领域教育的具体内容

（一）专门的幼儿园社会领域教育活动内容

1.《纲要》对幼儿园社会教育内容的表述

①引导幼儿参加各种集体活动，体验与教师、同伴等共同生活的乐趣，帮助他们正确认识自己和他人，养成对他人、社会亲近、合作的态度，学习初步的人际交往技能。

②为每个幼儿提供表现自己长处和获得成功的机会，增强其自尊心和自信心。

③提供自由活动的机会，支持幼儿自主地选择、计划活动，鼓励他们通过多方面的努力解决问题，不轻易放弃克服困难的尝试。

④在共同的生活和活动中，以多种方式引导幼儿认识、体验并理解基本的社会行为规则，学习自律和尊重他人。

⑤教育幼儿爱护玩具和其他物品，爱护公物和公共环境。

⑥与家庭、社区合作，引导幼儿了解自己的亲人以及与自己生活有关的各行各业人们的劳动，培养其对劳动者的热爱和对劳动成果的尊重。

⑦充分利用社会资源，引导幼儿实际感受祖国文化的丰富与优秀，感受家乡的变化和发展，激发幼儿爱家乡、爱祖国的情感。

⑧适当向幼儿介绍我国各民族和世界其他国家、民族的文化，使其感知人类文化的多样性和差异性，培养理解、尊重、平等的态度。

2. 幼儿园社会教育内容结构

幼儿园社会领域教育内容的结构主要包括专门的社会教育活动和渗透性的社会教育活动两大

类。根据《纲要》的精神，参照幼儿所处的社会环境系统，从自身、家庭、邻里逐渐扩展到幼儿园、社区及社会的特点，可以从自我意识、人际交往、社会环境与社会规范和社会文化四个方面对专门的幼儿园社会领域教育活动的内容做进一步分解。渗透性的社会领域教育活动的内容主要包括幼儿日常生活中的社会交往，课程活动中的社会性行为等。从幼儿园社会教育的含义和目标可以看出，社会领域的教育内容十分丰富，渗透在幼儿一日生活的方方面面。在幼儿园社会教育中，教师的主要教育任务是：发展幼儿的社会行为习惯，增强社会认知，增强幼儿参与并适应社会生活的能力，最终促进幼儿社会性的发展。

幼儿园社会教育的内容并不是指书本上的内容，或者是教师教给幼儿的知识和技能。它几乎涵盖了幼儿社会生活的各个方面，一切有助于达到社会领域教育目标并能使幼儿获得必要的情感体验、知识经验和生活方式的东西，都可以作为幼儿园社会教育的内容。幼儿园社会教育的内容从社会性发展的结构看主要包括自我意识、人际交往、社会环境与社会规范和社会文化四个方面。

（1）自我意识

自我意识是指幼儿对自身的认识和看法。自我意识分为知、情、意，知即指自我认知，包括自我观察、自我感觉、自我评价等，如对自己外表、性别、喜好、能力、运动、交往等特征的认识和看法；情即指自我情绪的体验，包括自信心、自尊心、进取心、成就感和自豪感；意即指自我意向的调节，包括自我掌握、自我控制，如自制力、坚持性、自主性和自我延迟满足等。幼儿自我意识培养的主题活动有"我是谁""看我的小手和小脚""我是幼儿园的小朋友了""我是男孩（女孩）""我喜欢的宠物""我做事很认真""比比谁的胆子大""我喜欢我自己""我会照顾弟弟妹妹""不开心了怎么办""自己的事情自己做"等。

> **知识拓展**
>
> **点红实验**
>
> 点红实验是阿姆斯特丹为验证婴幼儿自我意识的发展设计的。
>
> 实验过程：实验者在88名3~24个月的婴幼儿鼻子上点一个红点，然后观察他们照镜子时的反应，并对其中2名12个月的婴幼儿做追踪研究。实验结果：15~24个月的婴幼儿会对着镜子观看自己的身体，并对着镜子触摸自己的鼻子。
>
> 这个实验说明这一阶段的婴幼儿的自我意识开始萌芽，他们开始意识到自己作为一个独立的个体存在，而这对于幼儿的发展具有革命性的意义，在此基础上，婴幼儿开始真正意义上的探索自身和周围世界。

【幼儿园教师资格证考试：真题·2020年下】

"我跑得快""我是个能干的孩子""我会讲故事""我是个男孩（女孩）"，这样的语言描述主要反映了幼儿哪方面的发展？（　　）

A. 自我概念　　　　B. 形象思维　　　　C. 性别认网　　　　D. 道德判断

参考答案：A

（2）人际交往

人际交往是指幼儿在生活、学习中与别人的接触与来往，主要包括交往态度、交往规则、交往技能以及在交往过程中形成的自我意识、他人意识和相互关系等。幼儿的人际交往主要表现为与同伴、老师和家长的交往。教师通过创造一定的情境，为幼儿提供交往的机会，引导和教育幼儿学习某种人际交往的能力，培养幼儿关心、理解和尊重他人的交往态度，学习与掌握交往的技能，逐渐学会与他人友好相处，在交往中，可以互相模仿和互相学习，增强责任感、安全感等。培养幼儿人际交往能力的主题活动有"爸爸妈妈辛苦了""学做小主人""饭桌上的礼仪""我和老师做朋友""我和朋友拉拉手""我来夸夸你""分享小玩具"等。

（3）社会环境与社会规范

社会环境是指幼儿生活中经常接触的一些社会组织形态、社会机构和其中的社会角色，如自己的家庭及其成员、幼儿园及其工作人员，商场、超市、医院、银行、邮局等场所及其涉及的各行各业的人，他们的劳动是怎样的，与我们的生活有什么联系，为我们的生活带来了哪些便利等。社会行为规范是指幼儿在社会生活中需要了解并遵守的各项行为准则，一般是约定俗成的，如遵守纪律、爱护公共卫生、使用文明礼貌用语、有礼貌、讲信用等。对于幼儿而言，纳入社会环境与社会规范认知的内容是贴近幼儿生活的，具体内容如下：

①家庭。家庭是幼儿非常熟悉的社会环境，对家庭环境及其行为规则的学习在社会教育内容中是十分重要的，包括知道自己的家庭地址、父母的电话号码、家庭成员之间的关系，家庭中一般的行为规则，如相互服务、关心父母、尊老爱幼等。

②幼儿园。幼儿园是幼儿最早接触的比较熟悉的、除家庭外的社会环境。围绕幼儿园这个集体生活环境可开展的社会教育内容包括让幼儿知道幼儿园的名称、地址、环境设施、同伴及保育老师，了解并遵守基本的集体生活规则、游戏规则等。

③社区与家乡。随着幼儿年龄的增长，幼儿的活动范围逐渐拓展，开始逐渐了解社区与家乡。这方面的社会教育内容包括让幼儿知道自己生活的小区、街道、城市和家乡的名字，了解自己生活所在地的主要设施和著名的风景、特产，热爱自己的家乡。

④公共场所及其行为规则。幼儿社会生活中要接触各类公共场所，如游乐场、医院、超市、公共交通等，都需要遵守相应的行为准则。这方面的社会教育内容包括认识公共设施、了解并遵守公共行为规范，如不大声喧哗、不乱扔果皮杂物、不破坏公物等，培养幼儿的社会责任感。

在幼儿园，培养幼儿社会规范的主题教育活动有"遵守交通规则""认识交通信号灯""小小值日生""讲一讲礼貌用语""垃圾要回家""公共场所不吵闹""认识回家的路"等。

（4）社会文化

社会文化是指人类在社会历史发展过程中所创造的物质财富和精神财富的总和，幼儿园社会文化教育主要包括中国文化与世界文化两部分。中国文化，比如我国的国名、国旗、国歌、风景名胜、民间艺术等；世界文化，比如世界人文景观、不同民族、风俗习惯等。幼儿园围绕社会多元文化教育目标选择恰当的教育内容，在尊重幼儿认知规律、把握幼儿兴趣特点、考虑幼儿已有生活经验的基础上，有选择地把不同文化内容整合起来，有机融入幼儿在园一日生活中，让幼儿在感知和体验中国优秀传统文化与世界各国优秀文化，扩大文化视野，增强民族自豪感。有关社会文化内容的主题活动有"认识丝绸之路""中国功夫""大家一起过新年""祖国妈妈生日快乐""我知道的名胜古迹""逛一逛不同国家""传统节日"等。

【幼儿园教师资格证考试：真题·2018年下】

教师在重阳节组织幼儿到敬老院探访老人，这反映幼儿园教育内容选择的什么原则？（ ）

　　A．兴趣性　　　　B．时代性　　　　C．生活性　　　　D．发展性

参考答案：C

（二）渗透性的幼儿园社会领域教育活动内容

社会教育是幼儿园五大领域教育中重要的课程领域之一，因为任何一个领域的教育内容都或多或少涉及社会教育所关注的目标和内容，幼儿对自然的认识和理解、对现实世界中各种关系的认知、对文学作品和艺术作品的欣赏和热爱等，无不与社会教育的目标和内容紧密相关。在幼儿园中，所谓的渗透性社会领域教育可以理解为，在日常活动或课程教育中以潜移默化的方式来加强社会领域相关教育内容的渗透。这一方式和专门的教育活动有所不同，更加倡导非正式性，需要教师在幼儿教育的开展过程中不断地展现出自己的教育艺术，在语言、科学、艺术、健康等领域中加大社会教育的积极渗透，让幼儿在无形中提高自己的社会适应能力，从而达到理想的教育效果。

1. 在主题活动和各领域课程中的渗透

社会教育在主题活动和各领域课程中的渗透主要是指社会领域教育与其他领域知识相互关联、整合在一起开展教学活动，让幼儿可以更好地提高自身的社会适应能力。例如，在健康领域中，幼儿园教师可以创设一些生活化的教学情境，让幼儿在情境中领悟生活、学会交流。在教幼儿系鞋带的健康领域活动教学中，教师除了要让幼儿掌握系鞋带的方法，还要让幼儿充分讨论如果不会系鞋带应该怎么办，这样的教学不仅能够使幼儿形成基本的交流、倾听等社会交往能力，而且还提升了课堂教学的效果。在语言领域中，可以通过文学作品、绘本等在各种交谈及故事中展开对幼儿的道德品质和社会情感的教学渗透。在科学领域中，运用科学探究和数学思维引导幼儿认识与探索世界的目的是为了保护自然和服务社会，使幼儿形成初步的环境保护意识，培养幼儿的社会责任感。例如，幼儿对"生命之水"的学习和探究，不仅只是将水作为一种化学物质来了解，更重要的是要意识到水对生命的意义，进而提升到认识水的文化意义和社会意义。在艺术领域中，当幼儿拿起画笔表达心中所想时，其社会情感就会得到提升。因此，在开展不同领域集体教学活动时，要注意把握社会教育的契机，让社会领域教育充分渗透到其他领域中，从不同角度促进幼儿社会性发展。

2. 在区域和游戏活动中的渗透

幼儿园区域活动又称区角活动、活动区活动，是指教师根据幼儿的兴趣和游戏特征创设情境，将活动空间划分为多个区域，并投放相应的活动材料，让幼儿以个别或小组的方式，自主选择活动区域，通过自主探究、操作与学习，在获得游戏般体验的同时，获得认知、情感、身体及社会性等各方面的全面发展的一种活动类型。对于幼儿来说，这是具有低结构性、开放性的活动，幼儿可以根据自身的意志、兴趣以及需要来自主活动，在活动顺序、内容、活动伙伴以及时间上都可以由幼儿自己把握，在这样的区域活动中，幼儿的社会性会自然而然地得到飞速的发展。另外一种自主性较高的活动类型就是游戏活动，游戏是幼儿最基本的活动，是培养幼儿社会性的一个非常重要的途径。在各种丰富的游戏活动中，幼儿对不同的社会角色更为熟悉，对不同的生活环境更加了解，对相应的规则更加认识，游戏活动使幼儿的行为更加符合社会规范，拥有更为理想的社会情感和个性。在游戏主题活动的设计过程中，教师在保证趣味性的基础上，要增加游戏的生活化和社会化，符合幼儿的发展特性，根据时代特点设计相关的游戏活动，以此能够让幼儿在游戏活动中得到社会领域教育，提高幼儿的社会适应能力。

3. 在日常生活中的渗透

在幼儿园阶段的教学必须要明确，对于幼儿的社会性培养是具有较大的随机性的，幼儿的很多学习过程和结果大多不是在正式的课堂教学中产生的，而是在生活中逐步培养起来的。幼儿园是幼儿生活的第二环境，幼儿在这里学会学习、学会做人、学会生活。因而，要充分发挥幼儿园的小型社会功能，有效地促进幼儿社会化发展，需要把社会教育内容渗透到幼儿的日常生活当中，以日常生活的各个环节为抓手，把入园和离园、用餐和吃水果点心、如厕和盥洗、午睡和休息、整理床铺和自己的生活物品等生活情境都作为教育内容的重点。社会领域教育在日常生活中的渗透需要教师相互配合，需要通过日复一日地重复来强化对幼儿良好习惯的培养。

第三节　幼儿园社会领域教育活动的实施

幼儿园社会领域教育活动的设计与实施需要考虑到社会学科的特点。教师需要研读与学前儿童科学教育相关的理论资料，学习并掌握幼儿心理发展特点，考虑实际情况，因地制宜，实事求是。下面从幼儿园社会领域具体内容选取案例分别介绍其设计与实施。

一、自我意识的设计与实施

小班活动：认识自己

【活动目标】

1. 引导幼儿从发现自己到认识自己，从而初步了解自己的性别；
2. 鼓励幼儿在集体面前大胆讲述；
3. 激发幼儿乐意参加集体游戏的积极情感。

【活动准备】

1. 选择在有一面大镜子的教室内进行，并在教室内构建一个"化妆间"；
2. 幼儿人手一面小镜子和一个玩具娃娃；
3. 设计好一段关于认识自己的动画短片；
4. 幼儿已认识五官。

【活动过程】

1. 导入——看动画短片，引导幼儿发现自己。

动画短片内容为：一个小娃娃很开心地边吹泡泡糖边走路，碰到了好几个小动物，大家都劝他走路当心点，可他就是不听，结果头上撞了个大大的包。他又疼又急，哇哇地哭着跑回家，镜子说："别哭！别哭，好孩子以后要爱惜自己！"娃娃问："自己是谁呀？"镜子说："自己嘛，请你对我照一照，就会看到了。"听了这句话，娃娃真的对着镜子照了起来。

2. 集体活动——玩照镜子的游戏，引导幼儿认识自己。

①幼儿在室内寻找镜子，找到后拿着镜子照照，并说出自己的名字，向教师介绍自己。
②玩"自己的五官在哪里"的游戏，说一说五官的名称，并指出五官的位置。
③请幼儿讲讲自己跟别人有什么不一样。如头发的长短、衣服的颜色……

3. 操作练习，使幼儿知道自己的性别，并学会区分男孩与女孩。

①"交朋友"游戏：幼儿在集体面前说出自己的性别后，找一个玩具娃娃做朋友，并把它带回"家"。
②送"朋友"参加化装舞会：请幼儿将自己的"朋友"按性别的不同送到相应的"化妆间"里。

【区域设置和日常活动组织】

1. 在晨检表、评比栏、毛巾架上为幼儿贴上照片，让幼儿加深对自己的认识；
2. 在一些音乐、体育等活动中，适当加入一些区分男女的角色表演、演唱、游戏等形式；

3. 在幼儿如厕时，强化幼儿对性别的认识。

【与家长沟通计划】

1. 给孩子看看他们小时候的照片，向孩子讲述小时候发生在他们身上的故事；
2. 在今后的活动中，多给孩子拍些照片；利用休息时间和孩子一起记录他们的成长日记。

中班活动：会动的身体

【活动目标】

引导幼儿了解自己身体能活动的一些部分，对身体感兴趣。

【活动准备】

纸偶娃娃，人物动、静活动图片（如跳舞、织毛衣、踢足球），记号笔等。

【活动过程】

一、做游戏"木头人"

孩子坚持不了多久就会动的，老师正好做小结。

老师（小结）：人不动是难受的，因为我们都是有生命的。

二、跟着音乐动一动

让灵动的身体与前一个活动"木头人"形成鲜明的比较。

三、说一说：人有哪些活动

老师：跳舞是一种活动（出示图片）。她在干什么？织毛衣是一种活动（出示图片）。踢足球也是一种活动（出示图片）。你们知道人们还有哪些活动呢？

四、说一说：身体的哪些部位能动

人们怎么会有那么多活动呢？是因为人的身体的许多部位都能动。

1. 边说边记录：你的身体有哪些地方是会动的？让幼儿记录在纸宝宝上。
2. 讲讲哪些地方能动，讨论：

（1）这个地方能动使我们可以做什么事情呢？

（2）如果不会动会怎么样？

（3）这里会生什么病？

通过"能动"和"不能动"的比较（在感受不会动时，可以请孩子尝试不动某个部位，做一件事，可以有这样的指导语"瞧，不动不行吧""动了才方便呢"等），感受活动部位为人们的生活带来的方便。

3. 介绍骨折、脱臼。

与生活保健相融合，如果能与本班孩子的健康情况相结合则更好。

【活动延伸】

这个活动还没有完全结束，因为事实上，孩子对自己身体的发现还没有停止，可以在教室里准备一个本子，供孩子进行专题记录。

二、人际交往的设计与实施

中班活动：我是有礼貌的小朋友

我国素有"文明古国，礼仪之邦"之称。"人不识礼仪，寸步亦难移"，这是我国人民广为传颂的一句名言。礼貌用语是人们日常工作、学习、生活中经常使用的约定俗成的一些礼貌语言。在一定意义上，它标志着一个国家、一个民族的文明程度，反映着社会风尚，也反映着每个人的思想、情操和文化素养。注意培养幼儿的礼仪意识，特别是把这种"意识"转化为幼儿的自觉行为就更为重要，这也是设计"我是有礼貌的小朋友"本次活动的主旨。

【活动目标】

1．通过活动让幼儿学会正确使用礼貌用语；
2．教育幼儿要从小养成有礼貌的好习惯。

【活动准备】

1．PPT课件；
2．小猪、小猴、小兔等小动物头饰。

【活动过程】

1．导入。

师：带动跳《礼貌歌》进入教室。师：小朋友，你看小动物们都这么有礼貌，小兔也想做个有礼貌的孩子，我们看看小兔是怎样做的，仔细听听它是怎样说的，它说得对不对。

2．播放多媒体课件，幼儿观看。

师：小兔子都遇到了谁？

幼：小猪、小猴、小猫、小青蛙。

师：小兔子的"礼貌用语"说得对不对？

幼：不对。

师：小兔子分别遇到了猪伯伯、小猫、小猴、小青蛙是怎么说的呢？它说得不对，那么它应该怎么说呢？请小朋友把它说错的地方改过来。

3．再次播放课件，教师分段引导幼儿观看。

师：小兔子遇到猪伯伯是怎么说的？它应该怎么说？

幼：小兔子说没关系（谢谢你）。

师：小兔子遇到了小猴子是怎么说的？它应该怎么说？

幼：小兔子说谢谢你（没关系）。

师：小兔子撞到了小猫是怎么说的？它应该怎么说？

幼：小兔子说别客气（对不起）。

师：小猫应该怎么说？

幼：小猫说没关系。

师：小兔子救了青蛙，青蛙是怎样说的呢？小朋友一起来说说。

幼：小兔子说谢谢你。

师：小兔子是怎样说的呢？

幼：小兔子说对不起（不客气）。

师：小朋友真棒！把小兔子说错的礼貌用语都改过来了，现在我们一起来说说这个故事吧。

4．结合实际，对幼儿进行礼貌教育。

师：小朋友们，刚刚我们都学了哪些礼貌用语？幼：谢谢，没关系，不客气。师：那么我们除了这些礼貌用语平时还用了哪些礼貌用语？（幼儿回答）

师：小朋友们，平时早上你们到幼儿园要跟老师怎样打招呼？幼：跟老师说早上好。

师：你不小心踩到别人的小脚，应该怎样说？幼：对不起。

结束语：我们出去把这些礼貌用语说给好朋友听，让他们也成为有礼貌的好孩子吧。

【活动反思】
　　通过这次的教学活动让幼儿体会到了用礼貌用语不仅会让自己的小伙伴开心，他们本身也会得到一份快乐。运用课件辅助教学可以更快更好得教幼儿学习正确使用礼貌用语，并使整个课堂生动有趣，轻松愉悦，增强幼儿学习的积极性。

中班活动：我的新朋友

【活动目标】
　　1. 乐意交新朋友，感受新朋友的快乐。
　　2. 进一步了解名片的作用。
　　3. 能大胆地介绍自己，与同伴分享、合作。

【活动准备】
　　1. 歌曲：《友谊舞》《找朋友》。
　　2. 幼儿和家长一起制作一张名片，自带一件物品。
　　3. 请几位幼儿不认识的老师做客人。

【活动过程】
　　（注：活动前半部分在菠萝班、香橙班两个班上分别进行）
　　1. 游戏"猜猜我是谁"，引入活动。
　　师：刚才参加游戏的小朋友蒙上了眼睛，为什么都能很快猜出后边的小朋友是谁呢？幼：因为我们都是一个班的同学，天天都在一起，很熟悉了，我们都是老朋友了。
　　师：我们菠萝班的老朋友天天都在一起，你们快乐吗？幼：快乐呀，昨天回家还打电话给我的好朋友了呢！
　　师：为什么很快乐？幼1：因为羽西帮我搬了小椅子。幼2：因为那天我哭了，东东帮我擦眼泪……
　　师：那如果我们有了更多的朋友会怎么样呢？幼1：我还想要我的朋友……幼2：可以很多人一起玩啊。
　　师：你们想认识新朋友吗？幼：想……
　　2. 两位邻班教师（本班幼儿不认识的老师）带着礼物出现。
　　"当当当……"响起敲门声，老师打开门："真巧，一说到新朋友，现在就有新朋友来了。请进！"新老师与小朋友打招呼，并分别做自我介绍。
　　3. 幼儿做自我介绍。
　　（1）刚才我们认识了新老师，现在怎样让新老师认识我们呢？
　　（2）请幼儿分别用名片、口头介绍。
　　（3）名片上面有些什么内容？（姓名、电话号码、住址……）
　　（4）老师小结名片的作用。（名片能让别人记得更清楚，更长久。）
　　（注：以下部分两个班在音乐厅进行）
　　4. 自主交往活动。
　　老师听说香橙班的小朋友也在寻找新朋友，老师和他们约好了在音乐厅见面，现在，让我们带上名片和礼物，一起去认识新朋友吧！
　　（1）音乐开始，两个班的小朋友分别从两个门进入。
　　香橙班：你们好，我们是香橙班的小朋友，香橙香橙，快乐心情！
　　菠萝班：你们好，我们是菠萝班的小朋友，菠萝菠萝，健康快乐！
　　两个班老师分别做自我介绍。

（2）幼儿自主交往。

5. 小结（请幼儿和自己新认识的朋友手拉手在一起）。

老师：你认识了几个新朋友？你是怎么去认识的？你和新朋友一起做了什么？你感觉怎么样？

小结：和朋友在一起真快乐，朋友越多，我们的快乐也更多。

6. 播放音乐《找朋友》，结束。

老师：认识了新朋友真高兴，现在我们和新朋友一起唱歌、跳舞吧！

【活动评析】

1. 因有前期班级幼儿在一起学习生活，相互熟悉了解，有好吃好玩的东西及趣事分享的快乐体验，所以此活动能够顺利开展。此活动，教师以"猜猜我是谁"唤起幼儿认识新朋友的热情。

2. 活动中，教师以情境表演的方式，引导幼儿关注认识新朋友的方法，并设置情境让幼儿亲身参与交朋友的活动，使幼儿情感、态度、认知、行为都有一定的发展。

3. 幼儿社会性中的交往、合作能力的发展是一个长期的过程，教师关注了"如何利用各种资源达成社会领域目标"的问题，以幼儿的兴趣为基点，立足于幼儿现实与长远的发展，以幼儿喜爱的方式，预设或生成一些活动，让幼儿在活动中、在原有的水平上得到发展。因而，本次社会活动应该说在上述问题上得到了突破。

（来源：https://www.ruiwen.com/jiaoan/2348488.html）

三、社会环境与社会规范的设计与实施

大班活动：小小收纳员

【活动目标】

1. 感知物品凌乱与有序的差异，认识整理物品的重要性，增强自觉整理的意识；
2. 在共同商讨和实际操作中积累整理游戏区物品的经验；
3. 学习在合作与讨论中相互接纳对方的经验。

【活动准备】

1. 将凌乱的美工区场景制作成PPT课件：大大小小、使用过、未使用过的纸堆放在一起，水彩笔、油画棒、橡皮泥、颜料等堆满桌面；
2. 房间里物品凌乱与有序摆放的图片各一张。

【活动重点、难点】

重点：初具自觉整理物品的意识。

难点：能够将积累的整理物品的经验运用到实际操作中。

【活动过程】

1. 了解图片内容，观察、讨论房间里物品凌乱与有序摆放的差异。洋洋想给妈妈做爱心贺卡。他遇到了什么麻烦？为什么？

幼1：他找不到做手工的材料。

幼2：他家到处都是衣服、裤子，还有袜子，很乱。

师：丽丽的房间和洋洋的房间有什么不同？洋洋在丽丽家为什么很快就能完成作品？

幼1：丽丽家的房间很整洁、很干净，洋洋家的房间却很乱。

幼2：因为丽丽房间里的东西摆放得很整齐，洋洋想要什么材料，一下就能拿到。
师：你觉得洋洋回家后会怎么做？
幼：洋洋回家后会把房间整理得和丽丽的房间一样整齐。

2. 整理美工区，分享整理物品的经验。

（1）播放美工区物品凌乱摆放的课件，引导幼儿讨论。
师：这些图片是小朋友在美工区游戏后老师拍摄的。看看这些东西的摆放有什么问题？
幼1：东西摆得很乱，应该摆放整齐。
幼2：彩珠、纽扣、亮片混合在一起了，没有分开，应该分类摆放。

（2）整理美工区。
师：你觉得我们班美工区的材料怎样整理比较好？

（3）教师进行小结：美工区的物品很多。平时我们在整理时应该将这些物品进行分类并摆放整齐。

3. 幼儿分小组整理物品，并以小组为单位，派代表交流整理的过程与方法。

（1）整理其他游戏区（美工区、语言区、科学区）。幼儿商讨，以小组的形式整理物品。
师：我们班其他游戏区的物品看上去摆得很整齐，但常常有小朋友找不到需要的材料。你觉得怎样摆放最合适？

（2）交流整理的过程与方法。
师：现在请你们每组推选一名代表，说说你们组是怎样整理物品的。

（3）各组以辩论赛的方式进行评价或提出自己的建议。
师：我们现在到各个游戏区去看看小朋友们整理的方法好不好。幼儿自由参观。每组之间辩论，相互评价与建议。

（4）教师小结。

（5）结束语：在今后的活动中我们应该怎样使各个游戏区每天都整齐、有序呢？

4. 活动延伸。

（1）让幼儿制作、张贴物品分类小标记。

（2）在日常生活中让幼儿整理游戏区、床铺等，巩固在活动中习得的整理方法，逐渐养成良好的习惯。

（3）建议家长在日常生活中鼓励幼儿自己整理物品，增强幼儿的自我服务能力。

中班活动：我是文明小乘客

【活动目标】

1. 学习乘坐公交车时不推不挤、主动购票、让座等基本礼仪。
2. 在游戏中巩固乘车礼仪常识，发展语言表达能力，增强安全乘车意识。
3. 体验文明乘车、礼貌待人的乐趣。

【活动准备】

PPT课件、公交车场景布置、邀请表演人员：配班老师。

【活动过程】

1. 提问引题，激发兴趣。

教师："小朋友们，你们乘坐过公交车吗？""你们乘公交车去了什么地方？""乘坐公交车时要注意什么？"

2. 图片对比，判断、理解图中行为的对错，引出乘车礼仪歌。

教师："老师有一次乘坐公交车，在车上看到了几位小朋友，他们的表现是这样的。

我把他们拍了下来,一起来看看。"

依次出示电脑图片:挤着上车、给老奶奶让座、乱扔香蕉皮、吃糖葫芦、依次排队上车、在开动的汽车内把头伸出窗外、在开动的车厢内乱跑等图片。

分别提问:"这样对吗?为什么?谁来提醒他们应该怎么做?"

总结并引出乘车礼仪歌:乘车请您先排队,前门上来后门下;上车不忘买车票,"您好""谢谢"莫忘掉;抓好扶手坐坐稳,手臂脑袋不外伸;还要学会让座位,做个文明的小乘客。

3. 真实游戏,掌握乘车礼仪和安全知识,体验游戏乐趣。

(1)上车礼仪(播放音乐)。

幼儿扮演"小游客",开始海安之游。

①排队从前门上车,并注意不要拥挤。

②配班老师扮演盲人上车,引导幼儿搀扶盲人、给盲人让座。

③主动购票。

(2)乘车安全。

①引导幼儿找座位坐好。

②不在车上随便走动。

③不把头、手伸出窗外。

④不在车上看书。

(3)"让座"情境:配班老师扮演孕妇。

(4)下车礼仪。

带领幼儿从后门下车,提醒幼儿不推不挤。

4. "闯关"游戏,巩固相关知识。

(1)出示画面:车内一个孩子抓紧扶手,另一个孩子在车厢里走动。

教师:"第一关,看看这两个小朋友,他们都没有找到位置,这样做对吗?"

幼儿回答:……

"奖励你一个笑脸。"(没有座位的时候,一定要扶好身边的扶手)教师边说边在电脑上拖动相应的图标。

"给你一个哭脸。"(千万不要在开动的车厢里乱跑,这样容易摔跤哦)

(2)出示画面:一个孩子在车内乱扔香蕉皮,另一个孩子给孕妇让座。

教师:"我们进入第二关,这个小朋友在干什么?香蕉皮扔在地上,对吗?哎呀!只能给你一个大叉叉了,在车内乱扔东西不是好孩子的行为哦!"

"这个小朋友在给一个怀着宝宝的孕妇让座,他做得对吗?奖励你一个√。他真是一个懂事的孩子。"

(3)出示画面:一个孩子在车内看书,另一个孩子安静地坐在车内。

教师:"下面我们来闯第三关,这两个小朋友谁做得不对呢?为什么不对?给你个哭脸。这个小男孩他安静地坐车,是个文明的好孩子。"

5. 总结并梳理经验。

教师:今天我们懂得了乘车时要懂礼貌、讲文明、注意安全,如果你们的爸爸妈妈下次再带你们乘坐公交车,相信你们一定能做到这些,让大家都知道你们是文明的小乘客。

【活动延伸】

了解乘坐飞机、火车、轮船等其他交通工具的注意事项,请幼儿家长利用空闲时间带孩子乘坐交通工具外出,提醒孩子做一名文明的小乘客。

四、社会文化的设计与实施

小班活动：我劳动我光荣

【活动目标】
1. 通过活动让幼儿知道五月一日是国际劳动节。
2. 知道身边的人都是劳动者，他们用劳动为大家服务。

【活动准备】
1. 认识"五一"国际劳动节的PPT课件。
2. 工人、农民、医生、老师、厨师、司机、售货员的图片。
3. 《劳动最光荣》音乐。

【活动过程】
1. 欣赏歌曲《劳动最光荣》，在欢快的歌曲中引发幼儿活动的兴趣。

导入语：今天，老师请你们听一首好听的歌曲，你们听听里面都有谁？

2. 介绍"五一"国际劳动节。

老师：这首歌是说小蜜蜂爱劳动，为人们采花蜜，人们都喜欢它，人们也爱劳动，过几天就是一个全世界人民的节日，你们知道是什么节日吗？

（1）老师出示五月一日的日历，请幼儿认读五月一日，提示幼儿想一想为什么字是红色的？这是什么节日？是谁的节日？

（2）讲授"五一"国际劳动节的来历，告诉幼儿"五一"国际劳动节是全世界劳动、工作的人都过的一个重大节日。

（3）请幼儿说一说，你的父亲、母亲是做什么工作的，你还知道有哪些劳动者？

3. 观看"五一"国际劳动节的PPT课件，认识劳动人民。

（1）观看课件，边看边穿插提问和指引，启发幼儿理解劳动者是用自己的劳动为大家服务的人。

（2）请幼儿说一说，你知道都有哪些劳动者？

4. 出示劳动者图片，指引幼儿建立尊敬劳动人民的感情。

（1）观看图片，说一说他们都是谁？是干什么工作的？例如：医生为患者看病，清洁工把街道扫除得干干净净，司机开车让人们出行更便利，厨师会做好吃的菜，老师教授知识，建筑工人盖高楼大厦，农民种庄稼等。

（2）依据幼儿已有经验，谈谈自己身边的劳动者。通过讨论，启发幼儿发现他们的工作和小朋友生活的关系，指引幼儿尊敬劳动者。

【活动延伸】
让幼儿为老师、父母或其他劳动者制作一份小礼物，祝贺他们的节日。

五、幼儿园社会领域教育活动的设计与实施

对于幼儿社会教育，教师应该掌握活动的设计方法，做好活动的准备，在不同活动实施的过程中教师还需要掌握指导策略进行适宜的指导，促进教学目标的达成。幼儿园社会领域教育活动的设计与实施主要包括以下几个部分。

1. 活动名称

活动名称即教育活动的主题、名字，它在一定程度上反映了教师的教育理念以及概括了活动的内容和要求。名称的设计应该考虑到幼儿的认知水平，名称简单明了，避免过于花哨让人无法理解。如中班社会活动——我是文明小乘客。

2. 活动目标

活动目标是教育活动的出发点和归宿，目标指引着活动开展的方向，活动的实施是为了活动目标的达成。具体教育活动的目标是总目标以及年龄阶段目标的细化，应做到具体、明确、可行。在目标的设置上，一般应包括认知（包括知识和技能）、情感态度和能力发展这三个维度的目标，但不是必须三个维度都要有。每个活动的目标不宜过多，一般2～3个比较适宜。在目标的表述上，应该简单明了，表述确切。在表述的角度上，一般采用以幼儿为主体的表述方式，并且要做到所有目标的表述角度一致。

3. 活动准备

活动准备一般可分为物质准备以及经验准备。物质准备包括材料的准备和环境的创设，材料尽量充足；经验准备指的是幼儿提前参观、学习到的知识、经验等。

4. 活动过程

活动过程是整个活动的主体部分，对教育活动的效果开展有着重要的意义，活动过程需要教师将各环节的教育行为安排清楚。活动过程主要包括以下三个环节。

（1）开始部分。开始部分也称导入，是教师引入活动主题，激发幼儿兴趣和积极性的环节，可采用谜语、设问、视频、玩偶、故事、音乐等形式进行。导入部分时间不宜过长，内容应该与活动内容有很大关系，为后面的活动开展做好铺垫。

（2）展开部分。展开部分是整个活动过程的重点，是目标实现的具体环节，展开部分的设计应做到循序渐进，步骤明确，重难点突出。展开部分需要考虑到提问的时机和效果，考虑到活动实施的具体方式和手段。为了使活动顺利开展，在设计方案中，可将教师语言和提问内容列清楚，且综合使用各种方式提升活动效果。

（3）结束部分。结束部分是对本次活动的一个收尾，教师在该部分对活动做一个小结，使幼儿能够对本次活动有较为整体的认识并能够衔接下一主题活动。

5. 活动延伸

活动延伸指在教育活动后，教师继续设计一些与此相关的辅助活动，如家园共育、渗透到其他领域、游戏等，使本次活动很自然地结束，使教育内容渗透到幼儿的一日生活中，使幼儿受教育的时间能够持续，使教育的目的能够更好地实现。

小班活动：学做客人和主人

【活动意图】

一些幼儿在家中是"独苗苗"，缺少兄弟姐妹的交往，父母也很少带孩子出门做客，幼儿对社会交往中的做客和待客方面的礼仪了解较少，一些幼儿身上出现了很多问题，如没有礼貌、行为不适宜等。结合这一情况，教师设计了"学做客人和主人"活动。

【活动目标】

1. 了解和学习如何接待客人和如何到别人家做客，提高幼儿的人际交往能力。
2. 学习文明礼貌用语，如请、谢谢、你好等。

【活动准备】

1. 歌曲《做客歌》。

2. 小熊、小猫的头饰。

【活动过程】
1. 观看歌曲表演《小熊请客》。讨论：什么是主人、什么是客人，并学习礼貌用语。
2. 学做小客人。创设情境，请小朋友分组表演，一部分扮演客人，其他小朋友评议。
3. 学做小主人。创设情境，请一部分小朋友情景表演。请其他小朋友评议。
4. 学唱歌曲《做客歌》。
5. 教师小结。活动结束。

活动小结：上述案例中，教师根据社会认知领域中关于对行为方式及对社会规范的认知这一目标，结合小班幼儿情绪易受感染、爱模仿的年龄特点，安排了角色扮演，通过幼儿体验及讨论，一步步引导幼儿了解客人和主人的一些基本规范。

——【幼儿园教师资格证考试：考点预测】——

1. 幼儿园促进幼儿社会性发展的主要途径是（　　）。
A. 人际交往　　　B. 操作练习　　　C. 教师讲解　　　D. 集体教学
参考答案：A
参考解析：社会性发展（社会化发展）是指幼儿从一个生物人到逐渐掌握社会的道德行为规范与社会行为技能，并成长为一个社会人逐渐步入社会的过程。幼儿的成长是由其生物性向社会性转变的过程。由于社会性发展主要通过社会交往活动进行，而社会交往活动主要的内容即是人际交往，幼儿的人际交往对象主要有家长、老师、同伴等，幼儿期大部分时间也都是在与他们的人际交往中度过的。因此，幼儿园促进幼儿社会性发展的主要途径是人际交往。其他选项并不能发展幼儿的社会性，故选A。

2. 渴望同伴接纳自己，希望自己得到老师的表扬，这种表现反映了幼儿（　　）。
A. 自信心的发展　　B. 自尊心的发展　　C. 自制力的发展　　D. 移情的发展
参考答案：B

3. 幼儿教师了解幼儿的最主要目的是（　　）。
A. 为更好地促进幼儿发展提供依据　　　B. 为教师专业成长提供依据
C. 为建立幼儿档案提供依据　　　D. 为检查评比提供依据
参考答案：A

4. 中班幼儿告状现象频繁，这主要是因为幼儿（　　）。
A. 道德感的发展　　B. 羞愧感的发展　　C. 美感的发展　　D. 理智感的发展
参考答案：A
参考解析：中班幼儿掌握了一些概括化的道德标准，他们爱告状，是由道德感激发起来的行为。

本章小结

1. 幼儿的社会性发展：幼儿社会性发展是由"自然人"发展为"社会人"的过程，在这个过程中，幼儿与社会生活环境相互作用，逐渐掌握参加社会生活所必需的道德品质、价值观念、行为规范等。影响幼儿社会性发展的因素有幼儿自身的特性与各层级的物质和精神环境。

2. 幼儿园社会教育的含义与特点：幼儿园社会教育是以发展幼儿的社会性为目标，培养幼儿良好社会适应能力与道德品质为主要内容的教育。幼儿园社会教育的特点有潜在性、交往性、渗透性、长期性、启蒙性。幼儿园社会教育对于幼儿自身和社会发展都有重要的意义。

3. 幼儿园社会领域教育的目标：幼儿园社会领域教育目标的制定以幼儿社会性发展水平、当代社会的培养目标和幼儿社会教育学科发展的需要为依据。幼儿园社会领域教育目标可分为三个层次，即社会教育总目标、各年龄阶段目标和活动目标。

4. 幼儿园社会领域教育的原则：正面教育原则、生活教育原则、情感支持原则、渗透性原则、实践性原则和一致性原则。

5. 幼儿园社会领域教育内容：幼儿园社会领域教育内容的选择以幼儿园社会领域教育目标、社会现实和社会发展需要以及幼儿身心发展规律和水平为依据。幼儿园社会领域教育的具体内容有专门性的和渗透性的教育内容。

6. 幼儿园社会领域的教育活动的实施：幼儿园社会领域教育活动的设计与实施需要考虑到社会学科的特点，幼儿心理发展的特点和实际情况。教师应掌握活动的设计方法，做好活动的准备，在不同活动实施的过程中教师还需要掌握指导策略进行适宜的指导，促进教学目标的达成。

关键术语

学前儿童社会教育目标结构　自我意识　人际交往　社会环境与社会规范　社会文化　渗透式教育　设计与实施

思考题

1. 试述幼儿园社会教育的目标结构。
2. 试述制定幼儿园社会教育目标的依据。
3. 如何才能实现幼儿园社会教育总目标？
4. 试述选择幼儿园社会教育活动内容的依据。
5. 幼儿园社会教育活动的内容有哪些？
6. 在进餐的环节幼儿园教师应如何向幼儿提要求？这些要求有哪些体现了社会教育的目标？

建议的活动

1. 去幼儿园见习，并讨论幼儿园社会教育活动是如何开展的。
2. 根据幼儿园社会教育活动设计的基本要求，自选内容，设计完整的社会教育活动方案。
3. 观摩一项幼儿园社会教育活动，尝试对该活动进行评价。
4. 上网搜索有关幼儿园社会教育的优质教案并进行分析。

第五章 幼儿园科学领域教育活动的设计

学习目标

① 掌握幼儿学习科学的特点,厘清幼儿在科学概念的掌握和科学思维的发展上的规律;

② 理解并掌握幼儿园科学领域教育活动的设计目标和原则;

③ 理解并掌握幼儿园科学领域教育活动的内容;

④ 掌握幼儿园科学领域教育活动的实施原则和方法。

导入案例

"热"水如何变"冷"

一次,某幼儿园的一名老师倒了一大杯水,可水太烫喝不了。此时细心的威威看见了,说:"老师,我有办法让这杯水快快变冷!"威威的话引起了小朋友们的兴趣,很多孩子好奇地围了上来,于是,"让热水快点变冷"的科学探索活动应运而生了。

首先,猜想让热水变冷的办法。围绕着"有什么办法让热水变冷",老师让孩子们充分猜想、讨论,然后发表自己的想法,并对不同意见提出质疑。孩子们的办法可多了,"把热水杯放在冰箱里""拿筷子在水里搅拌""把热水放在窗台上,让风吹冷""用扇子扇风""往杯里加冷水"等。老师鼓励他们用绘画的形式把猜想的办法记录下来,以便进行实验。

其次,猜想怎样证明热水变冷了。实验开始前,孩子们对自己的办法和别人的办法能否让热水变冷充满疑问,急于动手实验。这时,老师提问:"怎样证明你的办法使热水变冷了呢?"有的幼儿说用手摸,有的说用嘴尝,也有的说看杯子上是不是有热气,用温度计插到水里测量……

最后,猜想怎样让热水冷得更快。热水变冷实验后,老师又提出了新的问题:怎样让水冷得更快?孩子们通过交流、探索,反复实验,得到了多种方法。

在这次猜想、探索与交流中,孩子得到了许多关于水的温度的经验,也得到了温度和冰箱、搅拌、风、扇子、温度计之间的关系,孩子的抽象表征能力和科学思维也得到了增强。

第一节 幼儿园科学领域教育的理论阐释

什么是幼儿园科学教育?幼儿园科学教育涉及哪些概念?幼儿学习科学的特点和规律如何?幼儿园科学领域教育活动如何把握幼儿科学概念的掌握和科学思维的生成过程?幼儿园科学领域教育活动目标又应如何制定,制定时需要考虑哪些问题?幼儿园科学领域活动应遵循哪些原则等。这些都是需要从理论层次和实践场域进行思考和探索的问题,由此,在探讨幼儿园科学教育活动相关问题前,本节拟对这些概念和概念之间的关系进行系统阐述,以明晰相关概念与联系。

一、幼儿园科学教育概述

(一)幼儿园科学教育的内涵

1. 科学既是一种知识,也是探究的过程和活动

谈起科学,人们可以想到什么呢?环顾一下周围的事物,可能会想到眼前的电脑屏幕和鼠标,也可能会产生和牛顿一样的疑问:为什么苹果会从苹果树上掉下来,甚至有的人会望向窗外的太阳或者宇宙中的星体……其实,从人们的电脑电路中的一个金属原子中最微小的亚原子粒子,到形成太阳这个巨大的气体球的核反应,再到人们身体内复杂的能够支持自身阅读和理解这些文字的化学反应和脑电波动活动等，都是科学所指向的范畴和研究的对象。我国科技管理专家张九庆在专著《自牛顿以来的科学家：近现代科学家群体透视》中，对科学有这样一段论述："科学是一种复杂的社会现象……科学有若干种解释，每一种解释都反映出科学在某一方面的本质特征。要给'科学'下一个严谨而完整的定义，也是一件比较困难的事。"由此，本书并不打算给"科学"这个概念下一个定义，而是主张从科学作为一种知识与探究的过程来理解科学。

那么，究竟什么是科学呢？科学是一个知识体系，在学校里，科学有时似乎是教科书中列出的孤立和静态的事实的集合，但这只是其中的一小部分。同样重要的是，科学也是一个发现的过程，它使人们能够将孤立的事实连接成对自然界的连贯和全面的理解。艾伦·查尔默斯在他论述当代科学哲学的代表作《科学究竟是什么？》中提出了一个口号——"科学导源于事实"。他在这本书中提出：对于科学知识具有与众不同的特点的流行观念，可以用一句口号来表现——"科学是从事实中推导出来的"。科学必须建立在人们能够看到和触摸到的东西之上，而不是建立在个人意见或思辨想象之上。科学方法论包括：客观的观察（使用测量和数据）、以实验作为测试假设的基础、通过推理建立一般规则或从事实或实例中得出结论、批判性的分析、归纳、复述、验证和检验（接受审查、同行评审和评估）。由此，人们可以感受到科学的实证主义取向，以事实和证据为依据，注重严谨和规范。人们用科学的方法探索世界、获取知识的过程，就是一个探究的动态过程，人们经过发现、求知、探索、研究、论证，从问题开始到得出结论的过程，一步步深入探究，一步步实践检验，在循环往复中前进发展。

科学作为一种帮助人们建构关于自然世界的现象和运行规律的知识，这些知识可以帮助人们改善生活和解决问题，但是科学并不能告诉人们如何使用这些科学知识。例如，科学可以告诉人们如何重组DNA的新的方式，但它没有说明是否应该利用这些知识来纠正遗传疾病，开发抗瘀伤的苹果，或构建新的细菌。而后者涉及的就是科学伦理的内容。科学只能回答事物发展是什么的问题，不能回答为什么事物发展呈现出这样特性的问题。

2. 幼儿园科学教育

幼儿园科学教育是幼儿园教育内容五大领域之一，主张从培养儿童好奇心和求知欲、动手动脑和探究问题的技能，以及关心周围环境、亲近大自然等角度促进儿童情感、能力、态度、知识等方面的学习与发展。《指南》指出幼儿的科学学习是在探究具体事物和解决实际问题中，尝试发现事物间的异同和联系的过程。幼儿在对自然事物的探究中，不仅获得丰富的感性经验，充分发展形象思维，而且初步尝试归类、排序、判断、推理，逐步发展逻辑思维能力。幼儿科学学习的核心是激发探究兴趣，体验探究过程，发展初步的探究能力。

学前儿童科学教育的实施主体并不一定总是教师，幼儿家长也可以在儿童的生活中实施以满足儿童探究欲和好奇心的科学教育活动，儿童自身可以作为教育活动的发起者和实施者。实际上，学前儿童具有自己的科学，也称为"儿童的科学"，即儿童用自己独特的理解方式建构和创造出关于世界的知识，在这个过程中既充满着孩童的稚气，又能体现出科学的探究精神。

幼儿园科学教育是一种科学启蒙教育，其目的并不在于使幼儿掌握全面而系统的科学知识，重点在于引导幼儿在直接感知、亲身体验和实际操作中获得有关周围物质世界及其关系的感性认识和经验、引导幼儿主动学习和探究，支持幼儿亲身经历探究的过程中体验科学精神，探究解决问题的策略。

（二）幼儿的科学概念与科学思维的发展特点

英国科学家波特认为"儿童是天生的科学家"，儿童对周围的一切都充满了好奇心。儿童天生就具有发问的欲望和能力，但如何从最初的好奇转化为科学概念的建立和科学思维的掌握往往需要几个步骤和阶段。在美国哲学家杜威看来，概念是一种观念，一种对主体有意义的观念，经由人们观察和行动后建立起来的可靠的、有根据的意义就是概念。概念确立之后，就具有了对事物分类的标准化知识。幼儿科学概念的形成往往要经历一个从事实到概念，再到原理水平，最后达到理论水平阶段的过程。其中，第一个阶段的儿童所描述的事实仅停留在事物的表面，而概念水平阶段的儿童能够借助分类和比较，构建一些具有抽象意义的知识，如"活的就有生命"；处于原理阶段的儿童能够揭示出现象背后的原因，发掘出现象与现象之间的关系；理论水平的儿童能够认识到一些规律性的内容，从日常经验和现象中抽离出来，看到事物和现象的本质。在这个发展的阶段当中，日常经验提供给儿童各种感知觉的刺激，帮助儿童从感知觉的基础上理解概念。如因为空气够不着、抓不到，儿童就认为空气没有重量，并由此推断出凡是在生活中看不见、摸不着的东西就是没有重量的。这一判断就依赖于儿童个人的视觉、知觉和触觉，以感知觉为标准来判断事物。由此导致，幼儿所获得的知识经验具有"非科学性"。在针对上海市儿童有关前概念的访谈中，发现儿童已经形成的科学概念大部分都不是完全正确的，受到思维水平和经验水平的限制，儿童往往不能抓住事情的本质特征，只能靠表面现象来理解事物。如3~4岁的女生往往不能理解自己为什么不能像男生一样站着上厕所，甚至还会模仿男生上厕所的姿势。在对事物现象作出解释时儿童也往往以自我为中心，将自己的情感赋予世间万物，呈现出"万物有灵"的倾向。然而，尽管儿童在掌握科学概念的过程中受到自身发展水平的限制，但儿童对周围世界的认识和理解却同样具有解释和预测的功能，同样是内聚性的，而不仅仅是零散的知识。

幼儿科学思维即儿童像科学家一样，通过建构某种用以解释他们所观察到的日常物理事件的心理模型来认识他们的物理环境，同时修正这些心理模型，以新理论来代替旧理论。儿童科学思维的发展也呈现出阶段性的特征。皮亚杰提出了概念化思维，用来指儿童能够使用抽象的概念进行思维，而不再受制于事物表象的能力。这一思维能力的获得往往经历具体概念水平、具体实物、抽象概念、最后脱离具体实物而进行思维的过程。而导致儿童从这一阶段发展至下一阶段的动力就是使主客体相互作用的活动，随着活动的不断参与，儿童会将新的经验整合到已有的认知结构中，并不断促成原有认识的改变，通过同化和顺应来促进思维能力的发展。在整个学前期，儿童的思维发展具有"泛灵论"的特征，这是因为儿童早期不能很好地区分主体和客体，往往将主体的思想和意愿附着在客体身上，认为任何事物都是有想法、有情绪的，从而导致的"万物有灵"的思想。例如，儿童往往将玩偶看作是自己的小伙伴，愿意与之共同吃饭和玩耍。"泛灵论"的思维方式往往通过影响儿童因果概念的发展继而影响了儿童科学概念的形成，儿童在对世界现象作出解释时往往归因于心理的、人为的，甚至是魔幻的解释，继而难以摆脱由"自我中心"的心理特点所带来的局限性。儿童也难以区分基于观测所得出的结论和基于原来的信念得出的结论，往往忽略不一致的证据，或基于最近的结果得出恰当的结论。

二、幼儿园科学领域教育活动的目标

（一）幼儿园科学领域教育活动目标的制定依据

1. 依据社会发展的需要

当前社会已经进入"后工业社会"，社会现代化、科技化、信息化的程度不断加深，知识的滞后性使得人们难以追赶知识更新的速度，由此，培养儿童面向未来所需的能力成为了教育的主要任务。"教育应该从儿童走向社会，形成一条直线"。学前儿童科学教育主要是激发幼儿主动求知的好奇心和欲望，对周围事物、现象感兴趣，培养幼儿获取知识的能力和创新知识的能力，这一能力可以为幼儿后续发展和终身学习打下坚定的基础。

学前儿童科学教育应该面向全体幼儿，以科技素养的早期培养为宗旨，重点培养儿童专心周围环境、亲近大自然、关注社会的兴趣，帮助他们形成与自然的和谐关系，萌发初步的社会责任感，有初步的环保意识。儿童对人与自然、人与社会、人与人之间的关系有所思考，就是儿童社会化的重要一环。

2. 依据学前儿童发展的规律以及学前儿童学习科学的特点

学前儿童的发展具有整体性，儿童的认知发展、情绪发展、社会性发展和个性的发展都是相互联系、相互促进的，不能单独以培养儿童某一方面或某一能力的发展为目的，从而忽略其他能力的发展。由此，要秉持学前儿童完整发展的观念，提出包括认知经验、方法技能、情感态度以及个性品质等方面的综合性教育目标；要注意不同年龄阶段的儿童发展的不同层次和特点，在把握不同年龄阶段的儿童心理发展的规律和特点的基础之上组织恰当有效的科学教育活动；要注意学前儿童的个体差异性，即不同幼儿之间在兴趣、发展水平、情绪情感、社会性发展上各具特色，不能以千篇一律的教育活动来要求全体幼儿达到一致的活动结果，以标准化的量化指标来评价幼儿是万万不可取的，而是应该针对不同的儿童提供适宜的活动内容并以不同的要求来衡量儿童的发展水平。

幼儿园科学领域教育目标的制定也应该考虑学前儿童学习科学的特点，儿童是天生的科学家，乐于发问、喜于探究是他们的特点，他们有自己的一套朴素科学的理论，即幼儿根据已有的经验和逻辑推理形成对世界的独特理解。但幼儿探究的欲望和尝试的时间往往与儿童注意力有很大的关系；与此同时，儿童探究的方法具有试误性的特点，幼儿往往根据自己的意愿来进行多次操作，在操作中感受事物之间的关系，而不能运用思维来实现预测和操作。儿童也正是在这样的直接操作和感知的过程中认识事物、获得直接经验，幼儿对科学的理解受制于思维发展的水平，处于具体形象思维的阶段的幼儿往往不能进行抽象的逻辑推理，不能掌握抽象的科学概念。所以幼儿是在具体形象水平上的观察和探究，即通过具体的实物和动作。例如，使用语言来向幼儿描述苹果的外观是多么光滑，不如让儿童通过实际触摸获得相关经验来得有效。

3. 依据自然科学的学科特点和规律

在学前儿童科学教育目标的制定中，必须将自然科学的特点与儿童学习科学的特点结合起来。自然科学的探究过程是开放的，是不断经历变化和发展的，往往需要经历一个"观察现象→提出问题→做出假设→收集资料并检验假设→推理→形成结论"的过程。由此，幼儿园科学领域的教育目标也应与科学的过程保持一致，既要把科学知识的传授与科学过程的体验相结合，在获得科学概念和知识的同时形成科学的思维以及科学的方法和技能，更要让儿童在体验科学的过程中形成一种科学的态度，即思考的严谨性、批判性、灵活性，积极求索，以及对世界的好奇心和热爱探究的能力。

（二）幼儿园科学领域教育活动目标的层次目标

1. 幼儿园科学教育总目标

《纲要》规定的科学领域的目标是：①对周围的事物、现象感兴趣，有好奇心和求知欲；②能运用各种感官，动手、动脑，探究问题；③能用适当的方式表达、交流探索的过程和结果；④能从生活和游戏中感受事物的数量关系并体验到数学的重要和有趣；⑤爱护动植物，关心周围环境，亲近大自然，珍惜自然资源，有初步的环保意识。

从这里可以看到，《纲要》中着重关注的是儿童对科学的情感、态度和价值观上的发展以及儿童在体验科学的过程中养成的技能，而对儿童在科学知识的获得上并不作要求。这实际上与《指南》中科学领域的三个目标的顺序也相互印证，即将科学态度放在首位，培养儿童掌握科学方法列为第二位，最后才是让儿童在探究中认识周围的事物和现象。

从《纲要》和《指南》中发现，幼儿园科学领域教育活动重在培养幼儿对科学的情感以及掌握科学的能力和方法。例如，《指南》在科学领域的第一条目标就说明要培养幼儿"亲近自然，喜欢探究"的科学态度，这与《纲要》中的第一条和第五条要求交相辉映。这一目标实际上包含了两个要点：培养幼儿热爱自然、尊重生命的情感态度；引导幼儿对科学以及周围的世界产生积极情感和态度、好奇心和探究欲。前者包含了处理好人与自然问题、建立和谐的人与自然的关系的含义，不仅包括让幼儿喜爱自然、对自然感兴趣，也旨在让幼儿可以珍惜自然资源，在日常生活中培养初步的环保意识；后者旨在将幼儿天生的好奇心转化为持久的、科学的探究心理，以及培养幼儿的专注力、坚持性、严谨性的科学态度和科学精神。

《指南》在科学领域的第二条目标是培养幼儿具有初步的探究能力，这是在科学方法层次上的要求，在《纲要》中也有具体的体现：能运用各种感官，动手、动脑，探究问题；能用适当的方式表达、交流探索的过程和结果。幼儿科学探究的实质就是幼儿通过感官观察、实际操作、动脑思考来探究问题的答案，并与周围同伴、老师、父母交流自己在探究过程中的发现。例如，幼儿通过对照实验的方法，对一株植物进行浇水、晒太阳等操作，而将另一株植物放在阴暗处并不为植物提供水分，通过对比发现水分、阳光对于植物生长的必要性。

《指南》在科学领域的第三条目标是对幼儿科学知识层面的要求，即主张幼儿在探究中认识周围事物和现象，具体体现在对动植物、物质和材料、天气和季节、科技和环境的认知上。

2. 年龄阶段目标

学前儿童学习科学时有一些共同之处，如乐于发问、对世间万物充满好奇、喜欢操作，但在儿童不同的发展阶段上有不同的体现，在制定幼儿园科学领域教育目标时要考虑到不同年龄阶段的幼儿的不同水平和特点。

小班幼儿在科学态度上表现为爱摆弄物体，享受摆弄的过程，总是喜欢提出许多问题，但大多不具有科学探究的意义，小班幼儿往往没有明确的问题意识，只是在随意摆弄的过程中获得一些随机性的发现；在科学的方法和能力上，小班幼儿多进行的是随机式探究，由情境驱动而非问题驱动，在观察时强调事物的明显特征，对外部特征进行描述，在操作中强调多感官的调动和动作的参与，小班幼儿的探究是随机的、无计划的、感官操作的，但与此同时，小班幼儿也是在"做中学"，在动作中思考，在动作中探究；在科学知识上，只能通过感知观察认识事物表面的、外在的特点，而不能进行概括。

中班幼儿在科学态度上表现为开始寻找问题的答案，也寻求推论式的探究，问题虽然有所减少，但更聚焦于不理解的事物和现象；在科学的方法和能力上，具有一定的问题意识，能带着问题寻找答案，也能发现事物之间的联系，超越于具体事物的认识。但此时，中班幼儿还没有明确的方法意识，无法理解内在因果联系，也不能区分主客观，往往将主观猜想和客观现实相混淆；在科学知识上，能摆脱事物外在特征的束缚，认识事物之间的联系，并进行一定的概括，也能认识到事物之间的联系，在实验中发现物体的特性和用途，尽管这些发现还都是表面的、直观的、外在的联系，而非本质的、内在的联系。

大班幼儿在科学态度上表现为问题意识越来越强，不仅喜欢刨根问底，挖掘问题的深度，问题还更加明确，具有指向性。同时，大班幼儿不仅满足于自己或成人给予的简单的解释，更愿意通过假设和验证的科学探究过程来寻找答案，在探究的过程中还可以制定探究的计划表和调查表，愿意通过事实证据去寻求合理的解释，并开始能理解成人给予的科学解释，并与成人开展科学讨论和对话；在科学的方法和能力上，可以制定探究的计划表和调查表来进行假设和验证；在科学知识上，大班幼儿能发现事物和现象之间的内在联系，如物体结构和功能的联系，但还不能真正理解事物和现象背后的本质原因。

3. 幼儿园科学教育活动目标

幼儿园科学教育活动目标是最具体的目标，指的是在一次或一系列科学教育活动中所要达到的具体的教育效果，它是根据幼儿园科学教育总目标和幼儿的年龄阶段目标，并结合科学教育活动的具体内容而提出的具体的、可操作的、可供观测和评价的教育目标。

幼儿园科学教育活动目标应该体现出对幼儿科学态度、科学能力和过程、科学知识等多个层次的要求，但同时，活动目标可以结合具体的活动内容而有所侧重。最重要的是，活动目标应该达到具体化的要求，不应太大、太泛、太空，否则无法在教育活动中起到提纲挈领的指导作用，在教育活动结束时，活动目标也应该发挥评价的功能，将教育活动目标的达成度作为评价的指标之一；最后，幼儿园科学教育活动目标也应保持前后的一致性，保证幼儿学习与发展可以获得一定的连续性。

三、幼儿园科学领域教育活动的原则

[微视频]
幼儿园科学
领域教育活
动的原则

幼儿园科学教育活动应该根据幼儿学习科学的心理、发展特点和规律，以及科学领域的不同层次的要求，遵循一定的原则，让教育活动具有科学领域的特点。

（一）动手操作原则

幼儿园科学教育活动应遵守让幼儿动手操作的原则，教师应该为幼儿提供丰富的物质材料，使用结构化程度较低的材料，将科学概念蕴含于操作材料之中；同时，教师需要提供充分的时间和空间，让幼儿自己在亲身操作和亲身感知中满足好奇心和探究欲，感知材料的物质属性和特点。教师也要鼓励幼儿带着问题去操作，如教师在提出"怎么让天平保持平衡"之后，就可以让幼儿在已经提供好的天平和不同质量的物体的操作中感知天平的特性和平衡的奥秘。

（二）主动探究原则

幼儿园科学教育活动应遵守让幼儿主动探究的原则，教师应该尊重和重视幼儿自己提的问题，利用幼儿天生具有主动探究的愿望，激发幼儿自己探究知识的动力；同时看到幼儿学习科学的特点以及幼儿"朴素理论"的价值，尊重幼儿的理解，接纳错误的理解；同时给幼儿机会去尝试自己的想法；让幼儿发现自己的错误并自我纠正。例如，幼儿在提出蚂蚁是如何把食物搬回家的问题后，教师可以为幼儿准备好放大镜，让幼儿自己制作观察记录表，得出答案。

（三）支架原则

幼儿园科学教育活动应遵守支架原则，教师应为幼儿设计科学探究的问题，对探究的问题进行引导；为其提供物质材料和相应的操作环境，教师可以介绍一些可以利用的信息资源，如绘本、博物馆、图书资料、互联网等，提升幼儿的信息素养；对幼儿的问题进行质疑，通过对话引发幼儿思考和进一步探究。例如，当外面下雨了的时候，教师可以提问"这个星期有几天是下雨的""雨落下来是什么样子的""下雨天我们可以做什么"等问题鼓励幼儿思考下雨天与人们的生活之间的关系以及雨的形态。

（四）联系生活原则

幼儿园科学教育活动应遵守联系生活原则，充分利用随机教育的机会，鼓励幼儿从日常生活中寻找科学教育的内容，将科学教育融入日常生活中。例如，秋天到了，引导幼儿观察树叶的变化；小动物死亡时进行生命教育。

（五）个别差异原则

幼儿园科学教育活动应遵守个别差异原则，发现幼儿的不同兴趣，比如发现本班幼儿对不同动物有兴趣后就可以结成兴趣小组，让幼儿对自己感兴趣的动物进行探究；教师在评价时也应遵循幼儿的个别差异原则，根据不同幼儿的发展水平制订出可行的发展计划，制定灵活的学习目标；鼓励幼儿用自己的方式循序渐进地在自己的水平上进行探究。

（六）整合性原则

幼儿园科学教育活动应遵守整合性原则，注重科学教育与其他领域的渗透和整合，以及不同教育活动形式之间的整合，将科学领域教育活动渗透在游戏、区角活动、主题活动之中；家园联系也是这一原则的重要体现，将家长的力量引入幼儿园，双方共同完成一些材料的准备、主题的拓展，以促进儿童经验的整合。例如，在进行海洋主题的科学教育活动时，可以带领儿童去海产品市场和海洋馆进行游览。

【幼儿园教师资格证考试：考点预测】

1. 制定幼儿园科学领域教育活动目标时不需要考虑的是（　　）。
   A. 幼儿学习科学的特点
   B. 社会的发展需要和背景
   C. 幼儿园科学活动的内容
   D. 小学阶段科学课程的要求
   参考答案：D

2. 幼儿园在墙面上设计了一个水的流动管道，小朋友们可以通过拧动阀门来感受水的流动，这体现了幼儿园科学领域活动的（　　）原则。
   A. 个别差异原则　　　　　　　B. 整合性原则
   C. 支架原则　　　　　　　　　D. 动手操作原则
   参考答案：D

3. 根据儿童思维发展的阶段和趋势，幼儿最先进入的是（　　）思维模式。
   A. 直觉行动思维　　　　　　　B. 具体形象思维
   C. 抽象逻辑思维　　　　　　　D. 多感官统合思维
   参考答案：A

📖 示例

"我来摸一摸"是一节小班的科学活动，重点是引导幼儿感知物体的冷热、软硬、粗糙、光滑等不同的特征。难点是引导幼儿去摸一摸各种东西，大胆用语言表达出自己的感受。在材料准备环节，首先，老师为幼儿准备了丰富的材料，如冷热水各一瓶、一块海绵、一块木头积木、一张砂纸，为幼儿摸一摸、感受物体的不同特征的活动顺利开展奠定了基础。

活动开始后，老师用"魔盒"吸引住幼儿，请幼儿去摸一摸，探索物体的不同特征。老师把准备好的材料（热水、冷水各一瓶；砂纸一张；积木、海绵各一块放在墨盒里）让幼儿用手去摸一摸、捏一捏来感知它们各自之间的相对的属性。再准备一些材料放在小朋友的桌子上，让其感受物体性质。老师发现有的幼儿一人就拿着几样不同的教具，其他的幼儿有的只能摸到一种教具，有的甚至没能摸到教具。老师去询问个别幼儿触摸物体的感受，幼儿还说不出来，在感受、比较操作实验这些方面幼儿是初次接触，还不知道怎么样正确地去感受。

其次，师幼共同交流感知到的物体特征。在介绍冷热特征的东西时，幼儿一触摸就能很好地说出来，老师发现幼儿对于冷热的生活经验比较丰富，因此，没有做过多的讲解，只是将幼儿的一些经验进行了提升。而对于软硬的东西，在幼儿触摸过这些东西以后，老师请幼儿说说自己的感受，幼儿一开始说不出，老师就把海绵从一角慢慢地往手心里攥，海绵开始变形了，这时有幼儿说"软软的"，幼儿感知到了物体软的特征，老师马上把木头积木也拿在手里做攥的动作，幼儿发现积木攥到手心里也没有变形，老师问："为什么不能攥到手心里去？为什么不变形？"幼儿说："太硬了"，老师及时把软、硬的词请幼儿来说一说，并请幼儿来用手摸一摸，感受了海绵的"软"和积木的"硬"。通过这种方法，幼儿很快就分清了软和硬。在介绍粗糙和光滑的时候，老师发现幼儿对粗糙的东西的认识经验比较少，摸完以后也是说不出，因此，老师向幼儿介绍了粗糙和光滑东西的特点，如"粗糙的东西，手摸在上面给人毛毛的感觉，而光滑的东西摸上去很舒服，有种滑滑的感觉"。为了让幼儿感受到"光滑"和"粗糙"的感觉，老师再一次请幼儿去摸一摸砂纸，鼓励幼儿说说自己的想法。在整个活动中，老师采用带问题去探索，先分散，再集中讲解，再分散探索的形式。这样幼儿就会从无意识的触摸转为有意识的触摸，幼儿记忆得会更牢。

最后，请幼儿感知自己身上的东西以及教室里不同物体的特征。幼儿摸摸自己的衣服说是"软软的"，摸摸衣服上的纽扣说出了"硬硬的"等，幼儿充分感知了物体的冷热、软硬、粗糙、光滑等不同的特征。

第二节　幼儿园科学领域教育内容

本节将从理论上探讨幼儿园科学领域教育活动如何界定其内涵和外延，根据科学的分类标准对幼儿园科学领域教育活动的内容进行分类，并明晰内容编制的方法，从生命科学、物质科学和地球与空间科学三个维度对幼儿园教育活动内容及幼儿所应掌握的关键经验进行介绍；从实践层面上，以幼儿园教师对幼儿园科学领域教育活动的基本内容形成直接而明确的感知为目的，由此直观地呈现幼儿园科学领域教育的内容。

一、幼儿园科学领域教育内容选择的依据

幼儿园科学领域教育内容选择应与幼儿园科学领域教育的教育目标保持一致，重点培养幼儿科学探究的能力和对科学的兴趣和好奇心。在实践中培养幼儿科学探究的能力，应重点把握对幼儿发展具有关键意义的科学内容，这实际上需要以幼儿在各年龄阶段应掌握的科学核心经验密切相关，因此，在这里重点介绍培养幼儿科学探究的能力培养与应掌握的关键经验。

（一）观察实验能力

观察实验能力指运用感官直接获得第一手资料的方式，这实际上也是一种收集事实证据的能力，最终指向更深入地认识事物，获取事实证据。由于观察不受思维水平的制约，所以各个年龄阶段的幼儿都是可以做到的。观察的意义体现在帮助幼儿分清主观和客观，养成对客观事实尊重的态度，幼儿也可以在控制和改变事物中获取最直接、最具体的科学经验，在尝试和操作中获取经验，培养观察能力、动手操作能力和分析能力。例如，观察糖放入水中的变化。

在观察实验能力的培养中，应重点遵循以下要点：观察应具有一定的阶段性，遵循循序渐进的观察要点。从观察事物的外部特征到观察事物之间的内在联系；从观察事物的外部明显特征到引导幼儿关注细节；从直接使用人体的感觉器官进行观察到使用一些简单工具，最后重点提高观察工具的标准化、适宜化、科学化，观察计划性、系统性的提升，以及观察对象从单一到多个的变化。

（二）科学思考能力

科学思考能力指幼儿获取科学知识所需的思维加工技能，其核心是实证思维，即基于事实证据形成合乎逻辑的结论，重在引导幼儿思考的科学性和连贯性，遵循一个从"提出问题→提出假设→验证假设→思考概括→解释和预测"的过程。重点在于锻炼幼儿的思维能力，养成善于思考的学习习惯，将幼儿的好奇心转换为探究活动；从而使得幼儿可以更深刻地认识世界，在思考中将科学经验进行比较和概括，开始在各种关系之间建立新的关系，幼儿也能对获取的信息进一步加工，使之条理化、结构化，组成一定的认知结构。例如，幼儿根据玩风车的经验，猜测风车转动速度快慢的原因。

在培养幼儿科学思考能力时，应重点鼓励幼儿提出问题并进行思考，多进行鼓励和肯定，宽容对待幼儿错误的思考结果，用发展的眼光看待幼儿的思考。

（三）表达交流能力

幼儿的表达交流能力指幼儿通过多种方式，将形成的想法和探究的结果进行表征、论述，将科学过程和结论进行总结、传达、分享的过程。表达是为了交流，交流的内容包括科学过程和结论是什么以及原因；表达交流能力并不限制形式，口头交流、图画方式和书面方式都能强化幼儿的科学经验和促进幼儿的思维发展，因为需要幼儿在交流中对探究的过程和结果进行解释和论证，对自己的发现需要总结，交流也可以丰富幼儿的探究发现，增强自信心。例如，幼儿表达、交流周末去动物园的所见所闻，或者描述玩磁铁过程中的发现。

幼儿表达交流能力的发展也遵循一定的规律，从描述外在的客观现象到对现象进行解释，从描述事物外部特征到描述前后的变化；从不能对事情的过程进行概括到可以对共同特点和现象进行概括；表达交流的方式也经历了一个从叙述性语言到利用图画、数字、图表等直观的方式进行展示；幼儿也能从讲述自己的发现到倾听和接受别人的观点；在交流自己的做法、想法中有所发现。教师应该鼓励幼儿倾听，并引导幼儿与他人的想法进行比较；鼓励幼儿进行多种方式的表达交流；组织交流讨论活动，给幼儿更多机会来表达观点和解释探究的结果。

（四）设计制作能力

设计制作能力即人类运用思维智慧发展计划或方案，并选用适当的工具、材料制造成品，以满足人类需求、改善人类生活的能力。如幼儿思考"我怎样才能让风车转动起来""怎样才能让纸飞机飞得更高""不倒翁怎样才不会倒"等问题。设计制作在幼儿期有着独特的意义，因为幼儿是在做中学，在做中思考，所以设计制作可以丰富幼儿对科学现象的理解，锻炼幼儿的动手操作技能。幼儿的设计制作能力经历了一个从不想制作、不会制作到能够制作，甚至可以设计造型的阶段，其中使用的工具也从简单到合适，使用的材料也经历了由高结构化材料到低结构化材料的阶段。在这个过程中，应该首先丰富材料，尤其是适当准备一些低结构性的材料，引导幼儿了解工具的好处和使用方法，最后应该支持幼儿的想法，鼓励幼儿进行设计和制作。

观察实验能力、科学思考能力、表达交流能力和设计制作能力实际上贯穿在儿童探究的整个过程之中。除了上述能够培养幼儿科学探究的几种能力之外，在挑选幼儿园科学领域教育活动时应该选取符合幼儿核心科学经验的科学知识。这时，教师应该重点关注那些能够反映学科基本结构、具有广泛的解释力、具有螺旋上升性、体现学习进阶的科学知识，这样的好处在于能够串联起幼儿科学学习的主线，使各个层次和各个方面的知识有机地联系在一起。因此，笔者重点选取了生命科学、物质科学、地球与空间科学等符合幼儿关键经验的核心概念和教育活动的内容。

二、生命科学：教育活动的内容与幼儿关键经验

幼儿对他们周围的生物充满了兴趣，生命科学就是要通过对植物和动物（包括他们自己）的近距离和经常性的系统观察来保持这种兴趣，引导幼儿开始思考生物是什么样子的，它们是如何生活的以及它们变化的过程。也就是说，生命科学教育活动内容既关注动物的特征，也关注其在自然环境中的生活方式，同时还鼓励儿童以关爱和尊重的态度对待生物和环境。

（一）生物的外表特征

1. 教育内容

当孩子们仔细观察植物和动物时，他们可以开始思考并谈论植物和动物的各个部分是如何满足他们的需求的，以及这些部分是如何反映出动物的行为的。例如，虫子的形状帮助它在地面上滑行；人猿的长腿帮助它跳跃，而长尾巴则帮助它在树枝上滑行；植物的根部支撑着它并吸水；蜗牛的尾巴帮助它找到方向。幼儿的注意力往往集中在一种生物的两个突出特征上。例如，一个孩子画叶子时可能集中在叶子外部的形状上，另一个孩子的画可能更多地集中在叶子的内部纹理上。教师可以帮助儿童更仔细地观察生物的物理特征，要求儿童详细地描述一种生物，或比较更多的生物是如何相似和不同的，也可以鼓励儿童进行绘画。

2. 关键经验

3~4岁幼儿适宜的关键经验：辨别各种动物和植物的基本外显特征，如颜色、大小和形状；知道生物是由不同的部分组成的，如植物有根、茎、叶子；认识人体的外部特征及其功能，如嘴巴吃东西、耳朵听声音。

4~5岁幼儿适宜的关键经验：辨别和比较动物和植物的特征，除了颜色、大小和形状之外的特征；知道生物的不同组成部分与功能之间的关系，例如，兔子的长腿有助于其跳跃；开始理解植物也是生物。再如，玩具小汽车是没有生命的。

5~6岁幼儿适宜的关键经验：能理解生物的结构和功能之间的关系，如植物的根的作用；开始理解人体内部，例如，跑动的时候心脏跳动得更快，大脑是用来思考的，肌肉可以帮助自己扔球；能够比较两种或者更多生物的相似性与不同点；能区分生物和非生物。

（二）生物的基本需要及幼儿所应获得的关键经验

1. 教育内容

通过研究和比较几种植物和动物的需求，幼儿开始认识到动物或植物的需求是基本的。他

们还可以知道，生命体满足其需求的方式存在着相似性和差异性。许多儿童可能会意识到动物有需求，并需要人们的照顾。例如，孩子们可能会说，蜗牛需要床铺，兔子需要玩耍，植物需要光和水。对不同的植物、动物的需求进行区分是生命科学教育活动的一部分内容。

2. 关键经验

3～4岁幼儿应知道生物有各种需要。

4～5岁幼儿开始理解所有动物都需要食物、水和居所；知道植物需要水、光线和土壤；了解动物和植物的需求需要得到满足，否则就会死去。

5～6岁幼儿知道有些需求对所有的动植物都是基本的；理解各种植物和动物满足其基本需要的不同方法；初步了解人对环境的需要，如食物、空气和水。

（三）生物的简单行为及幼儿所应获得的关键经验

1. 教育内容

动物的生活方式是在特定的地方和以特定的方式进行的，生物的运动与生物生活的地方和身体的形状有关。当幼儿在环境中和在实验室里仔细观察生物时，他们可以发现虫子是如何在地球上移动以获得它们的食物的，蜘蛛是如何用网来捕捉它们的食物的，植物不会像动物一样移动和行动，但它们会对环境做出反应。孩子们通过简单的实验证明，如果土壤不够肥沃，植物就会顺着光照的方向生长，使土地变得湿润。幼儿很可能听过一些故事，在这些故事中，动物都有自己的角色。因此，他们很可能将动物的行为拟人化，赋予人类一样的情感和需要。教师可以通过讨论和密切观察来帮助儿童了解这些想法。另外，通过要求儿童观察蜘蛛在网上的行为，教师可以鼓励儿童对观察结果进行反思，并完善他们的思维。

2. 关键经验

3～4岁幼儿应知道生物有各种各样的行为，如觅食行为、自我保护行为等。

4～5岁幼儿知道生物的行为具有差异性，知道生物依赖自己的行为去获取基本的需求，了解植物不能像动物那样到处移动，但是能对周围环境做出反应，如植物生长的向光性。

5～6岁幼儿适宜的关键经验知道动物的运动与其所处的环境和自身的特征相关，例如，蚯蚓能够在泥土中钻来钻去。初步了解生命体个体的行为会受到内部提示（如饥饿）和外部提示（如环境的变化）的影响。

（四）生物的生命周期及幼儿所应获得的关键经验

1. 教育内容

所有的生物都会随着时间的推移而发生变化，有些变化是缓慢的，会持续数年之久，比如大型动物的生长。也有的生物变化发生得更快，在几个星期的时间里就会有巨大的变化，比如幼苗的发芽和水母或蝌蚪的蜕变。生物变化与生命周期有关，包括出生、生长和发展、繁殖和死亡的过程。观察这些变化可以帮助他们理解关于什么是真正的变化，儿童对生命周期的某些阶段会基于他们对成长的经验，以及他们与年轻的兄弟姐妹饲养宠物的经验加以理解。此外，他们很可能认为生命周期的各个阶段，如出生和死亡，是神奇的或不可预测的。幼儿园科学教育活动应为儿童提供机会，让他们了解生命周期中的几种生物，丰富儿童的经验，扩大他们的思维。例如，孩子们可以种植豆子，把它们放在一起，观察它们的生长和发育，并再次收获豆子。或者可以通过观察几周内彩蝶从大树上飞下来的变化来观察生命周期的各个阶段，或者观察小白鼠在实验室里的繁殖。

2. 关键经验

3～4岁幼儿应知道动物和植物都会不断变化。例如，小兔子会长大；能将生物的特征与年龄建立联系。再如，老爷爷的头发是花白的。

4~5岁幼儿可以感知并描述部分生命周期，发现动物和植物都经历了出生、生长和发育、繁殖、死亡的过程；体会他们自己曾经是婴儿，将会长大。

5~6岁幼儿能够感知不同生命体的周期长短和细节是不同的；根据观察，感知和描述植物与动物的生命周期；通过观察和比较，发现动物、植物和它们的亲代是非常相像的；初步了解自己家庭成员涉及的关于人的生命周期的现象。

（五）生物差异与多样性及幼儿所应获得的关键经验

1. 教育内容

幼儿开始根据生物的相似性和差异性来认识生物，有叶子的植物和没有叶子的植物；有多条腿的动物和有四条腿的动物；有毛和无毛的动物。归类鼓励儿童关注生物体的物理特性，并为将来了解生物体的科学化提供基础。在这个年龄段，儿童的组织结构和类别仍然是有限的，他们的标准是基于他们的经验和他们周围生活事物的一些视觉特征的。他们很可能会根据不科学的分类方法发明自己的类别，例如，他们不喜欢的东西，或者不喜欢的植物和矮小的植物。再如，他们的植物类别可能不包括树木；动物类别很可能不包括人。尽管这些分类可能并不科学，但孩子们正在发展他们的分类技能，而教师在这个过程中与孩子们一起感知和讨论是很重要的，例如："这组动物有什么特别之处？""这组动物与那组动物有何不同？"。

当孩子们通过描述和表现生活中的事物而更加密切地关注生物时，他们开始认识到微小的差异并重视它们周围的多样性。如果孩子们比较树上的叶子，他们就会发现叶子可能有相同的形状，但大小不一，这取决于树上的位置。

2. 关键经验

3~4岁幼儿开始感知周围的动植物是多种多样的；开始理解在相似的环境中，可以找到相似的生物。例如，根据已有的经验或观察，期望在池塘里找到青蛙、鱼或者水草；对生物进行基本的比较，如哪个更高、更快等。

4~5岁幼儿能够感知和体会自然界中的生物是多种多样，千差万别的；观察生物之间的相同点、不同点；尝试对不同物种或同一物种进行概括。例如，大多数植物有绿叶；燕子、海鸥和鹦鹉都是鸟。

5~6岁幼儿能够根据生物的相似性和差异性将其分类，感受不同植物和动物的多样性和变化。例如，不同植物的叶子有不同的形状；观察和了解同一种生物也具有细微的差别。再如，同一棵树的两片叶子不是完全相同的。

（六）生物与环境之间的关系及幼儿所应获得的关键经验

1. 教育内容

通过对生物的观察，孩子们开始思考生物如何依赖其他生物和非生物来养活它们。例如，松鼠需要靠坚果生存；植物因蠕虫在土壤中挖洞而长得更好；生物也依赖于某些安全的地方。年幼的孩子们更多地思考与之相关的事物，他们可能会开始明白，如果人们过多地扰乱环境，一些生物可能无法满足它们的需求，很有可能会消失，例如，白鲸在过度污染的海洋里不断遭受人类的捕杀，数量正在急剧地减少。

2. 关键经验

3~4岁幼儿可以发现动物与植物需要环境中的水、空气和光才能得以生存；感受动植物与人们的生活是相关的。

4~5岁幼儿体会生物要依赖其他生物和非生物来满足自身的需求，开始思考生物、生物的需要及其生活环境之间的关系。

5~6岁幼儿感知和体会生物会引起它们所生存环境的变化。例如，植树改善沙尘环境；体会环境对生物行为模式的影响；初步感知动物的生存离不开植物；运用个人对生命需要的理解，为动植物设计生存环境，如种植植物；初步感知和理解动植物的外形特征、习性与生存环境是相互适应的；感知和体验人类的生存依赖于自然环境和人为环境。

三、物质科学：教育活动的内容与幼儿关键经验

物质科学经常涉及制作物品，因此包含了一些技术方面的技能。例如，如何为摇摆物搭建斜坡，建造垂直塔，或创造从水台到水桶的水道。在物质科学中，表征的方式可以多样化，由于物质科学教育活动的重点往往是在行动上，如水的流动或物体在斜坡上的下降，所以观察过程及结果可以采用照片、视频和音频的方式进行。

物理科学的内容涵盖了物理世界的许多方面，笔者把这一领域分成三个部分：物体和材料的属性，物体的位置和运动，以及声、光等物理现象。

（一）物体和材料的属性及幼儿所应获得的关键经验

培养对物体和材料的物理属性的认识，是进一步研究物体和材料属性及其变化的基础。在学龄期，幼儿往往认为固体和液体是不同的，随着年龄的增长，幼儿逐渐会明白在适当的条件下，物质可以存在于固体、液体和气态中。但本书将物体和材料分为固体和液体两种。

1. 固体的属性

人们的世界充满了各种事物。孩子们在很小的时候就开始探索物体，他们会打东西、抓东西、放东西。很小的孩子可能会专注于物体的一个或几个特征，比如粉笔盒的柔软度和球体上的短条纹。教师要鼓励幼儿运用他们的感官，描述他们周围物体和材料的属性，包括颜色、大小、形状、重量、纹理、硬度和灵活性。在某些情况下，他们可以开始区分物体本身的属性（如重量、形状和大小）和物体制作材料的某些属性（如硬度、颜色或质地）。儿童可以使用简单的工具，如天平或体重秤来测量物体的某些属性，如大小和重量。

当儿童操纵物体时，他们会更多地了解到物体如何移动，物体掉落时会发生什么变化，以及他们如何将一个物体堆叠在另一个物体上。他们可能会注意到一些属性如何影响物体的行为，例如，物体如何移动以及物体发出的声音如何。他们也可以改变物体，把一块黏土捏成不同的形状或把纸剪成不同的形状。教师可以创造许多机会来扩大和加深儿童对物体和材料特性的认识，与正在进行的其他领域的探究相联系。例如，当使用不同的球来解释运动的概念时，教师可以提出这样的问题："你打的球有什么不同？""球是由什么组成的？""哪种球最适合投掷或弹跳？"这样的问题可以帮助儿童关注物体和材料的重要属性，以及对其物体运动的一些影响。在这种情况下，儿童可能开始认识到一些球弹得更高或走得更远。对地球材料的探索可能探索沙子和砾石之间的差异，这个区域充满了各种材料，教师可以利用不同材料的特性提出问题，如"什么是透明的？""你的纸有什么感觉？""建筑用纸的强度如何？""管道清洁器的作用是什么？"同样，与孩子们一起烹饪也提供了谈论他们观察到的成分在被烘烤时的变化的机会。

2. 液体的属性

儿童有接触不同液体的经验。他们肯定知道液体（如酱油、牛奶和苹果汁）是不同的，其中水是幼儿接触最多的液体，在日常经验中，无论他们是洗澡、从水杯中喝水、在泥泞中跳跃，还是站在雨中，他们都可以探索水，并了解液体的一些基本特性：水会流动，也会形成水滴；水会往下流，也会往上流；水会形成适合容器的形状；有些物体在水里会浮起来，有些则会沉下去。当水被放在一个冷的地方时，水会变成冰，而当回到温暖的地方时，它又变成了液态水。但这些

往往是幼儿对水现象的观察，还不清楚这些变化的原因，甚至以一种很天真的想法作出解释，例如，他们会认为泥土中的水会通过看不见的管道上升到云中。由此，教师要为儿童提供多种探索水的机会，使他们能够体验到水的各种不同而又相关的特性和变化，提供多种环境也使不同的儿童能够以自己的方式接触这些材料。

3. 关键经验

3～4岁幼儿可以感知物体和材料具有软硬、光滑和粗糙等特性；在操作中发现液体会流动；感知液体的颜色、味道不同；尝试将不同的液体进行混合。

4～5岁幼儿可以根据物体的特性区分物体；发现物体的性质会影响其运动。例如，圆的球会滚动；发现材料的性质会发生改变。再如，将红色和黄色颜料混合变成了橘黄色；了解物体的特性是可以测量的；认识到液体总是向下流淌；感知和体验材料具有溶解、传热等性质或用途。

5～6岁幼儿可以感知物体的结构与功能之间存在的关系；发现材料的特性可以通过某种途径进行改变，如加热、冷冻、混合、折弯；发现不同材料的特性通过不同的方式可以进行改变；发现材料有不同的存在状态：固态、液态和气态，如水的三态变化；使用简单的工具对物体的性质进行测量和比较，如物体的大小、重量、温度等。

（二）物体的位置和运动及幼儿所应获得的关键经验

1. 物体的位置和运动教育内容

幼儿从小就开始感知物体的位置和运动了，他们玩的第一个游戏可能就是把东西扔到婴儿床或高脚椅的边缘，再让旁边的成人把它捡起来。在日常生活中，当树叶被风吹起、气球在空中飘浮、汽车驶过时，孩子们也会产生同样的体验。从他们的经历中，他们可能会对事物运动的原因和方式提出有趣的解释。幼儿对物体做的什么运动、怎样运动以及何时运动都很感兴趣。通过体验，他们开始建立一种认识，即无生命的物体不会自己移动，它们需要被推、被拉或被摔来启动或改变它们的移动方式。同时，移动也是可以被阻止的，障碍物可以阻止汽车从斜坡上下来，平衡块可以阻止建筑物倒塌，粗糙的表面可以阻止汽车滚动。他们还能以不同的方式移动物体，并知道这种移动取决于各种因素，如对物体的推力、物体的形状、制作物体的材料以及物体移动的表面类型。孩子们在探索运动的同时，也在建立关于重力的经验，他们知道有些东西的运动是在两边的表面裂开或滑落，不同的物体在不同的表面以不同的角度滑落或滚动。

2. 幼儿所应获得的关键经验

3～4岁幼儿可以感知没有生命的物体自己不会动，需要被推、拉、扔或其他作用于它的动作才会动；初步感知和体会推或者拉可以改变物体的位置和运动状况；感知不同的物体放在水里，会产生不同的结果。

4～5岁可以发现物体的形态或位置会发生变化；能够尝试采用不同的方式让物体运动；感知和体会物体的运动可以被阻止；发现物体在不同光滑程度的平面上，运动的快慢会不同。

5～6岁幼儿可以感知物体有多种运动方式，如直线运动、圆周运动；发现物体的运动方式是可以被改变的；发现影响物体运动的因素有多种；感知物体的运动状态会随着外界条件的改变而发生变化，例如，改变斜坡，让球滚得更远；探索各种机械，发现机械的作用；进一步探索各种力的现象，如浮力、摩擦力、弹力等。

（三）声、光等物理现象及幼儿所应获得的关键经验

在物理科学的世界里，光和声是相关的，它们都是能量的形式。然而，对于儿童来说，光和声是一个完全不同的现象。了解光和声是为以后的日子准备的，但是探索光和影，制造和描述声音，以及寻找现象和原因之间的关系，都是好玩的游戏。研究表明，通过亲身体验和操作物理原

理可以让幼儿形成科学直觉，这可能是STEM（科学、技术、工程和数学）学习的先导，儿童在游戏过程中自发地对物理现象进行探索，儿童遇到了各种各样的物理概念，包括磁力、能量、张力、摩擦力和简单机械。

1. 声音的属性和特点及幼儿所应获得的关键经验

从儿童对声音的体验中，孩子们知道不同的声音有不同的特性。他们可以从音量、音调上进行变化，在幼儿进入幼儿园之前，小朋友都会有在家里喊叫的行为，其实这也是儿童对自己声音的一种探索。在某些情况下，他们可以看到发出声音的东西，例如，吉他上的弦前后移动，为理解振动在声音中的作用做准备。孩子们可以从不同的来源听到声音，他们会把各种锅放在一起，或者用钢琴、吉他或其他可用的乐器进行体验。当儿童研究声音时，他们可以仔细聆听，并尝试用模型来描述他们的声音。例如，他们可以听一听邻居家的声音，并试着找出它们的来源；老师可以为孩子们制作神秘声音的音频，让他们描述和识别；或者在老师的指导下，孩子们用自制的乐器创造一个"乐队"。孩子们可能不会注意到弦或小号的振动，但这并不是探索的主要重点。相反，重点是不同物体发出的声音类型，以及孩子们如何控制音量和调整音量。教师也可以将幼儿的眼睛挡住，然后让他凭借声音来找到说话之人的所在地，提高幼儿听觉的敏感性。

在对声音的探索上，不同年龄阶段的幼儿应掌握不同的关键经验。3~4岁幼儿可以感知自然界各种不同的声音；体验不同的声音代表不同的意义；感知不同的物体会发出不同的声音。4~5岁幼儿能够感知声音的不同特性，可以是高的或者轻柔的（音量），可以是尖锐的或者低沉的（音调）；尝试改变声音的特征，如让鼓更响；探索各种能让物体产生声音的方法；感知声音可以通过物体传播。5~6岁幼儿能够发现声音的特征（如音量、音调）与声音的来源有关；感知噪声的产生及危害。

2. 光的属性和特点及幼儿所应获得的关键经验

孩子们对光和暗有过丰富的经验，例如家里的台灯和商场里的装饰灯，白天和黑夜不同的光照条件，以及如何根据它的来源和距离的远近让光变得更亮或更暗。后来他们认识到光可以制造影子，影子的大小和形状会随着物体和光源的位置而改变。这些经验都为幼儿以后学习更抽象的光的概念打下了经验基础，即光作为能量的一种，可以通过吸收、反射或折射的方式进行改变，探索光和影子帮助孩子们发展对光的新认识和想法。例如，孩子们可以在白天和晚上在人行道上画出他们的影子，在微弱的光线下的手电筒可以鼓励孩子们思考光源和影子的关系。

3~4岁幼儿能够感知光有明暗及亮度，能够发现光有不同的来源，发现光能够产生影子；4~5岁幼儿可以探索光和影子的关系，尝试改变影子的特征，如让影子更长；5~6岁可以感知光的亮度取决于光源和光源的距离，发现影子的大小和形状与物体和光源的位置有关，体验光对生活的重要性。

四、地球与空间科学：教育活动的内容与幼儿关键经验

地球与空间科学不仅是复杂的科学，囊括了天气、气象、气候、太阳系、宇宙、地球等多种概念，同时这对幼儿来说也是最抽象的科学，地壳构造、岩石和水循环、进化和宇宙等宏观现象和变化历程难以在儿童面前进行实物演示。然而在儿童的生活经验中，有一部分触及到地球和空间科学的方面，如岩石、沙子和土壤，还有溪流、河流、湖泊和海洋。

因此，教师可以选择一些与儿童的生活世界距离比较近的现象作为科学领域的教育内容。例如，每天的天气图就是一个很好的让儿童掌握时间和日期、天气的变化和规律的例子，对不同种类的沙子、土壤以及岩石的观察也是较为方便的。当儿童熟悉环境并观察到正在发生的变化时，他们可能会注意到并发展出对周围世界的感情，以及逐渐明白他们对世界的作用。这些经验为儿童以后

了解更抽象的地球系统概念、地球的历史以及地球在太阳系中的地位奠定了基础，对地球和空间科学的各种概念的探索，是儿童在生命科学和物理科学方面工作的自然延伸。笔者将地球和空间科学的内容分为三个部分：地球材料的属性，天气和气候，以及太阳和月亮的运动和变化的因素。

（一）地球材料的属性

1. 教育内容

地球的物质包括岩石、沙、土壤、水分、空气等，幼儿可以观察到哪里发现了什么类型的土壤，且不同类型的土壤可以滋养出不同的生物，通过这些经验，孩子们开始认识到土壤是由不同的材料组成的，而且有不同的种类和不同的性质。儿童对地球材料的探索也可以和生命科学、物质科学的学习相结合，例如，对水的探索导致了对一条河流的关注，以及水在地球表面发挥作用的一些方式（水循环）。关于如何找到小动物的问题导致儿童发现自己的环境，包括地球材料（如土壤和岩石）有了更清楚的了解。"虫子似乎更喜欢哪种动物？""虫子是否藏在岩石下面？"把虫子带进来的过程为孩子们提供了一个机会，让孩子们发现创造生物的临时家园所需要的是土壤。

2. 关键经验

3～4岁幼儿知道地球上有很多物质，包括岩石、土壤、水分、大气等；认识到我们周围有空气，空气是看不见、摸不着的；了解沙、石、土、水的基本特征，如土壤的颜色、软硬等。

4～5岁幼儿能够描述沙、石、土、水、空气的类型和特点。例如，水是透明的、可以流动的。知道地球物质具有不同的用途（如石头可以用来建造房子）。

5～6岁幼儿可以理解沙、石、土、水具有不同的种类，不同种类的特性存在差异。例如，能理解岩石的形状、软硬、纹理不同。初步理解地球物质对于人和动物、植物生存的重要性。再如，水和空气对生命的意义。

（二）天气和气候

1. 教育内容

记录天气是许多幼儿园班级都熟悉的活动，通过这种简单的活动可以为儿童提供更多思考天气和变化的机会。例如，当数据被存储并记录在图表上时，孩子们可以通过诸如"我们上个月有多少个阴天？""九月份我们有多少个雨天？""第一场雪是什么时候？""我们这个月有看到比上个月更多的太阳吗？""什么时候开始变得很冷了？"等问题来探索发现不同季节的特点，了解季节的周期变换，天气和季节对他们自己的影响，以及季节的变换对周围环境造成的短期和长期的变化。

儿童可以意识到较慢的变化和细节，例如，如果雨水没有流到建筑物下面，植物就不会在那里生长；如果雨水太多，被淹死的虫子就会出现在人行道上；当天气变冷的时候，红树林也会在外面发现虫子，以此意识到季节变换对人类和动物、植物的影响。

2. 关键经验

3～4岁幼儿可以感知各种天气现象，如阴、雨、晴。感知和体会天气是会变化的；能够体验常见的天气、气温的变化，如下雪天寒冷、晴天温暖；并能学习使用常见的表示天气的词汇，如雨、雪、晴。

4～5岁幼儿可以感知各种天气现象及其特点，如不同天气时云的形态。了解四季的名称；感知季节是不断变换的，发现不同季节有各自的特点；感知各个季节的典型特征，如秋天叶子落了。体验和发现周围的环境在每个季节的变化；感知和体验不同季节的有特色的天气状况，如春天的风、夏天的雨、冬天的雪等；发现季节对动物、植物和人的影响。

5～6岁幼儿能够感知每天的天气都会变化，感知天气模式随着季节变换，体验四季的变换顺序，体验季节变换的周期性，知道天气可以通过相关测定的量来表示，如温度、风速、风向等。初步体会和了解不同季节与动物、植物的关系；初步感知和理解季节变换与人类生活的关系。

（三）太阳和月亮的运动模式和变化规律

1. 教育内容

幼儿知道太阳和月亮都在天空中，而且它们总是在同一个地方，但可能还没有注意到它们的一些微妙变化。教师可以鼓励孩子们仔细地观察月亮和太阳，并帮助他们定期记录这些观察结果，孩子们可以注意到运动和变化的迹象，甚至可以预测它们在不同时间会发生什么。

在研究地球和空间的科学理念时，这些理念可以在儿童探索其他科学领域的过程中得到高度重视。当研究户外生活用品或种植花草时，重要的是要知道太阳在特定地点的照射时间，这可能会导致他们注意到太阳在不同地区不同时间的照射情况，以及不同时间的时间变化情况。例如，开展影子研究时，画出孩子们在一天中不同时间的影子。在孩子们经历了对影子的探索之后，可以延伸到他们的影子变化和太阳的运动之间的关系的教育活动。

2. 关键经验

3~4岁幼儿能够认识到太阳和月亮存在于天空中，知道太阳和月亮的位置是不断变化的，知道和使用与天空特征有关的词汇，如太阳、月亮、星星、云。

4~5岁幼儿知道太阳和月亮每天都在运动，了解月相是不断变化的，如月亮有时是圆的、有时是弯的。

5~6岁幼儿通过观察知道太阳和月亮的基本运动模式，知道太阳提供了保持地球温度所需的光和热。

【幼儿园教师资格证考试：考点预测】

1. 根据大班幼儿学习科学的特点，设计一个关于生命科学的科学探究活动。
2. 根据大班幼儿学习科学的特点，设计一个关于物质科学的科学探究活动。
3. 根据中班幼儿学习科学的特点，设计一个关于地球与空间科学的科学探究活动。

示例

大班科学活动：有趣的纸桥

【活动目标】

1. 幼儿通过操作，知道改变纸的形状可以使纸桥的承受能力发生变化。
2. 鼓励幼儿运用比较的方法来进行感知，同样的纸折成山形最牢固，培养幼儿的动手操作能力。
3. 通过活动萌发幼儿对物体呈种现象的兴趣。

【活动准备】

1. 人手一张A4纸，两个油泥盒子，一根吸管。
2. 每组一盒塑料积木。
3. 折纸扇，石棉瓦，平常的瓦片等。

【活动过程】

一、导入（激发幼儿兴趣）

1. 老师：小朋友们，你们见过桥吗？是什么样子的？用什么材料做成的？平常我们见过的桥都是用水泥钢筋或者木头做成的，今天我们也要做一座自己的小桥，这座桥能够放一块积木在上面。

2. 教师介绍材料：积木、纸、吸管。

3. 提出要求：两块积木做桥墩，吸管是桥下面的流水，纸用来做桥面。

二、幼儿制作纸桥

1. 幼儿进行第一次操作，并请做好纸桥的幼儿将纸桥展示在桌子上。

提问：你成功了吗？你是怎么做的？

教师进一步提出要求：这次要在桥上放三块积木，你可以把自己的纸桥变一变。

2. 幼儿进行第二次操作，并将完成的作品放在桌子上。

提问：你用的是什么方法？你的纸发生了什么变化？

三、游戏：比一比谁的纸桥最牢固

1. 提出要求：以个人为单位进行比赛，并数一数最多在桥上能够放多少积木，从每组选一个小朋友上来展示：比一比谁的纸桥最牢固。

师：刚才大家做出的纸桥都能够放三块积木，现在我请大家来比赛，看看谁做的纸桥能够放的积木最多？

2. 讨论：你做的纸桥最多能够放几块积木？为什么你的纸桥能够放这么多积木？

四、帮助幼儿了解简单原理

1. 结论：当纸弯曲之后能够承受的重量变大，弯曲的次数变多，承受的重量也就变大了，而且弯曲的次数越多，承受的重量越大，纸桥也就越牢固。

2. 扩展幼儿的经验："日常生活当中，你还发现哪些东西是利用弯曲后来使它便牢固的？"（瓦、折纸扇、瓦楞纸等）

3. 总结，激发幼儿对物体承重现象的兴趣。

五、活动延伸

请幼儿制作山形的纸桥，通过弯曲次数的变化，看看谁的纸桥最牢固。

第三节　幼儿园科学领域教育活动的实施

本节首先从概述层面对幼儿园科学领域教育活动的实施进行整体上的介绍，从幼儿园科学领域教育活动实施中幼儿和教师的角色、幼儿园科学领域教育活动的多种实施路径、幼儿园科学领域教育活动在实施中可能出现的问题三个角度进行概述；也希望能从实践层面上丰富这一内容，幼儿园教师能从多种路径实施幼儿园科学领域教育活动并学习利用多样化的资源予以支持。之后将从案例的角度：幼儿园科学领域教育活动的典型案例出发，以使幼儿园教师可以初步具备对幼儿园科学领域教育活动进行有效指导的技能，熟练掌握幼儿园科学领域教育活动的设计方法。

一、幼儿园科学领域教育活动的设计与实施概述

（一）幼儿园科学领域教育活动中幼儿和教师的角色

幼儿在科学领域的教育活动中可以做些什么呢？他们具备科学探究的能力吗？他们对这些科学概念是真的有兴趣吗？科学教育活动与幼儿的自然游戏之间的界限在哪里呢？对于这些问题的

回答都指向于幼儿在科学领域教育活动中所发挥的角色。虽然3岁儿童和5岁儿童之间的探究能力存在差异，但是请相信，在成人的引导之下，只要儿童与物质材料进行直接接触，所有的儿童都可以建立关于这个世界如何运行的观点和理论，所有的儿童也具备记录和表征的能力。同时，只要儿童对科学经验的兴趣很高，即使是年幼的儿童也可以发展出分享、讨论和倾听的能力。但是请注意，儿童只能在自己原有经验的基础上，继续丰富对这个世界的理解。这就要求教师对不同水平、不同背景、不同兴趣的儿童进行引导和支持。

教师需要为创设一个能够支持儿童深入探究话题的环境做很多准备，包括设计物质背景、计划儿童关注的科学领域、设置一套合理且可行的课程目标。但是，最有可能出现的情况却是：当老师把一些都准备妥当后，儿童进入环境之后，儿童本身的探究却带引着他们指向了不同的方向，儿童产生了不同的观点、问题和挑战。许多教师认为他们无法回答孩子们提出的问题，这可能是事实。但回答问题并不是教师的职责，教师的角色在于引导儿童一起进行科学探究，例如，教师可以说："我不知道，让我们看看是否能找到答案。"找到答案可能需要进一步探索，阅读书籍，邀请同事们一起探讨，这可能会带来新的发现、问题和探究。

幼儿园科学领域教育活动需要协调教师的目标、儿童的兴趣和疑问以及物质材料之间的相互作用和动力关系，例如，当一名教师根据儿童的兴趣选择了"水的流动"这一主题时，所有的孩子在水管和漏斗之间探索，但最后他们却被空气所困扰了。教师只好增加一些硬水管和水泵来让儿童继续对空气和水之间的关系进行探究。事实上，好的科学材料应该是开放的，可以激发任何水平和背景的儿童的兴趣。所有的儿童都会对水、生物以及自己的影子感兴趣，当教师仔细观察儿童的游戏和工作时，教师就可以在儿童原有的道路上继续支持和引导他们。教师、儿童、科学材料的关系具体见图5-1。

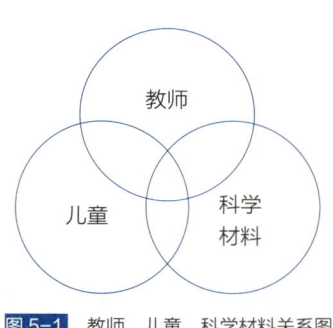

图5-1　教师、儿童、科学材料关系图

（二）幼儿园科学领域教育活动的实施路径

1. 集体教学活动

集体教学活动可以分为观察认识型活动、实验操作型活动、讨论交流型活动、科技制作型活动四种类型。观察认识型活动的目的主要是让幼儿在活动中借助于感知观察的方法，达到对客观事物特征的了解。适合的主题有"各种各样的纸制品""认识五官""有趣的指纹"等，选取主题有两种方式：从现有的已经出版的科学领域的正式课程中选取；从本班幼儿的兴趣、爱好和生活经验入手，生成科学教育的内容和课题。选取主题需注意选择观察对象应符合幼儿认知发展水平、认识对象要体现适时性原则、选择观察认识型活动内容应体现综合性特征。

实验探究型活动的任务是通过幼儿亲自动手、摆弄、操作实验对象，以发现事物的变化及其相互联系。在制定活动目标时，教师应优先考虑幼儿科学精神的培养与科学研究方法的获得，在此基础上再重视科学知识的积累。通常实验探究型活动重在培养幼儿科学好奇心以科学探究能力，可以探索的主题有"有趣的静电现象""探讨物体吸水现象"。在组织指导中要注意提供充足多样的实验材料、巧妙利用幼儿实验结果的分歧与争执、合理采用图示指导的策略、巧妙利用合作小组的优势、保证幼儿有充足的探究时间。实验探究型活动有三种设计思路：

①演示—操作式：教师先对实验内容进行演示，让幼儿掌握操作方法，然后幼儿按照教师演示的方法进行实验操作，并进一步进行观察，获得发现。

②自由—引导式：教师通过材料引发幼儿的探究兴趣，幼儿可以先进行自由的探究，然后教师在组织幼儿交流各自经验的基础上，引导其进行有目的、有计划的探究活动。

③猜想—验证式：针对某一问题，教师不是让幼儿先去探索，而是先猜想一下可能会得到什么结果，然后再进行实际的探究活动，来验证原先的猜想是不是正确。

在讨论交流型活动中，主要是通过幼儿围绕某一主题的表达交流，以达到分享知识经验的目的。讨论交流型活动涉及的主要教学目标有：表达与交流的技能、增进幼儿的科学知识和经验。由于讨论交流型是非探索性的活动，因此，活动材料不同于一般的操作材料，而是在活动之前围绕主题收集到的各种信息，为了便于幼儿讨论和交流，教师须将收集到的信息转化为图片或视频等比较直观的材料，也可将调查的结果制作成表格或记录，如讨论交流型活动教案《认识高速公路》，在开展活动前可将高速公路上的主要设施拍摄下来，让幼儿边观看边讨论。讨论交流型活动的设计思路大致分为以下三种：

①参观调查—汇报交流式：这类活动通常是由教师组织下，带领幼儿外出参观、调查获第一手资料，并采用表格记录调查结果，外出归来以后，再进行汇报交流，大家共同分享经验。如大班"海鲜场的奥妙"活动。

②收集资料—共同分享式：这类活动需要幼儿通过收集资料的方式积累知识经验，一般在活动之前围绕主题收集相关资料，在活动中幼儿与教师共同整理资料，并在教师的指导下对资料进行分析、归纳、总结。如大班活动"动物的尾巴"。

③认识探究—交流研讨式：这类活动以认识探究为主要目的，这类活动是孩子感兴趣的，但却又知之甚少，产生一系列问题。通过共同交流、探讨得出问题的答案，从而达到扩展幼儿视野、增长知识的目的。如活动"认识高速公路"。

技术操作型活动是一个科学设计与制作的过程，这类活动更重视幼儿操作技能的培养，即通过具体的操作活动使幼儿拥有一双灵巧的双手，以及"动手做"的学习习惯。技术操作型活动中涉及的教学目标是：发展幼儿的设计制作能力、掌握使用工具的技能以及提升幼儿的展示分享能力等。技术操作型活动的设计思路大致分为以下两种活动：

①学习使用科技产品和工具。在活动过程中教师引导幼儿学习现代科技产品的操作方法，学习日常生活用品、常见工具的使用方法。

②科技小制作活动。在活动过程中通过幼儿的制作活动进一步发现科学现象，体验其中蕴含的原理，同时掌握制作的技巧。

2. 学前儿童的游戏

学前儿童的科学就蕴藏在游戏中，蕴藏在与物体、材料的互动之中。其中有三种学前儿童的游戏与科学的联系最为密切：戏剧游戏、探索性游戏和建构性游戏。幼儿可以通过戏剧性游戏来学习科学，尤其是当教师与他们互动时将重点放在游戏中所隐藏的科学奥秘时，例如，当幼儿使用操作台上的水管、漏斗向汤中加入了奇妙的原料时，教师就可以利用这个机会让幼儿关注水的流动，向幼儿展示如何控制原料的数量；探索性游戏利于让幼儿发现事物，当幼儿关注是怎么让事情发生时，告诉他们这就是关于科学的奥秘。在这个案例中，教师支持和鼓励幼儿去追寻他们的问题和想法，引导幼儿去思考材料和结果之间的关系，例如教师可以让幼儿利用提供的材料来探索水的作用以及如何控制水,或者坡度与球走过的距离之间的关系;最后,在建构性游戏中,当幼儿尝试制作某物时,科学和技术就一起发挥了作用,例如幼儿在建构区搭建塔时,他们就需要处理如何搭建积木来保证塔的高度的问题。

3. 五大领域中其他领域的课程活动

科学活动在幼儿园中有重要的价值,它可以满足幼儿探索和理解周围世界的好奇心和需要,但是科学活动和幼儿语言发展、数学发展和社交性的发展之间并不冲突。科学活动可以渗透在其他活动之中,也为其他技能的学习和锻炼提供帮助。

例如,教师在锻炼幼儿读写能力时,也为记录他们的科学发现和观察提供了帮助,在他们学习一些新的词汇时,就为他们在讨论时使用科学词汇进行准备,当他们使用书籍或网络资源查询资料时,他们也在锻炼信息检索能力。与此同时,科学与数学的关系是密不可分的,幼儿在记录数据时需要测量和计数,从数据中制作图表和表格,从他们的发现中寻求模式和规律以及事物之间的关系。当他们聚在一起分享观点、倾听他人的表述时也是在锻炼社交技能,他们也在了解自身和这个世界。要知道,学前儿童的发展是整体性的,学前儿童在语言、科学、艺术、健康、社会五大领域的学习和发展是相互促进、相互渗透的。

(三)幼儿园科学领域教育活动在实施中出现的问题

1. 只重视核心科学概念的传授,忽略了学前儿童探究能力的培养

在科学教育内容里,最容易犯的错误就是教师以探究的方式进行演示,然后将学前儿童掌握多少核心科学概念作为评价教育活动的主要标准。实际上,所有教学活动要体现核心科学概念,而不是围绕核心科学概念,重点在于学前儿童在科学探究中自然习得核心科学概念。例如,北方的冬天有时会出现雾霾、沙尘等天气,教师就可以在这样的天气时带领幼儿探究雾霾、沙尘等恶劣天气的成因,通过查资料、模拟天气等方式,幼儿逐渐知道了一些工厂会为了节约环保成本会将废水废气不经过过滤直接排向大自然,这样的工业污染就会对大自然造成影响,大自然就会以恶劣的天气影响人类的日常生活。在这样的探究中,幼儿自然就会体会到人与自然和谐相处的关系,形成天气和气候、地球和人类活动、地球物质的特性等多个核心科学概念。科学教育活动一定要注意围绕着学前儿童的生活经验、探究能力以及探究兴趣选取适宜的科学概念,切不可本末倒置。

2. 只重视物质材料的提供,忽视学前儿童在活动中的探究

在教室里,有的教师在科学角中布置了一些贝壳和玻璃,这些物品也许会引发进一步的观察,一些有关的书籍和海报也许会被展示;也有的教师会实施一些以主题为基础的课程,集中探讨苹果或者熊的话题;有的教师会将科学活动作为以周为单位定期开展的活动,这周观察吹泡泡,下周探究磁铁。这些方法都遗失了关键性的东西,那就是学前儿童科学探究的部分。适宜的科学领域教育活动目标以及为幼儿提供深度探究的机会才是至关重要的。孩子们确实每天在探究与科学有关的材料,比如玩一些石头、沙子和水,但是老师却很少为儿童提供专注于科学的机会。有时,尽管只是一块空地,也可以带领幼儿建造一个房屋,或者让幼儿利用自己的经验体会力与平衡。所以,科学领域教育活动的重点在于学前儿童探究活动的开展,而非物质材料的堆砌和摆放。

3. 只重视科学领域中关键概念和经验的广度,忽略学前儿童探究的深度

本书描述了一套在生命科学、物质科学、地球与空间科学等领域的基本科学概念,这些概念是幼儿通过直接体验来探究的,目的是帮助教师思考和选择学前儿童探究教学的机会,而不是确定幼儿学习的具体结果。每组概念都可以通过许多主题来解决,这取决于幼儿园所处的环境、师生关系以及周围可利用的资源。例如,教师想要引导幼儿对物体运动开展研究是基于本班儿童对建造卡车和汽车的坡道和斜坡感兴趣,而其他教师也可以选择引导幼儿在探索玩具的过程中体

现这些概念。通过科学领域教育活动让幼儿掌握所有科学概念是不现实的，也是没有必要的。相反，重要的是教师要选择几个概念让孩子们深入探索。只有通过对少数基本概念的多次体验，幼儿才能做出概括性的判断，得出结论，并对周围的世界构建新的理论。因此，在科学领域教育活动中，应注意培养幼儿的科学探究能力，并渗透在核心科学概念的学习之中。

二、生命科学教育活动的实施案例

大班科学活动：我从哪里来

【活动目标】

1. 通过多种活动形式，让幼儿初步了解自己从哪里来以及自己在妈妈肚子里的生长过程。
2. 鼓励幼儿大胆想象，能用动作表现出自己在妈妈肚子里的快乐生活，丰富幼儿的想象力。
3. 了解妈妈怀胎十月的辛苦及抚养自己长大的艰辛，从而激发幼儿爱妈妈的情感。

【活动准备】

经验准备：和爸爸妈妈聊聊自己的出生；回家观察妈妈的一天活动。

物质准备：PPT课件（包括精子、卵子等图片，宝宝生长发育视频、《妈妈的话》等视频、《烛光里的妈妈》等音乐）PPT、1位孕妇老师、气球若干、3个地垫、跨栏1个、纸屑若干、垃圾桶1个。

【活动过程】

一、以视频引题，设疑激发幼儿参与活动的兴趣

提问：你觉得视频中的妈妈说的是真的吗？那我们是从哪里来的？

二、观察图片、视频，帮助幼儿进一步以科学的方法了解自己的由来及生长过程

1. 出示图片，引导幼儿认识精子和卵子。

提问：精子（卵子）长得像什么？为什么？

2. 通过观看视频、创设精子游泳大赛的情景，引导幼儿了解精子和卵子结合形成受精卵的过程，感受爸爸妈妈有宝宝后的喜悦。

提问：卵子软绵绵的，冠军精子越靠越近，发生了什么？过了几个小时，受精卵又发生了什么变化？

小结：原来精子和卵子结合在一起变成了一个新的种子叫受精卵，受精卵比铅笔点出的点还要小。过了几个小时，受精卵开始分裂，1个变2个，2个变4个，4个变8个，越来越多，越来越大，来到妈妈肚子里一个叫子宫的房子住下，这时候妈妈的肚子里就有小宝宝了。

提问：有了宝宝，爸爸妈妈的心情怎么样？

小结：是的，很开心，因为你们是爸爸妈妈爱的结晶。

3. 通过观看视频，了解胎儿在妈妈肚子里是怎样生存、生长的。

（1）观看短片，了解受精卵变成胎儿的过程。

提问：发生了什么？它是怎样生长的？

小结：受精卵越来越大，长出了骨骼、心脏和大脑，渐渐地小手小脚也出现了，再慢慢地眼睛、鼻子、嘴巴、耳朵也出现了，头已经占身体的一大半了，接下来小手小脚和五官越来越明显了，已经长成了宝宝的样子，就这样宝宝越长越大，在妈妈的肚子里

足足待了10个月呢。

(2) 观看短片，了解胎儿通过脐带摄取营养。

提问：宝宝在妈妈肚子里没有食物，那他是怎样获得营养的呢？

小结：原来宝宝的肚子上有一根和妈妈相连的带子，叫脐带。妈妈吃下去的食物变成营养，经过脐带输送给了宝宝。

三、创编活动：在妈妈的肚子里

1．观看胎动视频，了解宝宝在妈妈肚子里是会动的。

2．请幼儿大胆猜想："宝宝在妈妈的肚子里会做些什么？"先启发幼儿，再播放宝宝在妈妈肚子里的视频引导幼儿观看。

3．跟着教师的口令，学做宝宝在妈妈的肚子里的情景。

四、情景表演"学做妈妈"并观看分娩视频，感受妈妈怀孕的不易

1．情景表演"学做妈妈"。

(1) 请幼儿说说，怀孕后带来的不便。

(2) 情景表演"学做妈妈"。

请每个幼儿在衣服里塞入一个气球，跟随教师创设的情景表演一位怀孕的妈妈。

提问：带着气球做动作和不带气球做动作，哪个更容易？带着气球做动作有什么感觉？

小结：带着轻飘飘的气球做动作不容易，而妈妈怀孕带着比气球重很多的宝宝更不容易，可妈妈不怕辛苦，因为有了宝宝，妈妈就是最幸福的人。

2．观看分娩视频。

提问：视频中的妈妈生宝宝的过程是怎样的？

小结：这个过程是痛苦的，如果宝宝不能顺利从妈妈的子宫大门出来，医生就要在妈妈的肚子上割一个大口子，把宝宝抱出来，虽然这个过程很痛苦，但妈妈还是很开心，因为很快就要见到她最爱的宝贝了。

五、观看"妈妈对我说"短片，使幼儿爱妈妈的情感得以升华

1．观看"妈妈对我说"短片。

提问：听了妈妈对你说的话，你有什么感觉？出生后妈妈又为你付出了什么？

2．播放音乐《烛光里的妈妈》渲染气氛，鼓励幼儿大胆说出自己对妈妈的爱。

【活动延伸】

我们的小朋友确实长大了，懂事了，太棒了！今天回家，就请你勇敢地用自己喜欢的方式来表达你对妈妈的爱吧。

大班科学活动：种子的旅行

【活动目标】

1．通过活动激发幼儿探索植物种子奥秘的兴趣。

2．初步了解种子的传播方式，以及种子外部形态特征与其传播方式的关系。

3．鼓励幼儿大胆说出自己的观点，发展幼儿的观察、分析能力。

【活动重点、难点】

重点：引导幼儿了解种子传播的方式。

难点：了解种子为什么用这种方法去旅行。

【活动准备】

PPT课件、各种种子若干、一次性透明杯子若干、种子传播方式的图片。

【活动过程】

一、谈话导入

小朋友们都见过植物的种子吗？今天老师就带小朋友们去参观一个种子展览会，在参观的时候请小朋友们做个文明好少年，不大声吵闹，不影响他人。另外请小朋友们边参观边思考几个问题：

1. 你认识哪些种子，这些种子都长什么样子？
2. 它们有什么不一样的地方？（幼儿观察，教师巡回指导）

二、观察种子，认识各种种子的特征

提问1：你认识哪些种子？它长什么样子？（根据幼儿回答介绍各种种子）

提问2：小朋友观察了这么多种子，有没有不认识的？（介绍不认识的种子）（打出不常见的种子图片）

提问3：我们看到的这些种子，它们都一样吗？哪些地方不一样？（幼儿说后，教师总结：这些种子的大小、颜色、形状都不一样。）

三、了解种子传播的方式

1. 风力传播种子：

（1）出示蒲公英图片，引导幼儿讨论。

师：种子的作用非常大，可是今天种子们想到外面去旅行，发挥它更大的作用，小朋友想一想蒲公英的种子会怎样去旅行呢？

师：小朋友说了这么多，那咱们来看看蒲公英到底是怎么去旅行的吧。

（2）播放蒲公英视频。

师：是谁帮助蒲公英去旅行了？为什么风能吹着蒲公英的种子去旅行呢？

小结：因为蒲公英的种子很轻，而且它的头上有一把小伞，风一吹它就飞走了。

（3）想一想风还能帮哪些植物种子去旅行呢？

小结：因为蒲公英、芦苇、白杨树的种子都很轻，有的头上还长着小伞，风一吹就会飞走了。

2. 靠动物的皮毛或人传播种子。

（1）引出其他不同传播方式的种子。

师：小朋友刚才知道了像蒲公英一样靠风去旅行的种子，它还有两位好朋友也想去旅行，看看都是谁？（苍耳、樱桃）

师：请小朋友每人拿一个苍耳，观察一下它的样子，再和小朋友一起猜一猜，它有可能会用什么方式去旅行呢？

（2）引导幼儿观察苍耳的外形。

师：那小苍耳为什么能靠动物的皮毛或人去旅行呢？

小结：因为苍耳身上有刺，刺粘在人的衣服或小动物的皮毛上，就能去旅行了。

（3）还有谁的种子也是靠动物的皮毛去旅行的？

鬼针草，因为鬼针草的种子上面也长着细细的刺，扎在动物的皮毛上或人的衣服上，就能去旅行了。

3. 靠鸟类的粪便传播种子。

（1）引出其他不同传播方式的种子。

师：蒲公英和苍耳都有自己的办法去旅行了，小樱桃会用什么方法去旅行呢？（幼儿讨论）

（2）观看樱桃种子视频，引导幼儿讨论。

师：小樱桃的种子是怎样旅行的？为什么它能靠小鸟的粪便来旅行呢？

小结：因为樱桃的种子是小小的、硬硬的，被小鸟吃了后不容易消化，过一段时间就会随着小鸟的粪便排出来，就能到其他地方了。

（3）还有谁的种子也是靠鸟类的粪便去旅行的呢？（葡萄、山楂）

小结：刚才我们了解了几种种子的旅行方式，谁来说说有哪几种？（靠风旅行、靠人或动物皮毛旅行、靠鸟类的粪便旅行）

四、种子传播方式的分类

1. 请小朋友每人选一种种子，把它放到相应的传播方式下边。

2. 引导幼儿讨论其他种子的传播方式。

师：老师也知道几种种子的旅行方式，我们一起来看看有哪些种子，它们是怎么去旅行的吧！

3. 播放种子旅行的其他方式视频。

总结：看了视频我们知道莲子是靠水旅行的，凤仙花、黄豆、豌豆等是靠自身弹力旅行的，另外人的作用可大了，可以帮绝大多数的种子去旅行。

【活动延伸】

其实种子旅行的方式有很多，今天我们只是了解了一部分，现在秋天到了，又到了收获种子的季节，我们到外面找一找有哪些种子成熟了，它又是怎样去旅行的吧！

三、物质科学教育活动的实施案例

中班科学活动：会"跳舞"的泡泡

【活动目标】

1. 感知毛线、棉手套能接住泡泡，泡泡还能轻轻弹起的有趣现象。
2. 能大胆猜测、尝试，学习贴标记记录，并用简短的语言表达自己的猜测和发现。
3. 感受泡泡可以"跳舞"的神奇，体验玩泡泡的快乐。

【活动准备】

物质准备：泡泡水，小吹泡棒，棉手套，毛线手套，一次性塑料手套，一根大吹泡棒。记录单《会跳舞的泡泡》，笑脸贴纸（幼儿需要人手一张，教师需要两张）；《龙猫》音乐，《泡泡可以当球玩》视频。

经验准备：有过吹泡泡、戴手套的经验。

【活动过程】

一、吹泡泡，激发幼儿兴趣

师：今天，有个好朋友来到了我们身边，看看它是谁？泡泡可喜欢跳舞了，你有什么好办法让泡泡跳舞的时间长一点呢？

二、创设情境，幼儿用手接泡泡，感受泡泡一碰就破的现象

1. 师：今天我们要办一场泡泡舞会，泡泡想邀请我们小朋友做舞伴，一会儿老师吹泡泡，你们用手接泡泡，看看能不能接住，好吗？

2. 师：你们接到泡泡了吗？泡泡怎么了？泡泡是不是很奇怪？一碰就破，那它还怎么在手上跳舞呢？

三、幼儿尝试，发现戴上棉、毛线手套能接住泡泡，泡泡还能轻轻弹起来跳舞

1. 提出问题猜想。

师：今天，老师带来了手套，我们请它们来帮忙，这是棉手套、毛线手套和一次性塑料手套，你们猜，戴上哪只手套能接住泡泡，泡泡还能像球一样弹起来跳舞呢？为什么？

2. 投票统计记录。

师：你们的想法都不一样，那我们一起来投票吧。你觉得谁能接住泡泡，还可以跳舞的就把笑脸贴纸送给它。

3. 幼儿尝试。

师：我在后面的桌上也给小朋友们准备了三种手套，等会儿要请小朋友们分别试一试这三种手套，戴上手套后，吹个泡泡接一接，试一试哦。

四、交流分享，投票记录发现

1. 交流分享：戴上手套接泡泡发现了什么？
2. 给毛线、棉手套送贴纸。

师：好多小朋友戴上毛线、棉手套让泡泡跳起了舞，我们给它们送个贴纸。请小朋友想一想，这是什么原因呢？

3. 观看视频初步感知原因。

师：原来毛线和棉线是不喜欢水的材料，所以泡泡能在上面跳舞呢。

五、泡泡舞会，结束活动

师：你们还想邀请泡泡跳舞吗？我们戴上棉线、毛线手套再去接泡泡吧，泡泡舞会开始啦。

大班科学活动：神奇的彩虹

【活动目标】

1. 认知目标：初步感知彩虹糖的色素和水相溶的现象，愿意用语言表达自己的发现。
2. 技能目标：能自己主动探索、动手操作进行实验，并注意观察实验中的现象，发挥自己的想象力。
3. 情感目标：感受色彩变化所带来的惊喜。

【活动准备】

彩虹糖，清水一杯，白色盘子一个。

【活动过程】

一、导入

1. 谜语导入：天上七彩桥，造好没人跑，一会不见了。（打一自然现象。谜底：彩虹）
2. 师：夏天阵雨过后，天空会出现美丽的彩虹。可是，天空中的彩虹停留的时间很短，我们都还没有看尽兴呢，那小朋友们想不想自己来制作彩虹呢？

二、感知

1. 教师让幼儿猜猜口袋里藏着一个神秘的礼物是什么。

师：小朋友们听一听，猜一猜，是什么？（晃荡口袋发出"哗啦哗啦"的声音）

2. 引出彩虹糖，并了解彩虹糖的颜色。

三、探索：实验演示

1. 讲解做实验之前需要准备的材料：彩虹糖，清水一杯，白色盘子一个。
2. 实验步骤：首先把彩虹糖从糖盒里取出来；按照颜色规律摆放在白色盘子边上，摆放一圈；把事先准备好的清水缓慢适量地倒在摆好彩虹糖的白色盘子的中间。（边播放视频边讲解实验步骤）

师：要缓慢倒入哦，不能一下子全倒进去，否则会把彩虹糖冲出圆圈外的。
　　3．观察白色盘子里的彩虹糖在清水的作用下发出神奇的变化。
四、让小朋友们自己制作彩虹
　　老师边演示边指导小朋友们做彩虹实验，让小朋友们都操作起来，培养孩子们的动手能力。
　　1．教师小结幼儿制作彩虹的实验情况。
　　2．请小朋友动动小脑筋，还可以用彩虹糖做出什么样的彩虹呢？下面先看看老师做的不同的彩虹吧！（视频展示另外两种彩虹）
　　3．教师讲解彩虹糖变彩虹的原理：彩虹糖的色素和水相溶。当彩虹糖接触水后，彩虹糖的色素开始溶于水，颜色就会都朝着盘子中央扩散，于是就形成了彩虹状。
五、活动结束
　　老师：我们知道了彩虹糖变彩虹的原理，那么回家以后，小朋友们可以给爸爸妈妈做一道美丽的彩虹。

四、地球与空间科学教育活动的实施案例

大班科学活动：月亮和太阳

【活动目标】
　　1．向幼儿介绍太空有许多星球，它们都是朋友，例如：太阳、月亮是地球的好友。
　　2．激发幼儿探索宇宙奥秘的愿望。
【活动准备】
　　1．地球仪一个，手电筒一只，放大镜一面，黑色纸片一张。
　　2．宇宙图片一张。
【活动重点、难点】
　　重点：让幼儿知道太阳和月亮是地球的好朋友。
　　难点：知道地球、太阳、月亮之间运转的形式：月亮围绕地球转，地球围绕太阳转，它们一直都不离开。
【活动过程】
一、出示宇宙图，引起幼儿的兴趣
　　1．师：小朋友们，你们知道在神秘的太空中有什么吗？（教师出示宇宙图片）
　　2．在太空中有那么多的星球，它们之中谁是地球的好朋友呢？为什么？
　　3．小结：月亮离地球最近，一直围绕着地球转，地球又围绕着太阳转，它们一直都不离开。
二、介绍太阳
　　实验一：昼夜之分。
　　1．师：地球围绕太阳转一圈，你知道要多长时间吗？（一年）
　　2．师：你知道为什么会有白天和黑夜之分吗？（教师运用地球仪和手电筒进行实验操作）
　　3．小结：地球在围绕太阳转动时，自己也在自转，地球转向太阳的一面是白天，背向太阳的一面是黑夜。

实验二：利用太阳光使纸燃烧，介绍同样的作用。

1. 师：太阳是一个燃烧的巨大火球，温暖的阳光能使地球上的动物、植物得以生存，你知道在日常生活中我们可以利用太阳光做哪些事情吗？（太阳灶；太阳船；太阳能电池可用于手表、计算机内；太阳能热水器；太阳能还可用来发电……）

2. 我们现在就一起来做一个实验，瞧瞧太阳光的威力吧！（在太阳光下利用放大镜演示纸片燃烧）

三、介绍月亮

师：月亮也是地球的好朋友，它围绕着地球不停地转，晚上我们可以看到皎洁的月亮，那么月亮它本身会发光吗？（月亮本身不会发光，它像一面镜子一样反射太阳的光。）

四、延伸活动

师：在广阔的宇宙中还有许多星球，你能说出它们的名字吗？（金星、水星、木星）它们隐藏着许多我们不知道的秘密，等待着我们小朋友长大了去探索。

中班科学活动：土壤

【活动目的】

1. 知道土中有水、空气、腐烂物等成分，了解土的主要种类（如黑土、黄土、白土、红土等）。
2. 了解土对人类的作用，萌发珍惜土地的情感。

【活动准备】

1. 知道植物生长的三要素：水、空气、阳光。
2. 每位幼儿到种植园取一小盒泥土。
3. 实验用的酒精灯、杯子，连根的干枯的青菜、花、树标本。
4. 四盒不同种类的土壤标本。
5. 可以种植的小菜秧、树苗、花苗若干。
6. 手机及相关视频。

【活动过程】

一、植物为什么会干枯

1. 出示连根的干枯的青菜，请幼儿观察：青菜怎么样了？（干枯了。）为什么会干枯？（因为菜根离开泥土了。）
2. 用同样的方法出示干枯的花、树，让幼儿观察并思考：它们为什么会干枯？（因为它们都离开了泥土。）
3. 小结：一般来说，植物在泥土里才能生长，离开土壤就会干枯。

二、土中有什么

1. 请幼儿捏一捏从种植园取来的泥土是干的还是湿的？（湿漉漉的。）这说明泥土中有什么？（水分。）
2. 请幼儿把一块泥土放入有水的杯子中观察并说说：你发现了什么？（有气泡上升。）这说明泥土中有什么？（空气。）
3. 把泥土撒在石棉上，然后放在酒精灯上加热，引导幼儿说说：你发现了什么？（会冒烟。）为什么？（泥土中有树叶、草等各种腐烂物，能燃烧。）
4. 小结：植物能在土壤中生长，是因为土壤中有水、空气和肥料。

三、土是什么颜色的

1. 从种植园取来的土是什么颜色的？（黑色。）

2. 除了黑色的土，你还看见过什么颜色的土？（逐一出示红土、黄土、白土标本给幼儿观察。）

四、土有什么用

1. 视频画面一：广阔的田野。
引导幼儿讨论：田野里有了土能生长什么？（水稻、小麦、油菜、棉花、各种蔬菜等。）
引导幼儿讨论：山上有了土能生长出什么？（树、竹、花、草、蘑菇等。）
2. 视频画面三：砖瓦厂。
引导幼儿讨论：造房子需要什么材料？砖瓦是用什么材料做的？
3. 视频画面四：各种陶瓷器皿。
引导幼儿讨论：陶器、瓷器是用什么材料做的？
4. 小结：土是人类不可缺少的东西，是植物的家园，我们应珍惜每一寸土地。

五、活动延伸：与"土"交朋友

按幼儿意愿将幼儿分成三组，其中一组幼儿把小菜秧种到种植园里，另一组幼儿把小树苗种到幼儿园的空地里，剩下一组幼儿把花苗种在小花盆里。引导幼儿每天观察自己种植的小菜秧、小树苗、花苗的生长情况。

【幼儿园教师资格证考试：考点预测】

1. 请设计一个幼儿园大班科学领域的集体教学活动的教案。
2. 你认为在设计幼儿园科学探究区域角时应注意什么问题？
3. 在选择幼儿园科学领域教育活动内容时应该遵循何种原则？

示例

幼儿园小班科学领域活动设计：种子

【设计意图】

幼儿期是儿童奠定科学知识和能力的关键期，幼儿会在这个时候凭借自己天然的好奇心来探索这个世界，儿童的好奇心也从会随着年龄的增长而有所发展。《指南》指出，幼儿科学能力的发展贯穿于各个年龄阶段，也对其他领域的学习与发展有着重要的影响。在设计和实施幼儿园小班科学领域活动课程"种子"的过程中，可以激发幼儿对于植物种子传播的兴趣，了解相关的知识，认识各类种子的外形特征，让幼儿培养观察力，培养幼儿热爱大自然的情感。

【活动目标】

1. 认识各类种子的外形特征，知道种子的传播方法。
2. 激发幼儿的观察力。
3. 培养幼儿热爱大自然的情感。

【活动准备】

经验准备：活动前带领幼儿到农村进行观察和体验，观察各类植物播种的活动。
物质准备：各种种子、种子传播的图片、PPT课件、各类植物的种子。

【活动重点、难点】
重点：培养幼儿热爱大自然的情感。
难点：知道种子的传播方法。

【活动过程】
（一）活动导入：实物展示
1. 教师出示苹果、桃子。春天来了，老师给小朋友请来了两位神秘的小客人，它们是谁呢？
2. 教师操作切开苹果、桃取出种子，引导幼儿发现果实里都有种子。
3. 教师讲解种子的用途。提问：你还见过哪些种子？

（二）观察种子
1. 幼儿操作，观察种子。
2. 讲一讲自己认识的种子，如玉米、水稻、花生种子等。

（三）认识种子
1. 了解四种种子的外形特征：蒲公英宝宝像一把小伞，苍耳宝宝身上有刺，葡萄宝宝小小的、黑黑的，葫芦宝宝白白的像瓜子。
2. 幼儿通过观察操作，发现这四种种子的特征，并请幼儿挑选出这四种种子。

（四）种子的传播
1. 解释传播的含义。
2. 播放课件让幼儿观察种子的传播方法及过程。
3. 教师小结：蒲公英是靠风传播的，苍耳是靠动物传播的，葡萄是靠小鸟传播的，葫芦是靠水传播的。

（五）分辨种子
观察其他的种子，分辨哪些种子可以吃，哪些种子不可以吃。

（六）活动延伸：种子种植体验
鼓励幼儿在家里和爸爸妈妈一起种植植物种子，体验呵护种子和陪伴种子成长的经验。

【活动反思】
"种子"课程对于小班幼儿来说是新奇的经验，他们在过去的时间内很少接触到这样的知识和体验，这也意味着可利用的前经验会比较少。由此，在教学活动中，让幼儿深刻感悟到植物种子相关的知识也是比较困难的，幼儿在"种子传播"部分的接受程度较低，没有太多兴趣参与其中，这对于本次活动课程来说是比较困难的。

【本章小结】

本章分别从幼儿园科学领域教育的理论阐述、幼儿园科学领域教育的内容、设计与实施这三个小节对幼儿园科学领域教育活动进行了介绍，旨在从理论和实践两个层面给读者一些指导。幼儿园科学领域教育活动设计是幼儿园科学领域教育活动实施的前提和依据，也是幼儿园教师的专业基本功之一。幼儿园教师应参照《纲要》和《指南》，以促进幼儿的学习和全面发展为根本目的，从幼儿的实际水平和发展需求出发，设计出合理、有效、适宜的活动目标、活动内容、活动方法、活动策略以及有效的科学教育活动方案，用以指导幼儿园科学领域教育活动。

幼儿园科学领域教育活动实施是科学领域教育活动设计的执行和落实，是实现科学领域教育活动目标的关键环节。幼儿教师应遵循科学领域教育活动实施的六大基本原则：动手操作原则、主动探究原则、支架原则、联系生活原则、个别差异原则以及整合性原则来创设适宜的科学探究环境，与家庭、社区密切合作，有效促进幼儿全面和谐发展。

关键术语

幼儿关键经验　幼儿园教育活动的目标　幼儿园教育活动的内容　幼儿园教育活动的实施　幼儿园教育活动的原则

思考题

1. 谈谈你对幼儿园科学教育整合的理解和设想。
2. 以"学习工具"为题设计一个项目活动的思路。
3. 对本章中涉及的任一案例进行评析。
4. 思考幼儿园科学领域教育活动的其他实施路径。
5. 对目前当地幼儿园科学领域教育活动所存在的困难和问题进行调查，并思考制约幼儿科学领域教育活动有效开展的原因及对策。

技能训练

去往一所幼儿园，分别选择小班、中班、大班的一所班级，带领幼儿进行科学探究实验。

第六章 幼儿园数学教育活动的设计

学习目标

1. 了解幼儿园数学教育的含义、特点、目标及原则;
2. 掌握幼儿园数学教育活动的内容;
3. 能够设计并实施幼儿园数学教育活动。

导入案例

认识数字5

某幼儿园大三班的自由活动时间,卢老师给孩子们每人发了一张卡片,有的卡片上是黑色的圆点,有的上面是数字。卢老师请小伟说一说卡片上有什么(小伟的卡片上写着数字5)。卢老师让孩子们仔细看看自己手上的卡片,说:"还有谁的卡片能表示5,请和小伟站在一起。"这时,萱萱举手说:"我的卡片上有5个黑色的圆点,就是5。"她举起自己的卡片(卡片上有4个圆点围成一圈,中间1个圆点),她手指着圆点一个一个地数给大家看。萱萱又对旁边的瞳瞳说:"瞳瞳,你的卡片上也是5。"瞳瞳缓缓地站起来,举起自己的卡片,她的卡片上有两排圆点,第一排2个,第二排3个。卢老师微笑着说:"瞳瞳,你能数数你卡片上的圆点吗?"她指着盘子上的圆点开始数:"1,2,3,4,5。"卢老师追问:"几个圆点呢?"瞳瞳迟疑地望着卢老师,又开始数:"1,2,3,4,5。"

上述案例给了你怎样的启示?幼儿园教师应该如何设计和开展数学教育活动?在开展和实施幼儿园数学教育活动的过程中,幼儿园教师应该如何根据幼儿的现有发展水平实施数学教育?

第一节 幼儿园数学教育的理论阐释

幼儿园数学教育是什么呢?它具有怎样的特点呢?数学是一种高度抽象的知识,在人们日常生活之中处处可见。幼儿园数学教育要符合幼儿的身心发展特点。在幼儿阶段,掌握初步的数学知识和概念是十分必要的。

一、幼儿园数学教育概述

幼儿园数学教育是幼儿期重要的学习内容。幼儿园数学教育是儿童在与周围环境的互动中自发的或在成人的引导下习得数的知识技能,发展数学认知能力的过程。它将幼儿在生活中习得的经验与数量关系、空间形式等固定的程序结合起来,使得幼儿在自我建构的基础之上将经验与概念建立联系,以促进幼儿认知、情感、技能等方面的和谐发展。儿童数学概念是通过操作材料和动手活动而习得。这是目前幼儿数学的一个谜思。操作材料等于幼儿数学吗?幼儿园数学教育到底是什么?幼儿数学学习有什么特点?这些看似简单的问题需要教师不断地学习与探究。

(一)幼儿园数学教育的内涵

1. 数学教育

恩格斯说:"数学是研究现实世界中数量关系和空间形式的科学。"简单地说,数学是研究数和形的科学。它是人们对客观世界定性把握和定量刻画、逐渐抽象概括、形成方法和理论,并进行广泛应用的过程。数学可以帮助人们认识自然和社会,理解周围世界,促进人们有条理地思考,有效地进行表达和交流,培养实事求是的科学态度和勇于探索的创新精神,是人们的一种高尚的文化素养。

数学教育是一种社会文化现象，其社会性决定了数学教育要与时俱进，不断创新。数学教育中的教育目标、教育内容、教育技术等一系列问题都会随着社会的进步而不断变革与发展。数学教育改革的背景，至少有来自九个方面的考虑：知识经济、社会关系、家庭压力、国际潮流、考试改革、科教兴国、深化素质教育、普及义务教育、科技进步。

2. 幼儿园数学教育

幼儿园数学教育是教师有目的、有计划地向幼儿进行的数学教育活动。它是幼儿在教师直接或间接的指导下，通过他们自身的活动，对客观世界中的数量关系及空间形式进行感知、观察、操作、发现并主动探究的过程；是幼儿积累大量数学感性经验，主动建构表象水平上的初步数学概念，学习简单的数学方法和技能，发展初步逻辑思维能力的过程；是发展幼儿好奇心、探索欲、自信心，体验数学活动的愉悦性、趣味性的过程；是培养幼儿良好学习习惯的过程；更是发展幼儿热爱生活、勇于挑战、善于思考、勤于动手等良好品质的过程。

幼儿园数学教育作为教育活动的一个重要组成部分，包括以下四个基本要素：①对象：数学；②数学的学习者；③数学教师；④社会的因素，包括数学教育的目标和社会环境等。数学教育要紧密联系儿童的生活实际，从儿童的生活经验和已有知识出发，创设生动有趣的情境，引导儿童开展观察、操作、猜想、推理、交流等活动，使幼儿通过数学活动，掌握基本的数学知识和技能，初步学会从数学的角度去观察事物、思考问题，激发幼儿对数学的兴趣以及学好数学的愿望。

根据数学本身的特点，对幼儿开展数学教育具有两个方面的价值：一是思维训练的价值，由于数学是抽象的过程，学习数学实质上就是学习思维，特别是抽象逻辑思维的方法；二是数学教育能够培养幼儿解决问题的能力，特别是用数学方法解决问题的能力。

幼儿数学教育的总趋势是：重视数学学习的好奇心和探索精神；重视多种感官的操作活动；重视数学教学游戏化、多样化和具体化。幼儿数学教育应树立"以人为本"的发展观，选择适合幼儿发展的课程内容；建立"数学化"的动态观，培养使幼儿终身受益的品质；尊重幼儿天性，揭示数学学习的奥秘。幼儿数学教育应该尊重数学的传统，根据数学的发展规律，从重静态知识变为重动态知识、从重表征性知识变为重行动性知识、从重"掌握"知识变为重"建构"知识。

（二）学前儿童逻辑思维发展的特点

幼儿数学逻辑思维能力是幼儿在对数概念初步认识的基础上，对孩子进行一定的数学逻辑思维能力训练，用不同的教学方法让幼儿识别大小、多少、形状、颜色等，这些学习对于幼儿逻辑思维能力的培养都有一定作用。数学具有高度的抽象性和逻辑性，具备一定的逻辑思维也是幼儿学习数学的必要条件。那么，学前期的幼儿逻辑思维发展具有哪些特点呢？根据皮亚杰的理论，儿童的逻辑思维特点具体体现在以下几个方面。

1. 学前儿童逻辑思维的发展依赖于动作

幼儿与成人不同，他们逻辑思维发展的过程离不开动手操作。例如，幼儿在学习模式ABCABC时，教师需要让幼儿进行具体的操作，将实物按照ABCABC这种模式进行摆放，幼儿才能真正地了解并掌握这种模式。如果教师只是给幼儿播放视频，或者给幼儿示范而不让幼儿动手操作，那么幼儿的逻辑思维也难以得到进一步的提升。因为即便是让幼儿操作，他们也有可能出现错误，这就需要幼儿多次尝试。

学前儿童逻辑思维的发展是循序渐进的过程，皮亚杰认为，儿童的思维起源于动作，抽象水平的逻辑思维能力来自对动作水平进行具体逻辑意义的概括和内化。2岁前的幼儿只能依靠感知和动作来适应外界环境。随着年龄的发展，儿童开始从具体动作中解脱出来，幼儿头脑中完全达到一种逻辑的思考，大约在10岁以后。儿童依赖于具体的动作，正如组装电脑的过程一样，它需要熟悉说明书，进行一系列的操作，当这个过程不断地进行重复的时候，这个操作将会内化于头脑之中。只有幼儿将动作内化于自己的头脑之中，思维才能从不可逆转变为可逆，进而得到发展。可见，幼儿的逻辑思维发展离不开幼儿的具体操作。

2. 学前儿童逻辑思维的发展依赖于具体事物

学前儿童逻辑思维的形成和建立，不仅依赖于动作，同时还依赖于具体的形象。当幼儿对物体进行比较的时候，根据年龄的不同，使用的方法也不相同，但都依赖于具体事物。例如，教师告诉幼儿："小明有5个苹果，小红有3个苹果，我们猜一猜，谁的苹果更多？小明的还是小红的呢？"有的幼儿会将苹果一一摆好，上面放3个，下面放5个，这样能够很清楚地看到5个苹果多。有的幼儿可能会直接比较3和5谁更大，可以看出，直接比较3和5的幼儿与前者相比，逻辑思维发展更快。如果幼儿尚未理解数目守恒，将3个苹果和5个苹果按照不同的空间进行摆放，使得长度一样，往往容易产生错误的表象。笔者认为幼儿逻辑思维的发展依赖于具体事物，但是并不是说幼儿的逻辑思维是借助于具体事物和头脑中的心理表象发展起来的。只有幼儿真正地理解其含义，逻辑思维才能得到进一步的发展。表象是从属于思维的，如果幼儿看到这个错误的表象，但是没有正确的思维，就不能正确地理解，进而也无法产生正确的心理表象。幼儿期的心理表象属于思维的图像方面，而思维的运算方面才是构成逻辑思维的基础。

3. 学前儿童逻辑思维的发展依赖于社会性互动

人是社会关系的产物，所以人必须生活在一定的人际关系和社会环境当中。脑与认知科学的最新研究结果表明，数学认知是一个多成分、多系统的复杂的认知系统，它既以种系进化为基础，也与个体的发展和学习密切相关。人处于社会关系中，幼儿也不例外。研究也表明，幼儿的逻辑思维发展需要依赖其他个体、环境等多方面的影响。这就为幼儿的学习和发展提供了充分和必要的条件。个体在进行自我建构的过程之中需要与他人互动，学前儿童的逻辑思维发展也不例外，幼儿不是一个孤立的个体，他们需要与同伴、教师、家长等进行合作，在合作、分享的过程中建构自己的知识体系。社会性交往在一定程度上能给予幼儿更成熟的方式解决问题。当幼儿与比自己年长的幼儿一起玩积木的时候，年长的幼儿对其有一定的示范作用，同时也能为幼儿提供一种思路，从而促进其逻辑思维的发展。

4. 学前儿童逻辑思维的发展依赖于日常生活情景

儿童早期数学逻辑思维的发展离不开社会性互动，更离不开日常生活情景。为什么幼儿园注重环境的创设？因为对于年龄越小的幼儿来说，更注重创设更加逼真的环境。角色游戏大多数都是人们日常生活情景中所见到的。以上种种都是基于幼儿的逻辑思维的发展而采取的一系列措施。对于儿童来说，生活中处处都是数学，它存在于幼儿的整个生活中。例如，吃饭的时候，妈妈可能会问幼儿："宝宝，我们家有几个人啊？我们需要拿几个板凳啊？"这就运用到数学中的数概念。真实的生活情景更能激发幼儿的兴趣和积极性，激发幼儿主动建构知识，促进幼儿将新旧知识之间进行联系，进而加以整合。借助这种真实的生活情景发现问题、解决问题不失是一种很好地促进幼儿逻辑思维发展的方式。因此，提供这种较为真实的生活情景，同时能够自然地将其与幼儿的逻辑思维发展进行联系的方法是极其重要的。激发幼儿发现问题、提出问题、分析问题并解决问题不正是目前进行学前儿童数学活动所需要的吗？无论是教师，或是家长都需要给予幼儿真实的生活情景，培养幼儿的创新性、灵活性、逻辑性。

（三）学前儿童学习数学的心理特点

学前儿童学习数学需要具备一定的逻辑思维能力，同时还需要一定的心理支持。那么，学前儿童学习数学的心理特点有哪些呢？

1. 从具体到抽象

学前儿童数学的学习需要借助具体的事物，又容易受到具体事物的影响。数学是一个高度抽象的知识，需要摆脱具体事物的其他无关特征才能获得。幼儿学习数学的过程是从具体到抽象的过程，例如，小班的幼儿学习数概念的时候需要根据实物来学习，当教师问幼儿班里有几名老师的时候，幼儿往往说不出具体的数量，但是幼儿可以说出都有哪几个老师。随着幼儿年龄的增长，后期可以直接说出具体的数字。这也说明幼儿抽象能力的逐步提升，这种由事物的具体特征带来的干扰，也会随着抽象性质的理解而逐渐减少。

2. 从个别到一般

学前儿童学习数学的心理发展特点不仅要经历由需要依赖具体实物到逐渐形成抽象概念的过程，还存在一个从理解个别事物到理解一般和普遍意义的过程。例如，教师让幼儿区分三根短木棍和三根长木棍哪个多？有的幼儿会回答："3根长木棍多，长木棍更长，比短木棍长，它们就多。"此时，幼儿对3的理解往往停留在这一具体事物上，没有对3这个数字有一个正确的认识。随着幼儿对数学不断深入地学习，他们才能慢慢认识到3只是代表数量相同，而与物体的长短、大小等没有联系。此时幼儿已经开始学会理解一般和普遍意义，而不仅仅局限于具体事物的其他特征。

3. 从外部动作到内部动作

学前儿童学习数学的过程首先是从外部动作开始，由外部动作逐步向内部动作发展。以幼儿数概念发展中的计数为例，首先是一一点数，其次才是目测数。对于较小年龄的幼儿来说，他们更依赖于具体的实物操作，通过数物对应的方式来进行学习。随着幼儿年龄的增长以及其经验的不断积累，中班的幼儿已经可以在不受外在的干扰因素下正常计数。这种内部动作的发展离不开幼儿前期的经验积累以及借助实物进行数概念学习的外部动作。这就需要教师以及家长重视幼儿的心理发展特点，激发幼儿的兴趣，提供相应的操作材料。

4. 从同化到顺应

皮亚杰认为，同化指的是人们从外部世界获得信息，并且将它和自身既有的知识与行为进行同化的过程。顺应包括改变（适应）旧的图式来加工新信息和环境中的物体。通俗意义地讲，同化就是个体将外部环境纳入自己已有的认知结构中，顺应就是改变已有的认知结构，以适应环境。幼儿最初的学习往往是通过同化来获得，当用一种策略解决了某一问题的时候，下次遇到其他问题也会直接将这种策略应用到这一问题之中。如果问题得不到解决，幼儿就需要调整策略，这就需要幼儿改变原有的认知结构，用另一种有效的策略来解决问题。这是幼儿由同化到顺应的一个转变和发展。

5. 从自我中心到社会化

幼儿自我中心是幼儿判断和推理的特性之一，指幼儿只能站在自己的立场上看问题，不能站在他人的立场上看问题，也不会使自己的思想观点与他人相协调。在学前儿童的数学活动中，幼儿的思维发展水平不高，最初还是以自我为中心，最终需要"去自我中心"。这个过程就需要教师及家长的帮助，提供幼儿丰富的生活材料，给予幼儿更多与同伴交往的机会。

——【幼儿园教师资格证考试：真题·2019年上】——

小红知道9颗花生吃掉5颗还剩4颗，却算不出"9-5=？"。这说明小红的思维具有（　　）。
A．具体形象性　　　B．抽象逻辑性　　　C．直观动作性　　　D．不可逆性
参考答案：A

二、幼儿园数学教育的目标

教育的对象是人，它是一种有目的、有计划、有组织的社会实践活动。教育的实施以教育目

标作为导向，教育目标是教育的一种预期结果。那么，幼儿园数学教育目标的确立不仅体现了社会对幼儿园数学教育的要求，同时也要符合幼儿的身心发展特点和数学学科本身的逻辑。由此可见，幼儿园数学教育目标的确定是非常重要的。

（一）幼儿园数学教育目标制定的依据

1. 尊重儿童的发展特点

幼儿是幼儿园数学教育实施的对象，对幼儿的身心发展特点的了解是制定幼儿园数学教育目标的重要依据。首先，儿童身体的、社会的、情感的、认知的和道德的等方面的发展是一个整合性发展。各方面相互影响、互相促进、相辅相成。因此，幼儿的整体发展是制定幼儿园数学教育目标的重要依据。其次，儿童的发展有年龄特点和个别差异。同一年龄阶段的幼儿，由于遗传、家庭环境等方面的不同，其身心发展特点也有差异。不同年龄阶段的幼儿也有差异。因此，针对不同年龄阶段的幼儿制定适宜的目标也是必要的。

2. 重视社会要求

教育总是受一定的社会文化历史背景限制，一个国家的政治、经济、科学、技术文化等因素构成了影响教育目标制定的客观依据。《纲要》明确规定了科学（包含数学）领域的目标、内容、要求和指导要点，指出各个领域的内容要互相渗透，从不同角度促进学前儿童情感、态度、能力、知识、技能等方面的发展。《指南》也明确指出幼儿科学学习（包含数学学习）的核心是激发探究兴趣，体验探究过程，发展初步的探究能力。数学认知的目标是初步感知生活中数学的有用和有趣，感知和理解数、量及数量关系，感知形状与空间关系。由此可以看出，幼儿园数学教育目标的制定需要重视社会的要求。

3. 体现学科自身的特点

数学学科本身的知识体系、学科结构、学科学习规律、学科的教育价值等也有着重要的价值。数学不仅能发展幼儿的初步逻辑思维，还能培养幼儿良好的思维品质。再者，对幼儿的数学能力也有积极的促进作用，对幼儿的创新精神和毅力有一种潜移默化的作用。因此，幼儿园数学教育目标的制定也需要考虑到学科自身的特点。

（二）幼儿园数学教育目标的层次结构

1. 幼儿园数学教育的总目标

幼儿数学教育的总目标是幼儿数学教育总的任务要求，对年龄阶段目标、教育活动目标具有指导作用。根据《纲要》中科学领域的目标精神，幼儿数学教育总目标的具体内容包括以下四点。

（1）对周围环境中事物的数量、形状、时间和空间等感兴趣，有好奇心和求知欲，喜欢参加数学活动和游戏。

（2）能从生活和游戏中感受事物的数量关系，获得有关数、形、量、时间和空间等的感性经验，体验到数学的重要和有趣。

（3）学习用简单的数学方法解决生活和游戏中某些简单的问题，能用适当的方式表达、交流操作和探索问题的过程和结果。

（4）会正确使用数学活动材料，能按规则进行活动，有良好的学习习惯。

2. 幼儿园数学教育的年龄阶段目标

幼儿园数学教育的年龄阶段目标是从认知、情感与态度、动作与技能三个方面，根据小班、中班、大班幼儿不同的发展水平确立的，操作性较强。

（1）小班（3~4岁）数学教育的目标。

①愿意参加数学活动，喜欢摆弄、操作数学活动材料，能在教师的帮助下按要求取放操作材

料和进行活动。

②对生活中常见的各种物品的大小、形状、数量有兴趣，能感知5以内的数量。

③能按物体的外部特征进行分类。

（2）中班（4~5岁）数学教育的目标。

①能专心地进行数学操作活动，对自己的活动成果感兴趣；愿意并学习用适当的方法表达、交流自己操作、探索的过程和结果。

②能自己选择数学活动内容和按规则进行活动。

③能按物体的某一特征和数量进行分类。

④能注意和发现周围环境中物体的数量、形状、量的差异，以及它们在空间的位置等。

⑤能比较、判断10以内物体数量的多少；感受10以内相邻两数的大小关系。

⑥认识一些常见的平面图形。

（3）大班（5~6岁）数学教育的目标。

①能积极、主动地参加数学活动，遵守活动规则，会有条理地摆放、整理活动材料。

②能用适当的方式表达、交流数学操作活动的过程和结果。

③能倾听教师和同伴的讲话，能在教师的帮助下归纳、概括有关的数学经验，感受生活和游戏中事物的数量关系。

④能运用对应、比较、类推、分类统计等简单的数学方法解决生活和游戏中的某些问题。

⑤能按物体两个以上特征或从事物的多个角度进行分类。

⑥认识常见的立体图形，对平面图形间的关系能有所感受。

3. 幼儿园数学教育的活动目标

幼儿园数学教育的活动目标是指某一具体数学教育活动的目标。首先，幼儿园数学教育的活动目标应具体、可操作，并尽量用行动化的语言加以描述。这样可以使教师能够观察到幼儿掌握目标的情况，从而可以判断出幼儿的发展水平，进而能够提出适宜的活动目标。其次，在表述幼儿园数学教育活动目标时，既可以从教师的角度出发提出教育目标，也可以从幼儿的角度出发提出发展目标。例如，以教师的角度出发可以提出：培养幼儿5以内的计数能力。以幼儿的角度出发可以提出：能手口一致地点数5以内的物体。再次，幼儿园数学教育活动目标与活动的内容紧密联系。这就需要教师引导幼儿，激发幼儿的主动性和积极性。最后，幼儿园数学教育活动目标要与幼儿园数学教育总目标、年龄阶段目标一致，三者相互衔接，共同促进幼儿发展。

三、幼儿园数学教育的原则

幼儿数学教育的原则是指在对幼儿开展数学教育时应遵循的一些基本准则。这就需要关注幼儿的身心发展特点以及数学学科本身的特点来制定原则并实施。那么，幼儿园数学教育的原则有哪些呢？

（一）发展幼儿思维结构的原则

"发展幼儿思维结构"的原则，是指数学教育不应只是着眼于具体的数学知识和技能的教学，而应指向幼儿的思维结构的发展。

数学知识具有高度的逻辑性和抽象性，幼儿逻辑思维的发展对其真正理解数学具有重要的作用。例如，当幼儿还没有形成正确的逻辑顺序时，就很难理解4比3大，比5小。与此同时，幼儿对数学的学习也有利于其思维结构的发展。幼儿建构数学概念的过程和其思维结构的建构过程之间具有相当的一致性。

在幼儿日常的数学学习中，幼儿对具体的数学知识的掌握只是一种表面的现象，发展的实质在于幼儿的思维结构是否发生了改变。当教师直接将知识教给幼儿，幼儿看似掌握了相应的数学概念，实则只是按照教师的示范教学进行学习，并没有真正地理解。幼儿的思维结构也不会有所发展。教师需要真正明白幼儿需要的是什么，而不是一味地按照自己的方式将知识教给幼儿。只有当幼儿的思维同时得到发展，他们得到的数学知识才是最牢固的、不会遗忘的知识。正如一位儿童对皮亚杰所说的："一旦你知道了，你就永远知道了。"（当皮亚杰问一位达到守恒认识的儿童"你是怎么知道的？"时，该儿童说出了上面的话，皮亚杰认为这是一个绝妙的回答。）这就需要教师在传授数学知识和发展思维之间做出一定的选择。

（二）密切联系生活的原则

幼儿数学的学习与现实生活密不可分。幼儿生活中处处都是数学，幼儿直接经验的学习大多来自于日常生活，并且幼儿每天接触的各种事物都与数学中的数、量、形相关。比如，幼儿回答家里有几口人，就会涉及到数；学习用尺子量书本的长度时，就会涉及到量。学习七巧板的时候会涉及形状。幼儿不仅能接触到数学，同时也能灵活地运用数学来解决生活中的问题。这为幼儿学习数学提供了机会。与此同时，从数学学科本身的特点来看，现实生活也为幼儿抽象知识的学习提供了桥梁。当教师教授幼儿加减运算的时候，幼儿不一定能够理解，但是幼儿可能在生活中已经学习到并且应用到现实生活之中。这就需要教师联系幼儿实际生活，并且借助幼儿已有的经验，使抽象的数学概念建立在日常的生活经验之中。

数学教育要密切联系生活的原则，具体表现在以下三个方面。

（1）数学教育内容应和幼儿的生活相联系，要从幼儿的生活中选择教育内容。教师给幼儿的学习内容，不应是抽象的数学知识，而应紧密联系他们的实际生活。例如，在教数的组成的知识时，可以引入幼儿日常生活中分东西的事情，让幼儿分各种东西，这样他们就会感到比较熟悉，也比较容易接受数的组成的概念。

（2）在生活中引导幼儿学数学。数学教育除了要通过有计划、有组织地集体教学外，更要结合幼儿的日常生活，在幼儿的生活中进行教育。例如，在分点心时，就可引导幼儿注意，有多少点心、有多少小朋友、可以怎样分等。

（3）数学教育不仅要联系幼儿的生活，还要引导幼儿运用数学，让幼儿感受到数学作为一种工具在实际生活中的应用和作用。例如，幼儿园中饲养小动物，可以引导幼儿去测量小动物的身长。在游戏活动中，也可创设情境，让幼儿运用数学，如在商店游戏中让幼儿学习买东西、计算商品的价格等。这些实际上正是一种隐含的数学学习活动。幼儿常常在不自觉之中就积累了丰富的数学经验，而这些经验又为他们学习数学知识提供了广泛的基础。

（三）让幼儿操作、探索的原则

让幼儿操作、探索的原则就是要让幼儿通过自己的活动建构数学知识。幼儿对数学知识的建构也是其认知结构建构的过程。当然，幼儿认知结构的建构离不开主客体的相互作用，而这种作用具体地表现为幼儿操作物质材料、探索事物之间关系的活动。发展幼儿思维的根本途径就是让幼儿操作、摆弄具体实物，并促使其将具体的动作内化到头脑。仅仅通过记忆或训练达到的对知识的掌握，并不具备发展思维的价值。这就需要教师在实践中将活动主体交给幼儿，让幼儿动手操作。

（四）重视个别差异的原则

每个幼儿都有其自身的独特性。在数学活动中，幼儿也表现出个别差异。这种差异不仅体现在思维发展水平上,也体现在发展速度和学习风格上。作为教育者,应该考虑到幼儿的个别差异,了解每个幼儿的实际发展水平,利用最近发展区的相关知识给予幼儿帮助。例如,针对不同幼儿,设置符合他们实际能力的操作活动,有的幼儿缺乏实际的生活经验,需要教师提前让幼儿体验、设置熟悉的场景;有的幼儿动手操作能力比较弱,就需要教师在幼儿需要帮助的时机给予适当的指导。

第二节　幼儿园数学教育内容

数学教育内容是实现教育目标、完成教育任务的媒介和基础。因此,幼儿园数学教育内容的选择也变得十分重要。它不仅要符合儿童的认知发展特点和规律,也要遵循学科本身的要求,还需要适应社会的发展。

一、幼儿园数学教育内容选择的依据

(一)符合幼儿园数学教育目标的要求

[微视频]
幼儿园数学教育内容选择的依据

幼儿园数学教育内容的选择要根据《纲要》《规程》《指南》等的要求,兼顾多方面因素,促进幼儿的全面和谐发展及适应未来社会发展。这就需要在建构目标的同时考虑到:如何使数学教育促进儿童的全面发展?如何体现教育面向未来的思想?与此同时,科学合理地编排幼儿园数学教育的目标显得尤为重要。

(二)遵循数学知识本身的科学性、系统性

幼儿园数学教育内容的选择不仅要满足社会发展的要求,同时也要体现数学本身的特点。数学具有高度的逻辑性和系统性。为儿童提供数学教育时,应该从数、量、形、时间、空间各方面进行选择,由浅入深地选择和编排,在体现数学本身特点的同时,让幼儿学习数学知识。

(三)结合幼儿的认知发展特点和规律

幼儿的认知发展特点体现了幼儿的理解程度。幼儿园数学教育内容的选择既要符合幼儿现有的发展水平,又要具有一定的挑战性。幼儿的认知发展水平为儿童掌握初步的数概念提供了可能性,这是选择数学教育内容所必须考虑的一个因素。幼儿是学习的主体,因此,选择幼儿园数学教育内容必须符合儿童的认知发展特点和规律。

(四)联系儿童的生活经验与背景

数学来源于生活。对于儿童来说,离开了实物就不能解决问题,具体的生活环境为幼儿提供丰富的经验,使得他们的思维有所发展。所以幼儿园数学教育内容应结合儿童熟悉的生活内容和情境,这样能激发幼儿对数学学习的热情,从而深刻地理解和掌握数概念。

二、数量关系

(一)幼儿集合与模式的发展与教育

集合是现代数学的一个基本概念,也是幼儿学习数学、建立数概念的一个基础。学习集合有

利于幼儿思维结构的发展，有助于幼儿理解数学知识。

1. 关于集合与模式的基本知识

（1）集合及其元素。

①集合的含义。集合是指具有某种相同性质的事物的总体。如将香蕉、苹果、橘子、梨、葡萄等放在一起，称为水果的集合；将五朵花、五本书、五个杯子等五个相同的物体放在一起，称为5的集合。

②集合中的元素。集合的元素是指组成集合的每一个对象。例如，葡萄是水果这一集合中的元素。集合中的元素具有三个特点：确定性，即一个集合中的元素都是确定的，也就是说，任何一个元素都确定属于某一个集合。例如，鼻子、眼睛、腿都属于身体部位集合中的元素，而不是水果集合中的元素；互异性，即集合中任何两个元素都是可以区分的。例如，蔬菜集合中的元素可以是胡萝卜、白菜、青菜，但是不可以是胡萝卜、白菜、青菜、青菜；无序性，即无论同一个集合中元素的顺序怎样变动，只要元素相同，就仍是同一个集合。例如，黑、白、灰这三个元素形成的集合与白、黑、灰组成的集合是相同的。

③集合的表示法。集合的表示法是指将一个集合表示出来的方法。集合的表示方法一般有列举法、描述法、集合文氏图法（又称韦恩图法）。

列举法，指将集合中的所有元素一一列举出来，写在{}里。例如，5以内的单数集合可以表示为{1，3，5}。

描述法，就是把集合中元素的共同属性或所满足的条件用文字、符号描述出来，写在{}里。例如，由2，4组成的集合可以表示为{5以内的双数}。

集合文氏图法，即把集合中的元素用一条封闭曲线圈起来，用以表示集合。例如，菠萝、桃子、葡萄组成的集合可以如图6-1所示。

④集合之间的关系。集合之间存在一定的关系，比如包含关系和相等关系。这样便出现了子集、并集、交集和补集。子集，指就A，B两个集合而言，如果集合A的任何一个元素都是集合B的元素，那么A就叫作B的子集。任何集合都是其本身的子集。交集，针对A，B两个集合之间的关系而言，集合A与集合B的交集是指同时属于A，B两个集合的元素所组成的集合；并集，集合A与集合B的并集是指A，B两个集合中的所有元素所组成的集合；补集，集合A的补集是指所有不属于A集合的元素所组成的集合。

（2）模式及其基本特性。所谓模式，是指客观事物和现象之间本质、稳定、反复出现的关系，它反映的是对事物和对象的具有隐蔽性、抽象性的规律特征的认识。它是一种有规则的序列。例如，在日常的穿珠子活动之中，按照"黄色，红色，黄色，红色，黄色，红色……"顺序排列，这种"ABABAB"的排列就是一种模式。模式的类型也有很多种，按照模式组成的基本单元来划分，可以划分为重复性模式和发展性模式两类；按照组成模式的载体不同来划分，可以划分为实物模式和符合模式两种。

模式有两个根本特性：重复性和可预测性。重复性，指由相同的单元或按照同一规律发展变化的单元构成。例如，模式"ABCABCABC"就是由相同单元ABC构成。通过重复性就可以预测之后的发展变化。可以看出，重复性是可预测性的前提和基础。

图6-1 菠萝、葡萄、桃子的集合

2. 幼儿集合概念发展的阶段

（1）笼统知觉集合阶段。2~3岁的幼儿对集合的感知通常是没有明显的集合界限的，他们还不能精确地意识到集合中元素的数量，对元素的知觉也是笼统泛化的。例如，从幼儿摆放的一堆珠子中拿走一个或者两个，他们往往不能察觉到数量上的变化。

（2）感知有限集合阶段。3岁以后的幼儿逐渐能够在集合的界限以内感知集合了。但是注意力往往集中在集合的界限上，也就是说，此阶段的幼儿开始注意到集合的两端，即第一个和最后一个，对处于集合中间的元素往往忽略不看。例如，让幼儿给五朵花染色，幼儿只给第一朵花和最后一朵花染色，中间的三朵花都没有被染色。这就要求教师针对该年龄阶段的儿童设置合适的数学活动，重点关注幼儿的这一特征。

（3）感知集合元素的阶段。4岁左右的幼儿一般已经能够把一个集合的元素与另一个集合的元素进行一一对应地摆放，并能不超过集合的界限，逐步达到准确地一一对应。这也说明了这一年龄阶段的儿童已经能够注意到集合中元素的个数。

（4）感知集合的包含关系的阶段。5岁之后的幼儿对全集与子集包含关系的理解有一定的发展与提高。5岁之前幼儿对两者包含关系的理解有一定的困难。例如，教师在数学活动时摆放了4个红色卡片，2个蓝色卡片，问幼儿："卡片多还是红色卡片多？"，幼儿回答："红色卡片多。"到了5岁之后，幼儿回答正确率有显著的提升。

3. 幼儿模式概念发展的阶段

根据皮亚杰的研究，将儿童模式概念的发展划分为六个阶段：第一阶段是描述顺序，指儿童能按照事物之间的大小、颜色、图形、数量等关联来理解和辨识事物间的顺序。第二阶段是描述和建构线型模式，指儿童对曲线、型线、直线、环型线或宽线、细线组成的线型模式的理解、辨识和创建。第三阶段为复制一个次序，指按照事物之间已经存在的顺序规则来进行复制，使事物间的连接关系继续保持下去。第四阶段为创建一个次序，即创建一个顺序规则并按这种顺序规则将多种事物连接组合。第五阶段是构建一个模式，即在创建一个次序的基础上反复地按一定规律复制该次序，形成一个模式。第六阶段为认识循环模式，循环模式是一种封闭型的模式，其特点是模式中的顺序规则是不间断的。可以永远地循环往复下去。在以上六个阶段中，前一阶段是后一阶段的基础，后一阶段是前一阶段的发展。

4. 各年龄阶段幼儿集合与模式的数学教育内容

由于不同年龄阶段的幼儿所要达到的集合与模式活动的目标不同，相应地，不同年龄阶段幼儿的集合与模式活动的内容也有所差别。

（1）3~4岁幼儿集合与模式活动的内容。
①能根据物体的某一外部属性特征进行匹配。
②能按照物体的某一种外部属性特征（如颜色、大小、形状、种类等）给物体分类。
③能对数量差异明显的两个集合进行多少的比较。
④能识别所提供物体的排列模式，如ABABAB模式、AABBAABB模式。
⑤能对所提供的简单模式（如ABABAB模式）进行复制。

（2）4~5岁幼儿集合与模式活动的内容。
①能按照功用给生活中常见的物体分类，如给文具和玩具分类。
②能从不同角度给同样的物体进行分类。
③能尝试说出分类的理由。
④能对数量在10以内的两个集合进行多少的比较。
⑤能识别相对复杂的排列模式，如ABCABCABC模式、AABAABAAB模式、ABBABBABB模式等。

⑥能对所提供的相对复杂的模式进行复制和扩展。
⑦能发现并说出环境中事物排列的简单规律，如衣服上的条纹是按红绿红绿的规律排列的。
（3）5~6岁幼儿集合与模式活动的内容。
①能按照给定的标准（概念水平）给熟悉的物体分类，如给蔬菜和水果分类。
②能按照物体的两种及两种以上属性特征给物体分类。
③能按照某一特征的肯定与否定进行分类。
④能认识构成模式的单元，如出示一排ABBABBABB模式的物品，能指出该模式的核心单元是ABB。
⑤能运用不同的方式和材料（图画、实物或动作等）表征有规律的模式。
⑥能运用所提供的材料自己创造一定的模式规律。

（二）幼儿数概念与运算的发展与教育

1. 关于数与运算的基本知识

（1）数。在自然界中，数可以用来表示客观世界中各种事物的量，量的结果可以用数字来表示。但作为一种符号，它也带有明显的抽象性和概括性。

①自然数和自然数列。自然数的概念由古至今，是在长期的生活与生产劳动的过程中逐渐形成的。在自然数中，最小的数是"1"，被称为自然数的单位。那么，从"1"开始，逐次添加一个单位，如此依次排列的所有自然数所组成的排列就称为自然数列。

②零和扩大的自然数列。零不是自然数，自然数列中也不包括零。零可以表示集合中一个元素也没有，即空集合。零比任何自然数都小，如果把零放在自然数列的前面，就可得到一个扩大的自然数列。

③基数和序数。基数，即用来表示集合中元素个数的数。例如，幼儿数有几个杯子，一共5个。那么5就是基数。序数，即用来表示集合中元素排列次序的数。又如，幼儿用语言描述小猪的房子在第3层的时候，这个"3"代表的就是序数的含义。

（2）计数。所谓计数，就是将具体集合的元素与自然数列里从"1"开始的自然数之间建立起一一对应关系；也称为数数，即口说数字、手点实物。正确数数要遵循五条原则：一一对应原则、固定顺序原则、基数原则、抽象性原则、顺序无关原则。以上五条原则是正确计数的前提与保障。

（3）数的组成。数的组成是指数的结构，包括组合与分解两个过程。数的组合指除了1以外的任何一个自然数都是由两个或两个以上的部分数组成的；数的分解指除了1以外的任何一个自然数都可以分成两个或两个以上的部分数。数的组成反映了总数与部分数及部分数之间的辩证关系。

（4）数的运算。数的运算包括加法运算和减法运算。加法，即求和的运算，例如，求"3+2=?"答：3+2=5。这就是求和运算。幼儿学习的加法运算主要涉及两个数合并成一个数的运算；减法，即指从一个数中去掉一个部分数，求剩余数。例如，树上有5颗桃子，猴子吃了2颗桃子，树上还剩几颗桃子？即5-2=3，树上还有3颗桃子。

2. 幼儿计数能力的发展特点

幼儿计数能力标志着儿童对数的实际意义的理解程度。计数也是幼儿数概念形成与发展的一个重要方面。幼儿计数能力的发展主要有以下几个方面。

（1）口头数数。口头数数，指口头按自然数顺序来数数的能力。在日常生活中，常常听到3岁左右的幼儿凭着机械记忆将自然数背诵出来。但是幼儿并没有真正理解自然数的意义，仅仅是口头上的唱数。即使是这样，口头数数对幼儿的数学学习的发展也是有着积极的作用。

（2）按物点数。按物点数，指用手逐一点物体，同时有顺序地逐个说出数词，使说出的每一个数词与手点的一个物体一一对应。幼儿通过手、脑、口等共同参与的同时锻炼了思维,它是口头数数之后需经历的必要过程。

(3)说出总数。说出总数,指计数过程中按物点数后,能将说出的最后一个数词来代表所数过物体的总数。幼儿一旦能够手口一致点数并说出总数,就标志着他已经开始理解数的实际意义。例如,有的幼儿在数完5个数之后,回答的数字是6,这就说明幼儿还没有理解其意义。

(4)按群计数。按群计数,指计数时不再依赖一一点数的方式,而是以数群为单位,如三个三个数,四个四个数等。一般在5岁以后,幼儿才逐渐发展起按群计数的能力。这表明幼儿具备了一定的抽象水平,不需要用实物来确定物体数量。

---【幼儿园教师资格证考试:真题·2019年下】---

下列幼儿行为表现中数概念发展最低的是( )。
A. 按数取物　　　B. 按物说数　　　C. 唱数　　　D. 默数
参考答案:C

3. 各年龄阶段幼儿数概念与运算的数学教育内容

(1)3~4岁幼儿数概念与运算活动的内容。
①能进行10以内的唱数。
②能通过点数说出10以内物体的数量。
③能采用目测的方式直接说出3以内物体的数量。
④能根据所出示物体的数量(5个以内)从一堆物体中拿出数量相等的物体。
⑤能认识10以内的数字。

(2)4~5岁幼儿数概念与运算活动的内容。
①能进行20以内的唱数。
②能进行10以内的倒着数、接着往下数。
③手口一致点数15以内物体的数量。
④能理解10以内基数的含义,会按物取数和按数取物。
⑤能运用图画或其他符号表示10以内的数量。
⑥能指出一排物体(10以内)中任意一个物体是第几个。
⑦理解日常生活中常见的数字符号所表达的意义,如电话号码、门牌号码、星期几。

(3)5~6岁幼儿数概念与运算活动的内容。
①能不受物体摆放形式的影响,通过点数说出20以内物体的数量。
②能按群计数,如用两个两个数或五个五个数的方式。
③能用书面数字符号正确表示10以内的数量。
④理解日常生活中数字符号所表达的不同意义,如年月日、钟表上的时间、温度计、钱币等。
⑤能进行10以内数的分解与组合。
⑥能够用算式来表示生活中遇到的数量变化和加减问题。例如,用2+3=5来表示2个糖果和3个糖果放在一起的事情。
⑦能对一定数量的物体进行等分,如二等分和四等分。

三、幼儿空间关系的发展与教育

（一）关于空间的基本知识

1. 空间形体

数学是由数与形两个部分构成。认识几何形体是幼儿数学教育的重要内容，为幼儿之后的数学学习打下基础。几何图形是指点、线、面以及它们的集合。几何形体又包括平面图形和立体图形。其中平面图形包括圆形、正方形、三角形、长方形、椭圆形、梯形；立体图形包括球体、圆柱体、长方体和正方体。在涉及空间形体的相关概念中，等分也是一个重要的学习内容。等分就是把一个整体分成几个相等的部分。学前期的幼儿主要学习二等分和四等分。

2. 空间量

量是指客观世界中物体或现象所具有的可以定性区别或测定的属性。它包括连续量和不连续量。学前期的幼儿初步接触的是一些连续量，例如，大小、多少、长短、高矮、粗细等。

空间量除了量以外，还包括测量和自然测量。测量，即把待测定的量同一个作为标准的同类量进行比较的过程；自然测量，指利用自然物（如虎口、臂长、小棒等）作为量具来测量物体的长短、高矮、粗细等。

3. 空间方位

任何客观物体都存在于一定的空间中，并且同周围的其他物体存在着空间上的相互位置关系，即物体的空间方位关系。一般用上下、前后、左右来表示。人在空间方位的定向问题就涉及空间方位的辨别。空间方位的辨别，指人对客观物体在空间中所处位置关系的判断，即位置定向。物体位置的辨别需要有一个基准，即以什么为基础来确定客体的空间位置。空间位置关系具有相对性、可变性、连续性的特点。对幼儿数学概念的发展具有重要意义。

（二）幼儿空间概念的发展特点

1. 认识空间方位的顺序是从上下、前后到左右

幼儿认识空间方位的顺序是由空间方位的复杂性决定的。由于上下的空间方位有明显的参照物，而前后、左右都具有相对性，相较于前者而言，后者更复杂，幼儿较难掌握。例如，云在上，地在下，这是永恒不变的。而前后就会随着参照物及幼儿自身的动作、位置的变化而变化。

2. 判断空间方位从以自身为中心到以客体为中心

人们在判断空间方位时，会采用两种参照体系：一种是以主体（自身）为参照基准，判断客体相对于主体的空间位置关系；二种是以客体为参照基准，判断客体相互之间的空间位置关系。幼儿在辨别空间方位的时候，首先从自身开始并以自身为参照来辨别自身和周围客体的方位。之后逐渐过渡到以客体为中心辨别其他物体的位置关系。

3. 认识空间方位的区域由近到远扩展

幼儿认识空间方位的区域由近到远不断扩展。例如，年龄较小的幼儿在辨认距离自己较近距离的物体的时候，不会将自己左前方的物体归为前方，随着幼儿年龄的增长，年龄较大的孩子才开始意识到并且辨别出离自身较远的上下、前后或左右的空间方位，同时对位于主体斜前方（后方）或偏左（右）的客体位置能够正确地进行辨别。

（三）各年龄阶段幼儿空间的数学教育内容

1. 3～4岁幼儿空间活动的内容

①能认识并区分圆形、正方形和三角形。

②在提供一种几何形状轮廓图的情况下，用至少3块几何形状拼板拼出这个简单图形。
③能正确区分上下、前后、里外的方位。
④能按含有方位词（上下、前后、里外）的指令行动。
⑤能用直接比较的方法判断两个物体的大小、长短、高矮。
⑥能在比较的基础上给3~4个物体按照量的差异特征（如大小、长短、高矮）排序。

2. 4~5岁幼儿空间活动的内容
①能认识并区分长方形、椭圆形、半圆形、梯形。
②能借助几何形状组合范例图，用拼板拼出这个组合图形。
③在提供一种几何形状轮廓图的情况下，用至少5块几何形状拼板拼出这个简单图形。
④能辨认简单图形（如长方形、三角形、梯形等）改变方位后还是同一种图形。
⑤能区分远近、中间、旁边的方位。
⑥能按（远近、中间、旁边）的指令行动。
⑦能用简单的方位语言描述位置。如小鸟在树的上面；我站在红红前面等。
⑧会用直接比较的方法判断物体的粗细、轻重、厚薄、宽窄等。
⑨能在比较的基础上给5~6个物体按照量的差异特征（如粗细、轻重、厚薄、宽窄）排序。

3. 5~6岁幼儿空间活动的内容
①能认识并区分球体、正方体、长方体和圆柱体。
②能认识并找出平面图形和立体图形之间的关系。如圆形和圆柱体。
③能用小几何图形（正方形、长方形、三角形等）拼成一个大几何图形。
④能以自身为中心区分左右的方位。
⑤学习用方位语言描述简单的路径。如：向前走到玩具店，往左拐，再往前走，就到学校了。
⑥能在比较的基础上给7~8个物体按照量的差异特征（如高矮、宽窄、粗细等）排序。
⑦能在比较过程中体验量的相对性。如记号笔比铅笔粗，比胶棒细。
⑧能在比较过程中体验量的守恒。如一块方形的橡皮泥捏成长条后，重量不变。
⑨能用生活中的物体作为工具进行简单的测量。如用绳子、扭扭棒、手掌等作为量具测量桌子的长度。

四、幼儿时间关系的发展与教育

1. 关于时间的基本知识
时间是物质运动变化过程的持续性和顺序性。例如太阳的升与落。时间与幼儿的生活密切联系。幼儿对时间的认识有利于其知觉的发展和抽象思维水平的提高。时间具有流动性、不可逆性、连续性、均匀性、无直观性、相对性的特点。教幼儿认识时间也要基于以上特点，遵循幼儿身心发展规律。

2. 各年龄阶段幼儿时间的数学教育内容
（1）3~4岁幼儿时间活动的内容
认识"早、中、晚""白天与黑夜"。
（2）4~5岁幼儿时间活动的内容
认识、区分"昨天、今天和明天"。
（3）4~5岁幼儿时间活动的内容
认识"年、月、四季、星期"以及"时钟（整点与半点）"。

第三节　幼儿园数学教育活动的实施

所谓教育活动设计，是指依据一定的教育目标，选择一定的教育内容和形式，对儿童施加教育影响的方案。幼儿园数学活动的设计也要依据一定的原则、遵循幼儿身心发展规律。幼儿园教育活动的实施是将经过编制的幼儿园课程和经过设计的幼儿园活动付诸教育实践的过程。幼儿园教师是幼儿园教育活动的实施者，是执行、调整和进一步开发教育活动的操作者。

一、数量关系教育活动的设计与实施

（一）有关幼儿集合概念的设计与实施

1. 分类

（1）概念。分类是把相同的或具有某一共同特征的东西归放在一起。如对水果进行分类，就是把苹果、梨、葡萄等分别归放在一起。因为幼儿分类能力的发展具有阶段性，进行幼儿园分类教学时应按照幼儿的年龄特点来选择。

（2）常见的分类形式。

①按物体的名称分类，把相同名称的物体放在一起。

②按物体的外部特征（颜色、形状）分类。

③按物体量的差异分类，即按物体大小、长短、粗细、厚薄、宽窄、轻重等差异分类。

④按物体的用途分类，如毛巾、茶杯、牙刷归成一类，都是生活用品。

⑤按物体的材料分类，如布做的娃娃、小衣裤分为一类。

⑥按物体的数量分类，如把数量只有一个的归为一类，把数量为两个的归为一类。

⑦按事物间的关系分类，如将小兔与萝卜归在一起，体现动物和食物的关系。

⑧按事物的其他特征分类，还可以引导幼儿找出事物的其他特征与属性进行分类，如按表情、动作等分类。

（3）分类教学中的注意点。首先，充分利用自然条件和日常生活情境。幼儿的分类活动与日常生活紧密联系，因此，对幼儿的分类教学来说，要渗透到日常生活和自然环境之中。例如，利用幼儿日常所穿的袜子进行分类教学。首先，引导幼儿在日常生活及一日活动之中养成良好的生活习惯。其次，提倡并鼓励幼儿交流分类的结果。幼儿通过动手操作和语言表达促进其抽象思维水平的提高。最后，扩展幼儿有关分类的标准，尝试多种分类形式。多维度的扩展能够使幼儿的经验更加丰富，逻辑能力有所提高。

2. 区别1和许多

"1"是最小的自然数，"许多"表示集合中有两个以上的元素。区别1和许多需要幼儿感官参与，在活动中寻找比较，教师设置游戏情境。为幼儿提供充足的材料和环境，幼儿通过直接地参与和比较获得1和许多的知识。对于年龄较小的幼儿来说，创设真实的环境更能调动幼儿的积极性，从而获得相应的经验。

3. 一一对应

一一对应指的是不通过数数的方式和手段，借助于对应比较来确定两组物体的相等与不等。一一对应有助于幼儿对元素及数量的正确感知，为幼儿掌握计数打下基础。教师可以通过重叠比较、并放比较、连线比较、游戏活动中比较的方法对幼儿进行一一对应活动的教学。这使幼儿更加直观地比较两种物体的不同。

（二）有关幼儿模式概念的设计与实施

模式学习活动设计需要合理、巧妙地利用生活情景和故事情景，除此之外，教师要根据幼儿的身心发展特点有序地体现模式能力发展的渐进要求，关注模式的多样化的表征。巧妙地结合日常化的情景和一日生活的各个环节渗透模式教学。针对幼儿不同年龄的发展特点设置不同类型的模式，促进幼儿抽象思维水平的提高。

（三）有关幼儿数概念的设计与实施

幼儿数概念的发展包括10以内的数、计数、数字和数的组成四个部分。幼儿学习的10以内的数主要包括基数和序数。基数的教学主要涉及认识相邻数、区别单双数以及认识零。教师在设计活动时尽量采用多种教学形式和手段，通过具体物的演示进行正确的归纳，同时融入幼儿的日常生活。在进行序数的教学中，教师需要帮助幼儿明确方向，采用多种样式的排列帮助幼儿理解序数的含义。计数是幼儿数概念发展的一个重要方面，它包括点数、目测数、按群计数，这是一个由浅入深的发展过程。教师需要呈现不同的计数材料，促进幼儿计数能力的发展。

（四）有关幼儿运算概念的设计与实施

运算是幼儿期学习数学的重要内容。幼儿运算的内容有实物加减运算、口述应用题和列式运算三个部分。教师在实施实物加减运算的活动时，需要通过演示和运算方法来教授给幼儿，借助直观的材料明确题意。口述应用题是大班幼儿数学教学中有效锻炼逻辑思维能力的重要内容，教师需要从不同的角度入手，如从结构的角度入手、读题的过程入手、仿编入手等。最后，关于列式运算的教学，设计教学活动时要注重图片的展示，通过图片让幼儿清晰明了。

示例

中班数学活动：9的形成

【活动目标】

1. 通过引导幼儿观察，使幼儿清楚地感知到8添上1是9，并能用语言加以描述，学习9的形成。
2. 培养幼儿认真倾听、细心操作的习惯。

【活动准备】

教具：挂图（苹果树，树上挂着8个红苹果，8个青苹果），磁性大红苹果1个，大绿苹果1个。数卡1~9。

学具：雪花片。

【活动过程】

一、复习8以内的形成

1. 拍手游戏。
2. 看数字做动作。（教师出示数字1~7，幼儿根据数字做相应数量的动作）
3. 接着说、数。（教师随意说数字，幼儿接着说下去）

二、学习9的形成

1. 出示挂图，问：图上有什么？（幼儿说完后，集体点数验证，可以引导幼儿用目测后接着数的方法去点数）8个红苹果、8个绿苹果可以用数字几来表示？（教师给予匹配

数字8）

　　2. 有的苹果被叶子遮住了，小朋友看看遮住的是什么苹果？（引导幼儿说出1个大红苹果和1个大青苹果）。

　　3. 现在有几个红苹果、几个青苹果了呢？9个是怎么变成的呢？（引导幼儿完整说出8个红苹果添上1个青苹果是9个苹果，8添上1是9，8比9少1，9比8多1)。

三、幼儿操作，进一步巩固9的形成

　　1. 幼儿看数字取相应数量的雪花片。

　　2. 看会变的数卡取放相应数量的雪花片，从而进一步感知8、9的数量关系。

四、收拾用具后结束本次活动

示例

中班数学活动：比较数的多少

【活动目标】

　　1. 引导幼儿继续学习用目测方法正确判断7以内的数量。

　　2. 教幼儿认识7以内自然数列中相邻两数间的数差关系。

【活动准备】

　　教具：数字卡1~7、数量为3~7的圆点卡片。

　　学具：添画圆点和数字作业纸人手一份。

【活动过程】

一、开始部分

　　1. 认读数字1~7。

　　2. 看数字快速做动作。（教师分别出示数字1~7，请幼儿快速认读数字并用手做出相应数量的动作。）

二、集体活动

　　1. 目测数群。（出示数量为3~7的圆点卡片）

　　小朋友们，看，黑板上有什么？每张圆点卡的数量一样多吗？（不一样。）各有多少呢？（请幼儿分集体活动个别的形式分别目测各张圆点卡的数量。）

　　2. 按序排列点卡并匹配数字。

　　每一张圆点卡的数量都一样，请一个小朋友按从多到少的顺序来给这些圆点卡排队。想一想哪张排在最前面，接下来排哪一张呢？

　　（请一个幼儿操作，要求其他小朋友认真看。）

　　圆点卡已经按从少到多的顺序排好队了，现在要请一个小朋友来给每张圆点卡配上相应的数字。

　　集体验证操作结果："3、4、5、6、7，按从小到大的顺序排的队。"

　　3. 引导幼儿观察理解相邻两数间的关系。

　　现在，我们一起来看看这些排列好的数字，3的后面是数字几？4比3怎么样？（4比3多1。）那3比4呢？（3比4少1。）

　　（按这样的方法带领幼儿比较7以内相邻两数之间的关系。）

　　教师小结：如果数字是按顺数依次排列的话，那排在它后面的一个数都要比前面一个数多1，排在它前面的数都要比它少1。

三、幼儿操作

1. 教师演示并讲解作业要求。

请小朋友们看黑板上这些圆点的排序，在两排圆点中间有一个空白的地方，你觉得空白的地方应该画上几个圆点呢？你是怎么知道的？

那这些数字呢？空白的地方又应该写上数字几呢？你是怎么知道的？

2. 老师给每个小朋友准备了一张这样的作业卡，请你们看清楚你的作业卡上都有数量是多少的圆点或是都有哪些数字，它们是怎样排的，在空白的地方应该画上几个圆点或写上数字几？

3. 幼儿操作，教师巡回观察并指导。

四、结束部分

1. 教师评价幼儿。

2. 组织幼儿收拾材料。

二、空间关系教育活动的设计与实施

幼儿的空间教学活动的设计和实施主要从平面图形、立体图形、空间量入手，幼儿认识图形主要通过视觉、触摸觉来感知实物。教师要引导幼儿抚摸物体的各个方位，可以采用重叠比较的方式让幼儿认识图形。采用不同的操作形式让幼儿感知和熟悉物体的空间结构。例如涂色、折叠、分类、寻找、点数、拼搭等。空间量的比较和判定在不同的年龄阶段可作不同的要求：小班一般可以进行长短和大小量的比较；中班可以进行高矮、粗细、厚薄、宽窄等量的比较；大班则可以进行自然测量方面的教学。在量的比较和排序方面，序列的数量应体现由少到多，循序递增。主要包括量的比较、量的排序、体验量的守恒和学习自然测量四个方面。教师在进行空间量的设计与实施时，可以通过目测比较、触摸觉比较、运动觉感知比较等方式，通过游戏巩固对量的认识。

示例

小班数学活动：神奇的魔术师

【活动目标】

巩固对三角形、圆形、正方形的认识。

【活动准备】

1. 魔术师的衣服、帽子各一件，三种图形卡片各一张，头饰各一个。

2. 不同表情的三种图形卡通挂饰每人一个，三种图形的彩色卡片若干（粘在"图形妈妈"身上），三种图形的标志牌各一个。

3. 户外布置好"小商场"，三种不同形状的实物若干。

【活动过程】

（一）以变魔术的游戏形式导入，激发幼儿兴趣

1. 老师打扮成魔术师的样子对孩子们说："我是神奇的魔术师，我能变出很多很多的东西，看我变变变！"（边说边转一圈，从袖子里拿出三角形。）

提问：（1）我变出了什么？（2）三角形有几条边？（伸出手点数）（3）你见过什么东

西是三角形形状的？

　　2．用同样的方法，从左兜里变出正方形，提问相似问题。

　　3．用同样的方法，从右兜里变出圆形，提问相似问题。

（二）进行游戏：图形娃娃找家

　　1．以魔术师的身份变出图形娃娃，送给孩子们。

　　师：我的本领可大了，还能把你们变成图形娃娃，看我变变变（从隐蔽的地方拿出卡通图形娃娃挂饰，让幼儿辨认形状），你喜欢哪一个就自取一个挂在脖子上，自己摸一摸，看一看，你是什么形状的娃娃。

　　2．变出"图形妈妈"。

　　（1）师：图形娃娃也有自己的妈妈，你们愿意和自己的妈妈一起做游戏吗？妈妈在哪儿呢？看我变变变（从屏风后面拉出头戴三角形头饰，身上粘有三角形标志的"妈妈"）。

　　图形妈妈：我是三角形娃娃的妈妈，我的孩子们，你们在哪儿呢？（三角形宝宝跑到妈妈身边，大声地说：我在这里。）

　　（2）用同样的方法变出"正方形妈妈"，引导幼儿找自己的妈妈。

　　（3）用同样的方法变出"圆形妈妈"，引导幼儿找自己的妈妈。

三、时间关系教育活动的设计与实施

　　幼儿对时间的认识受实际生活经验的影响。随着幼儿年龄的增长，生活经验的积累，教师可以借助日常生活经验与认识，通过幼儿的回忆进行设计。进行多次的演示讲解，总结相关特点和规律，让幼儿练习、巩固，进而达到熟悉理解的程度。教师应该将时间自然渗透到数学教育活动之中，联系幼儿的生活经验，帮助幼儿去感知和理解时间。启发幼儿进行思考，鼓励幼儿自己提出问题，解决问题。

示例

大班数学活动：珍惜时间

【活动目标】

　　1．体会一分钟的长短，知道时间的价值，初步树立时间概念。

　　2．初步感受时间是流逝的，是一去不复返的，懂得遵守时间的重要性。

　　3．学习制订作息时间计划，并能按计划执行，养成做事情不拖拉的好习惯。

【活动准备】

　　1．故事《一分钟》的PPT课件。

　　2．“一分钟能干什么”预测表人手一张、笔人手一支。

　　3．作息时间计划表7张。

【活动过程】

一、在理解故事中初步感受时间

　　1．故事《一分钟》导入。

　　2．分析故事，初步感受时间是流逝的，是一去不复返的。

　　教师：为什么元元只是在床上懒了一分钟，最后到学校却迟到了20分钟？（因为元元太懒了！因为元元碰到了红灯！因为元元没有挤上公共汽车。）

3. 出示图片，了解元元晚起床一分钟导致的后果。

晚起床一分钟→十字路口遇红灯耽误时间→没赶上公共汽车走着上学，耽误时间→上课迟到20分钟。

二、在操作和实验中真正体会了一分钟时间的长短，让幼儿懂得珍惜时间

1. 猜测一分钟可以做哪些事情？

教师：你们猜猜一分钟的时间能做什么？

2. 认识记录表。

教师：把猜测的结果用记录表记录下来。

3. 验证一分钟到底可以做哪些事情。

（1）教师：你们说的事情一分钟的时间能完成呢？老师帮助你们计时，你们来试验一下，好吗？

（2）教师：如果能够完成的请在后面的格子里打钩，如果不能完成请打叉。

（3）幼儿验证并且记录。

（4）幼儿交流自己记录的实验结果。

4. 小结：一分钟的时间原来可以干这么多事情，我们小朋友生活中一定要珍惜每一分钟的时间。

三、制定作息时间计划表，养成遵守时间的好习惯

1. 激发幼儿制定作息时间表的兴趣。

教师：怎样帮助元元珍惜每一分钟，不再迟到呢？ 教师：我们可以帮元元制定一份早上的时间表，只要元元认真执行时间表上的时间就可以不浪费一分钟的时间，也就不再迟到了。

2. 讨论如何制定作息时间表。

（1）小组讨论：早晨需要做哪些事情呢？

（2）个别幼儿交流讨论结果，教师用简笔画记录。教师：你们讨论出早上需要做哪些事情？每件事情需要多长时间？

3. 幼儿分组制定作息时间表。

4. 交流幼儿制作的作息时间表，分析哪组最合理。

【活动延伸】

家园共育：鼓励幼儿把作息时间计划表贴到家里，每天早晨严格按照计划做事，争取不浪费一分钟时间。

四、幼儿园数学教育活动的设计与实施

幼儿园数学教育活动的设计与实施要考虑多方面的因素，灵活运用各种方式，激发幼儿学习兴趣。教师要根据幼儿园数学教育活动的类型创设恰当的问题情境，根据幼儿的身心发展规律与特点选择不同的教学内容。针对数量关系、空间关系和时间关系三种类型的数学活动，根据幼儿的年龄阶段特点，选择合适的内容进行活动设计。教师要掌握实施幼儿园数学教育活动的重难点和方法，因材施教，灵活地进行设计与实施，支持幼儿的发现和探究，适时给予"支架"和提示。幼儿园数学教育活动的设计要着眼于幼儿的全面发展，适应幼儿的发展水平，考虑幼儿原有的基础，既不可任意拔高，也不可盲目滞后。教师要坚持遵循和体现以儿童作为数学活动的主体。只有当教师的教育影响能够促进儿童真正成为自己学习和发展的主体时，教育的既定目标才有可能得以最好的实

现。教师在教育观念上的转变和认识、行动层面的落实尤为重要。数学教育活动与其他领域的教育内容相互渗透和融合。教师应该让幼儿在操作、实验、游戏、体验讨论、合作等不同的学习形式下加深对活动内容的把握，更好地获得数的相关经验和概念。数字教育活动的设计要根据内容性质、儿童年龄特点选择，同时要保证科学性。了解幼儿的发展水平才能选择合适的数学教育活动内容，整合各个领域的内容，适应幼儿的身心发展。对于幼儿园数学教育活动的设计并不是随心所欲、任意设计的，教师必须考虑到数学教育的目标、儿童学习数学的规律和特点、师幼互动的方式等因素，科学、合理而有效地进行活动设计。

> **示例**
>
> 大班数学活动：小鱼游游
>
> 【活动目标】
> 　　1. 引导幼儿在自我探索的基础上区分单双数。
> 　　2. 培养幼儿对数学活动的兴趣。
> 【活动重点、难点】
> 　　重点：区分单双数。
> 　　难点：自我探索。
> 【活动准备】
> 　　数字卡片印有数字的小鱼。
> 【活动过程】
> 一、小鱼游（自身运动）
> 　　1. 老师扮鱼妈妈，小朋友扮鱼宝宝。边念儿歌边游戏："小鱼游游游，向上游，向下游，找条小鱼做朋友。"
> 　　2. 猜一猜，看看是不是所有的小鱼都能找到朋友？
> 　　3. 8条小鱼都找到了朋友，我们把数字8贴到红色圆点下。（没找到的数字贴到蓝色圆点下，游戏进行两次）
> 　　4. 1~10数字里还有许多数字，请鱼宝宝也来帮它们找朋友。
> 二、小鱼找朋友（探索活动）
> 　　1. 幼儿两人一组，共有10条小鱼。1~10数字卡。老师讲解游戏规则。摸一个数字找出相应的小鱼，两个两个找好朋友，能找到好朋友的幼儿把数字插在红色圆点这里，不能的插在蓝点这里。
> 　　2. 幼儿探索，老师巡回指导。
> 　　3. 小结：请幼儿来说说哪些数字的小鱼找到好朋友，哪些没有？2、4、6、8、10都找到了好朋友，我们叫它双数；1、3、5、7、9没有找到好朋友，我们叫它单数。
> 三、复习
> 　　1. 小鱼和妈妈做游戏（复习单双数）。老师手上有牌子，是单数小鱼睡觉，是双数就游。
> 　　2. 送鱼宝宝回家。
> 　　（1）有另一群鱼宝宝迷路了，你们愿不愿意送它们回家？下面请一个小朋友来送，并问他为什么要这样送。
> 　　（2）老师小结幼儿的话：单数的鱼宝宝送到蓝色池塘；双数的送到红色池塘。

(3)幼儿游戏。

(4)验证：看看有小鱼回错家了吗？

(5)提高：3、8、1是单数还是双数？

四、延伸活动

"0"该在哪里？有个数字宝宝不高兴了，是谁呀？"0"是单数还是双数？请你们回家和爸爸妈妈一起动脑筋想一想。

本章小结

1. 幼儿园数学教育的理论阐释：幼儿园数学教育是教师有目的、有计划地向幼儿进行的数学教育活动。幼儿数学教育的实施需要遵循幼儿的逻辑思维发展特点和心理特点。例如，学前儿童逻辑思维的发展依赖于动作、社会性互动、具体事物、日常生活场景等。幼儿园数学教育的目标的制定也是实施数学教育活动的前提。
2. 幼儿园数学教育内容：幼儿园数学教育内容包括数量关系、空间关系、时间关系。幼儿园数学教育内容的制定也要注重幼儿自身发展的特点、社会需要、学科自身的特点等。因此，幼儿园教师应该根据幼儿的特点选择合适的数学教育内容。
3. 幼儿园数学教育活动的实施：幼儿园数学教育内容的实施需要创设一定的环境，激发幼儿的兴趣。根据学生的特点、课程的特点选择合适的方法，适时而教。根据不同的类型制订适当的活动计划，灵活应变，以达到更好的教育效果。

关键术语

幼儿园数学教育　幼儿园数学教育的内容　幼儿园数学教育的原则　幼儿园数学教育的实施

思考题

1. 请简述学前儿童逻辑思维发展的特点。
2. 幼儿园数学教育目标制定的依据有哪些？
3. 请谈一谈幼儿园数学教育的原则。

建议的活动

1. 请查阅并搜集与空间有关的文献资料或案例充实自己的资料库，并加以实践检验。
2. 结合你在幼儿园的实习经历，谈谈你对幼儿园数学教育活动的理解。

第七章 幼儿园艺术领域教育活动的设计

学习目标

1. 掌握艺术领域教育活动所包含的内容与目标;
2. 了解艺术领域教育活动的价值与重点;
3. 能够独立进行艺术领域教育活动的设计与实施;
4. 能够根据不同的艺术领域活动进行相应的指导。

> **导入案例**
>
> **两个艺术"鉴赏家"**
>
> 某幼儿园的教师播放男低音独唱《伏尔加船夫曲》时，一个男孩听着音乐画了一头狗熊被困在深坑里，并解释说："它出不来，在哼哼叫，难听死了！"另一个男孩画了一条黑色的五线谱，并解释说："就是这种颜色的音乐，黑黑的！"

上述案例中为什么两个男孩会画出这种风格的作品同时又具有不同的表现形式呢？应该如何评价这两个男孩的作品并进行针对性的指导呢？希望通过本章对于幼儿园艺术领域教育活动的相关讲述，你能结合知识点得出自己的答案。

第一节 幼儿园艺术领域教育的概述

幼儿园艺术领域是五大领域中最后一部分，但其对于滋养幼儿的心理、完善幼儿的精神世界具有独特性作用。那么，什么是幼儿园艺术领域教育呢？幼儿园艺术教育活动又包含哪些内容？其对于幼儿发展有何独特的价值？在日常幼儿园教育活动的实践中幼儿园艺术教育领域活动的目标是什么，应当如何进行目标的层次设定？在本章将重点进行阐述。

一、幼儿园艺术领域教育及其价值

（一）幼儿园艺术领域教育内涵

在幼儿园艺术领域中，《指南》将其划分为"感受与欣赏""表现与创造"两个版块内容。而在幼儿园实践中，则主要通过美术教育和音乐教育来实施。其原因是因为从艺术本身来看，其价值有审美、认识、娱乐等，但审美是它的最主要、最基本的价值，即艺术家通过艺术创作来表现和传达自己的审美意识和审美理想，欣赏者通过欣赏获得美感，并满足自己的审美需要。艺术的其他价值始终是以审美价值为基础而发挥作用的。儿童的审美欣赏就是儿童的生命活动和审美对象之间同形同构或异质同构及其产生的心理愉悦状态。所以，儿童的审美活动就其本然状态而言，更突出地表现出它的感受性，而不是认识性。但这并不表明审美活动中完全没有认识存在，而是说在审美活动中，情感体验性始终是主要的、决定性的，而认识性则是次要的、从属的。审美活动以主体的情感体验为基本特征。儿童的审美经验就是在审美体验与阐释的过程中逐渐实现和丰富的。同时，艺术具有典型的创造性，独创是艺术的根本。从艺术本身的发展轨迹来看，当代艺术实践越来越重视观念的表达，表现手法越来越多元化、个性化，艺术家从传统的"艺术工匠"变成了思想家，成为传统艺术概念的突破者。现代艺术观念和表现媒介正推动着艺术创作从以技法为中心转变为以艺术观念和艺术思维为中心。而在儿童那里，"差不多每一个孩子到了4~7岁时，在有合适环境的鼓励下，都是极富于创造性的。对于所有的孩子来说，这个阶段正是最自由的阶段"。

因此，在艺术领域将3~6岁幼儿艺术学习与发展划分为感受与欣赏、表现与创造两个子领域。具体地以幼儿对艺术的积极态度即艺术兴趣，和幼儿艺术能力即感受能力与表现和创造能力两个方面的发展为目标。"喜欢自然界与生活中美的事物""喜欢欣赏多种多样的艺术形式和作品""喜欢进行艺术活动并大胆表现""具有初步的艺术表现与创造能力"这四个目标相辅相成，尤其强调幼儿艺术兴趣的养成。因为积极的艺术学习态度是开展艺术活动的内在动力，是艺术感受能力与表现能力的前提，而艺术感受能力和艺术表现与创造能力的提高又进一步加强了幼儿对艺术的兴趣，为幼儿的发展奠定基础。而在幼儿园活动和课程的设计过程当中，由于音乐和美术学科具有不同特点，其活动也有各自不同的类型，将其分开设计开展有利于幼儿园教师的实施，符合幼儿接受学习的逻辑特点，因此在实践中往往划分为美术教育和音乐教育来进行。

（二）幼儿园艺术领域教育价值

幼儿园艺术领域与其他领域的教育价值有所不同，在其他领域中更注重生活技能与认知对幼儿的发展，而在艺术教育领域中，其更关注幼儿作为个体的精神生命内在的发展。可以说，艺术教育是儿童全面发展不可或缺的内容。

1. 艺术活动是幼儿精神生命活动的表现

人的生命活动有身体的活动，如人的吃饭、睡觉，也有精神的活动，如人的社会活动、文化的活动。艺术活动是幼儿的一种精神成长性需要的满足，是一种没有直接功利性的、以活动过程本身为目的需要的满足。

常见的幼儿审美与艺术现象有许多，例如：面对天上的白云，幼儿自言自语，"这是神仙，那是妖怪，还有一匹大白马，神仙骑着大白马追杀妖怪"（对自然美的艺术想象）；面对图画书，幼儿并不认识文字，但是根据画面形象，他们讲述了一个个生动的故事（对艺术美的理解）；只要一条纱巾，幼儿就会开始轻歌曼舞（歌舞艺术）；两个孩子，一个当爸爸，一个当妈妈，玩起了过家家（表演艺术）等。在这些活动中，幼儿全神贯注地投入其中，充分展示出他们自己的生命活力。由于这种艺术表现是内在于儿童生命的，因此，体验性与表现性是儿童艺术的特点，艺术教育应当顺应儿童发展的这种特点，通过建构儿童的审美心理结构达到人格的健全与完善。

2. 艺术活动是幼儿感性地把握世界的一种方式，是表达对世界的认识的另一种"语言"

人类把握世界的方式有理性的和感性的两种。幼儿在艺术活动中所呈现的是一种感性地对世界的把握，它主要包括想象、幻想、直觉、灵感、猜测等方法，其特点是非逻辑的、无固定秩序和操作步骤的。

例如，幼儿在画刷牙的情景时，把刷牙人的嘴和牙齿画得很大，而把脸上的其他部位画得小小的，这就是他们认识事物时最深的直觉印象。幼儿就是这样，无论是艺术感受还是艺术表现，经常对对象不加过多的分析和综合，而凭借第一印象与直觉反应，直接以清新、强烈、活跃的感觉来做解释和判断。在这些幼儿的眼里，事物都是具体的、生动的、有趣的、充满生命力的。正是由于这种思维的直觉性、具体符号性和情感性的特点，才使幼儿的艺术充满活力与魅力。

3. 艺术具有促进幼儿向善与益智等价值

艺术对于幼儿来说除了有其本体的审美价值外，还有衍生的价值，这主要是指通过艺术活动幼儿获得其他领域发展所需的态度、能力与知识技能，从而获得多方面的全面发展。例如：随着音乐作品的节奏来运动，能让幼儿对体育活动更感兴趣；在生活卫生习惯的养成中，动漫形象有助于幼儿产生亲近感；在语言讲述时，运用图画的方式，可以更直观地获得有关社会生活、社会文化的知识；在探索周围环境与生活中，如花草树木的生长等自然现象时，幼儿可以用自己喜欢的艺术方式诸如绘画或舞蹈动作等表达所闻所见，这种艺术表征的方式既发展了幼儿的艺术表现能力，又让成人透过艺术作品更好地了解幼儿的心理发展。

二、《指南》中艺术领域教育的内容结构

在《指南》中，艺术领域的教育内容分为两个维度，即感受与欣赏、表现与创造。在不同的维度下《指南》根据不同的幼儿年龄阶段又列出不同的年龄目标。为了更好地对比其他国家的艺术领域目标，在本部分阐述完我国关于艺术领域方面的内容后列举一些其他国家关于艺术领域下的分目标，供读者进行了解与参考。

（一）感受与欣赏

目标1：喜欢自然界与生活中美的事物

在3~4岁的分目标为：

（1）喜欢观看花草树木、日月星辰等大自然中美的事物。

（2）容易被自然界中的鸟鸣、风声、雨声等好听的声音所吸引。

在4~5岁的分目标为：

（1）在欣赏自然界和生活环境中美的事物时，关注其色彩、形态等特征。

（2）喜欢倾听各种好听的声音，感知声音的高低、长短、强弱等变化。

在5~6岁的分目标为：

（1）乐于收集美的物品或向别人介绍所发现的美的事物。

（2）乐于模仿自然界和生活环境中有特点的声音，并产生相应的联想。

【教育建议】

（1）和幼儿一起感受、发现和欣赏自然环境和人文景观中美的事物。例如：让幼儿多接触大自然，感受和欣赏美丽的景色和好听的声音。经常带幼儿参观园林、名胜古迹等人文景观，讲述有关的历史故事、传说，与幼儿一起讨论和交流对于美的感受。

（2）和幼儿一起发现美的事物的特征，感受和欣赏美。例如：让幼儿观察常见动植物以及其他物体，引导幼儿用自己的语言、动作等描述它们美的方面，如颜色、形状、形态等。让幼儿倾听和分辨各种声响，引导幼儿用自己的方式表达他对音色、强弱、快慢的感受。和幼儿一起欣赏他喜欢的物品。

目标2：喜欢欣赏多种多样的艺术形式和作品

在3~4岁的分目标为：

（1）喜欢听音乐或观看舞蹈、戏剧等表演。

（2）乐于观看绘画、泥塑或其他艺术形式的作品。

在4~5岁的分目标为：

（1）能够专心地观看自己喜欢的文艺演出或艺术品，有模仿和参与的愿望。

（2）欣赏艺术作品时会产生相应的联想和情绪反应。

在5~6岁的分目标为：

（1）艺术欣赏时常常用表情、动作、语言等方式表达自己的理解。

（2）愿意和别人分享、交流自己喜爱的艺术作品和美感体验。

【教育建议】

（1）创造条件让幼儿接触多种艺术形式和作品。例如：经常让幼儿接触适宜的、各种形式的音乐作品，丰富幼儿对音乐的感受和体验。和幼儿一起用图画、手工制品等装饰和美化环境。带幼儿观看或共同参与传统民间艺术和地方民俗文化活动，如皮影戏、剪纸和捏面人等。在有条件的情况下，带幼儿去剧院、美术馆、博物馆等欣赏文艺表演和艺术作品。

（2）尊重幼儿的兴趣和独特感受，理解他们欣赏时的行为。例如：理解和尊重幼儿在欣赏艺

术作品时的手舞足蹈、即兴模仿等行为。当幼儿主动介绍自己喜爱的舞蹈、戏曲、绘画或工艺品时，要耐心倾听并给予积极回应和鼓励。

（二）表现与创造

目标1：喜欢进行艺术活动并大胆表现

在3~4岁的分目标为：

（1）经常自哼自唱或模仿有趣的动作、表情和声调。

（2）经常涂涂画画、粘粘贴贴并乐在其中。

在4~5岁的分目标为：

（1）经常唱唱跳跳，愿意参加歌唱、律动、舞蹈、表演等活动。

（2）经常用绘画、捏泥、手工制作等多种方式表现自己的所见所想。

在5~6岁的分目标为：

（1）积极参与艺术活动，有自己比较喜欢的活动形式。

（2）能用多种工具、材料或不同的表现手法表达自己的感受和想象。

（3）艺术活动中能与他人相互配合，也能独立表现。

【教育建议】

（1）创造机会，支持幼儿自发的艺术表现和创造。提供丰富的便于幼儿取放的材料、工具或物品，支持幼儿进行自主绘画、手工、歌唱、表演等艺术活动。经常和幼儿一起唱歌、表演、绘画、制作，共同分享艺术活动的乐趣。

（2）营造安全的心理氛围，让幼儿敢于并乐于表达表现。例如：欣赏和回应幼儿的哼哼唱唱、模仿表演等自发的艺术活动，赞赏他独特的表现方式。在幼儿自主表达创作过程中，不做过多干预或把自己的意愿强加给幼儿，在幼儿需要时再给予具体的帮助，了解并倾听幼儿艺术表现的想法或感受，领会并尊重幼儿的创作意图，不简单用"像不像""好不好"等成人标准来评价。展示幼儿的作品，鼓励幼儿用自己的作品或艺术品布置环境。

目标2：具有初步的艺术表现与创造能力

在3~4岁的分目标为：

（1）能模仿学唱短小歌曲。

（2）能跟随熟悉的音乐做身体动作。

（3）能用声音、动作、姿态模拟自然界的事物和生活情境。

（4）能用简单的线条和色彩大体画出自己想画的人或事物。

在4~5岁的分目标为：

（1）能用自然的、音量适中的声音基本准确地唱歌。

（2）能通过即兴哼唱、即兴表演或给熟悉的歌曲编词来表达自己的心情。

（3）能用拍手、踏脚等身体动作或可敲击的物品敲打节拍和基本节奏。

（4）能运用绘画、手工制作等表现自己观察到或想象的事物。

在5~6岁的分目标为：

（1）能用基本准确的节奏和音调唱歌。

（2）能用律动或简单的舞蹈动作表现自己的情绪或自然界的情景。

（3）能自编自演故事，并为表演选择或搭配简单的服饰、道具或布景。

（4）能用自己制作的美术作品布置环境、美化生活。

【教育建议】

尊重幼儿自发的表现和创造，并给予适当的指导。例如：鼓励幼儿在生活中细心观察、体验，为艺术活动积累经验与素材，如观察不同树种的形态、色彩等。提供丰富的材料，如图书、照片、绘画或音乐作品等，让幼儿自主选择，用自己喜欢的方式去模仿或创造，成人不做过多要求。根据幼儿的生活经验，与幼儿共同确定艺术表达表现的主题，引导幼儿围绕主题展开想象，进行艺术表现。幼儿绘画时，不宜提供范画，特别是不应要求幼儿完全按照范画来画。肯定幼儿作品的优点，用表达自己感受的方式引导其提高，如："你的画用了这么多红颜色，感觉就像过年一样喜庆""你扮演的大灰狼声音真像，要是表情再凶一些就更好了"等。

第二节　幼儿园美术领域教育内容与活动实施

美术作为艺术教育领域常见的教育活动之一，其独特的教育内容与教育方式尤其重要。那么在幼儿园美术领域教育中其具体包括哪些内容，幼儿园美术活动相比于成人美术其特点又是什么？在实施中，幼儿园美术教育目标应当如何设定，又包括哪些层次与核心经验？在实施中应当注意哪些问题呢？在本节中将围绕着以上内容进行展开说明。

一、幼儿园美术领域教育概述

（一）幼儿园美术教育的内涵

学前儿童美术教育活动就是根据一定的美术教育活动目标，选择美术教育的内容和方法，对美术教育过程中一切事先进行设计，并通过各种组织形式对学前儿童施加美术教育影响的过程。而幼儿园美术教育则是指在幼儿园中，针对全体幼儿进行集体的、专门化的美术教育活动，其根据幼儿园美术教育目标来设定，由幼儿园教师对教育过程中的一切先进行设计，选择适合幼儿年龄发展阶段适宜的内容和方法，通过各种组织形式对幼儿园中的幼儿施加美术教育的过程。

（二）幼儿园美术教育的特点

幼儿园美术教育由于教育对象的身心特点，区别于成人美术教育活动，具有游戏性、本真性、阶段性、非功利性的特点。

1. **游戏性**

在幼儿园教育活动中，喜欢游戏是幼儿的天性，幼儿园教育也应当遵循"以游戏为基本活动"进行美术教育，因此幼儿园的环境、条件应充分满足幼儿进行美术教育的愿望和要求，并且教师要设置宽松的教育环境使幼儿进入到没有约束、可以大胆想象创造的美术游戏之中。

2. **本真性**

当幼儿园的美术活动真正成为了幼儿的游戏，幼儿就能够随意表达，美术活动便是幼儿的情感引发并能表达其情感，反映其心灵世界的活动，幼儿表现的每一个符号、每种颜色都是在反映他们最真实的内心世界，是个性情绪情感的自然流露。美术教育活动表现出的是幼儿自己的想法、自己的情感体验，表现出真实的自己，体现出纯真的童心世界。

3. **阶段性**

美术作品在某种程度上作为一种符号反映着幼儿心理的发展水平，因此由于幼儿年龄发展水平的不同，其作品可分为涂鸦期、象征期、形象期三个阶段。在涂鸦期，幼儿一般乱涂乱画，没有事先的目的和呈现固定作品的意图，沉浸于操作过程本身；在象征期，幼儿能够用图示和色彩象征事物；在形象期，幼儿已经能把握事物的特征，创建符号来表达，但有时候还是不能呈现出写实性的作品。

4. 非功利性

幼儿园美术教育活动不要求幼儿的作品达到写实的状态，其活动本身在于发展其内在的生命力量，而无外在的功利性的目的。在幼儿创作过程中，可能由于成人的功利视角遇到很多问题，如胆怯、不能积极地进入创作阶段，创作画面很小，创造画面混乱，没画几笔就说自己完成了作品等。成人在此时要对幼儿的作品进行恰当的评价与引导，理解并支持幼儿的作品表现形式，不能简单地以作品的像不像、漂亮与否、是否干净整洁进行评价，而应更多关注创造的意图与想法。

（三）幼儿园美术教育的价值

幼儿园美术教育在整个幼儿教育体系中具有特色的价值，其表现在以下方面。

1. 美术教育能够促进幼儿的智力和能力的发展

美术教育能够通过有趣、新奇的刺激，启发和诱导幼儿去感知事物的外形、结构，能够通过想象和形象思维促进右脑的发育。在美术教育中，幼儿也能够通过手脑并用，如在绘画活动过程中，通过手的操作锻炼幼儿的小肌肉群，使手指和手腕协调配合，促进大脑的控制和协调能力，增强幼儿的动作灵活性和准确性。

2. 美术教育能够激发幼儿的创新意识

在美术创作表达中，幼儿能够以自己的理解和方式大胆自由地运用想象进行表达。在教学中教师应以系统的形象思维训练为主要内容，以绘画为手段，以游戏活动为主要形式，与各领域有机配合，全面提高幼儿素质，培养幼儿勇于独创，使幼儿具有丰富感情和审美情绪。

3. 美术教育能够丰富幼儿的内心世界

幼儿对美的追求，不仅反映在对自然的评价上，也表现在对外界一切美的热爱上，在美术教育活动中对美的形象景色都能够潜移默化地滋养幼儿的内心世界。正如郭沫若所描绘的那样："幼儿看见一只美丽的蝴蝶在花丛中翻飞，使他心中发出一种快乐的情趣，他便连声叫道：'啊，蝴蝶呀！蝴蝶呀，好看的蝴蝶呀！'这是情趣的直写，这是幼儿的诗，但等他长大了，他便模仿着画只蝴蝶或者还要添些花草上去。"正是在美术教育活动中幼儿发展了对美的追求和情感的袒露，不断丰富其内心世界，且在有趣的美术活动中，幼儿积极勇敢地尝试也能够增强其自信心，增强对于生活的热情。

二、幼儿园美术领域教育的目标

（一）幼儿园美术领域教育目标制定的依据

幼儿园美术领域教育目标的设计需要遵循学前儿童的身心年龄特点，教育的目的即儿童的发展。美术教育领域教育目标的设计需要遵循教育活动目标设计的发展性、完成性、灵活性。就发展性而言，目标设计要着眼于幼儿发展，一方面使目标既适应幼儿已有发展水平，又能促进幼儿达到新的发展水平；另一方面目标制定要考虑美术教育当中的关键经验与美术教育的主要内容。

（二）幼儿园美术领域教育目标的层次结构

幼儿园美术教育旨在通过为儿童提供丰富多样的美术学习活动，满足幼儿表达、表现和创造的需要，陶冶幼儿审美的情趣，培养幼儿表现美和欣赏美的能力。幼儿园美术教育目标的层次可包括总目标、年龄阶段目标和具体教育活动的目标。

1. 幼儿园美术教育的总目标

根据《纲要》，幼儿园美术教育的总目标包括以下一些内容：

（1）积极参与美术活动，愿意自由地表现和表达自己的所思、所想和所感；

（2）能够掌握一些基本的美术技能和方法；

（3）能通过美术活动，初步感受并喜爱生活和美术作品中的美；

（4）能够创造性地运用各种美术工具和材料。

2. 幼儿园美术领域教育的年龄阶段目标

幼儿园各年龄阶段美术教育目标（参考《指南》）如下：

（1）小班（幼儿年龄范围一般为3～4岁）美术教育目标如下：

①喜欢观看花草树木、日月星空等大自然中美的事物。

②在成人的指导下，学习观察周围环境，对常见的、形象突出且色彩鲜明的事物感兴趣，并尝试用语言、表情、动作表示对美好事物的喜爱、亲近之情。

③愿意参加美术欣赏活动，体验美术欣赏活动的快乐，并养成集中注意力欣赏的习惯。

④愿意参加绘画活动，尽可能提供各种材料让幼儿感受在不同材料上画的乐趣，养成大胆作画的习惯。

⑤能认识常用的笔、油画棒、水彩笔和纸等绘画工具材料，掌握其基本使用方法，养成正确的握笔姿势和作画姿态，工具和材料摆放有序。

⑥学习用点（雨点、圆点等）、线条（直线、曲线、折线）和简单形态（圆形、方形等），表现日常生活中熟悉的、简单的物体特征。

⑦对色彩有兴趣，能认识红、黄、蓝、绿和黑、白等常见的颜色，并能说出名称。

⑧对手工活动感兴趣，愿意参加手工活动，体验手工活动的快乐；愿意尝试各种手工工具和材料，养成良好的手工活动的习惯。

⑨大胆玩泥，初步了解泥的性质、质地，尝试用简单的技能（搓、团圆、压扁、捏合）表现简单的立体物象。

⑩能撕、剪纸或用现成的图形以及自然材料粘贴组成简单画面，会正确、安全地使用剪刀。

（2）中班（幼儿年龄范围一般为4～5岁）美术教育目标如下：

①在欣赏自然界和生活环境中美的事物时，关注其色彩、形态等特征。

②能够专心地观看自己喜欢的文艺演出或艺术品，有模仿和参与的愿望，并能够产生相应的联想和情绪反应。

③能欣赏和交流自己与他人的美术作品，并尝试评价。

④在小班基础上认识一些绘画工具，学习蜡笔水粉画、拓印画、棉签画等多种绘画方法，体验绘画的快乐。

⑤在小班基础上能认识12种颜色并学会辨别同种色的深浅，学习用较丰富的颜色作画，区分并尝试画出主体色和背景色。

⑥能用各种点、线条、简单图形表现物体的基本部分和主要特征。

⑦能在画面上简单地布局，并根据自己的想象有创造性地表现简单的情节。

⑧喜爱各种手工活动，会选择工具、材料进行创作，注意工具使用中的安全性，会收拾整理。

⑨尝试看图折纸，主动探索学习简单的折纸方法，折叠出简单的形象。

⑩学习用比小班丰富、复杂的点状材料（如木屑、纸屑、泡沫屑等），粘贴出简单的物象。

⑪根据泥的性质塑造物体的主要特征，尝试用团、捏、压、搓、擀等技能做出泥塑作品。

⑫初步学习用点状、线状、面状和块状的自然物和废旧材料制作成小物品。

（3）大班（幼儿年龄范围一般为5～6岁）美术教育目标如下：

①喜欢参加多种美术活动，能够创造性地表现。

②能够欣赏感兴趣的绘画作品、工艺品、雕塑、建筑物等，有发现周围环境和美术作品中美的能力。

③利用多种绘画工具和材料，运用不同技能表现自己独特的思想和感受，体验创造的乐趣。

④能根据自己的经验和想象解释他人的美术作品，交流自己的感受和理解，并学习用语言、动作、表情、绘画等多种形式表达自己的感受和想象。

⑤对色彩敏感，能根据画面需要，恰当地运用各种颜色表现自己的情感，注意深浅、冷暖颜色的搭配。

⑥能够熟练地使用和选择手工工具和材料，创造性地表现自己的认识和感受。

⑦学习用多种点状材料、线状材料拼贴或制作物象，并能够表现一定的情节。

⑧学习用伸、拉的方法并配合其他泥工技法塑造结构较复杂的物象，表现主要特征和某些细节。

⑨用多种技法将纸折成物体的各个部分组合成整体的物象，或者是能够将纸分块剪、折叠剪，用来拼贴平面的物象或制作立体的物象。

⑩综合利用各种材料、工具和技能来布置环境，制作教具、玩具、礼品、演出服饰道具等，并注意装饰美丽。

⑪学习画面上主体突出，合理布局，并进一步利用多种绘画工具和材料，运用不同的颜色和技法表现自己独特的思想和感受，体验创造的乐趣。

3. 幼儿园美术教育具体教育活动的目标

幼儿园美术教育具体教育活动的目标是根据美术教育各年龄阶段的目标，同时结合具体教育活动内容而提出的。它保证了幼儿园美术教育年龄阶段目标在每一节美术教育活动中的贯彻落实，具有较强的操作性。例如：大班美术教学活动"蓝印花布的欣赏与设计"的活动目标为：感受蓝印花布的青白对比的色彩美；通过动手操作，感受图案设计的趣味性及独特的形式美。

三、幼儿园美术领域教育的原则

幼儿园美术领域教育的原则是根据学前儿童美术教育的目的、美术活动本身的特性以及学前儿童身心发展的特点和教育规律制定的，是整个学前美术教育过程中必须遵循的基本要求和指导原理。

（一）审美性原则

审美性原则是指教师在学前儿童美术教育中，无论是活动目标的制定、活动内容的选择，还是活动的实施，都应注意审美性。即：活动目标应以儿童审美心理结构的建构为主，活动的内容应有潜在的审美价值，活动实施中应注意审美环境的创设，审美特征的感知、理解与创造，审美情感的陶冶等。审美性原则是由美术的性质、学前儿童美术教育的审美性质所决定的。

因此，在幼儿园美术教育活动中应当注意：①为儿童创设充满情感色彩的审美环境。审美环境的创设应包括为学前儿童创设富有审美情感色彩的日常生活环境和学习环境；教师应结合具体的艺术活动创设与之相适应的审美环境。②引导儿童感知对象的审美特征。许多研究发现，感知觉的敏锐性有助于儿童美感的发展。艺术中的审美感知不同于科学活动中的感知。科学活动中感知的目的在于观察客观事实，形成科学概念，强调的是"真"。而审美感知是对事物的不同特征要素组成的完整形象的整体性把握，是一种区别于日常感知的、能够揭示事物表现性（或审美属性）的特殊感知。它具有非实用功利性、完整性、超越性、情感性等特点，强调的是"美"。③让儿童在艺术活动中得到审美愉悦。在实践中，可以以艺术活动的内容吸引儿童。这样的内容应该是符合儿童的需要和兴趣的，是来源于儿童生活经验的；用游戏的形式来进行艺术活动，使艺术活动充满生机和趣味；物质媒介也起着十分重要的作用。提供多样化的工具和材料也可以刺激儿童从事艺术活动的积极性。

（二）创造性原则

创造性原则是指美术教育中应充分发挥儿童的创造性，以培养他们的创造意识、创造力和创造个性为主要目标。《纲要》中艺术领域对幼儿的两种创造（可视形象的创造和审美心理意向的创造）都做了说明，并且强调审美心理意向的创造。例如，"内容和要求"里第三条指出，"提供自由表现的机会，鼓励幼儿用不同艺术形式大胆地表达自己的情感、理解和想象，尊重每个幼儿的想法和创造，肯定和接纳他们独特的审美感受和表现方式，分享他们创造的快乐"。"指导要点"里第二条指出，"幼儿的创作过程和作品是他们表达自己的认识和情感的重要方式，应支持幼儿富有个性和创造性的表达，克服过分强调技能技巧和标准化要求的偏向"。所以说，教师不但要关注儿童艺术活动实际呈现出来的结果，而且更加要关注艺术创造的过程，以创造意识、创造能力和创造个性的培养为中心任务。

因此，在幼儿园美术教育活动中应注重：①创造宽松的心理环境，激发儿童的创造意识和动机。②丰富儿童的经验，引导儿童对内在表象进行加工创造。③正确认识创造力与技能的关系。技能与创造性的发展并不矛盾，技能为创造力的发挥提供技术基础和手段，在《纲要》艺术领域的"指导要点"中指出，"要避免仅仅重视表现技能或艺术活动的结果，而忽视幼儿在活动中的情感和态度的倾向"；"应支持幼儿富有个性和创造性的表达，克服过分强调技能和标准化要求的偏向"。而同时，《纲要》"矫枉"也没有"过正"，在强调艺术创造能力和意识的培养的同时，也提到艺术表现技能的学习。例如，在艺术领域的"内容和要求"第四点提到，"在支持、鼓励幼儿积极参加各种艺术活动并大胆表现的同时，帮助他们提高表现的技能和能力"。在"指导要点"的第三条提出，"教师的作用主要在于激发幼儿感受美、表现美的情趣、丰富他们的审美经验，使之体验自由表达和创造的快乐。在此基础上，根据幼儿的发展状况和需要，对表现方法和技能技巧给予适时、适当的指导"。④正确认识和使用示范和范例。最好在开始时，允许儿童尽量自由而完全地探索其媒介；然后再通过仔细的指导与难题设立而使他有那种把握特质、为创造满意的效果而建立足够技巧的机会；最后，在儿童有了自己的能力感和目标感之后，再让他接触媒介中的伟大作品，鼓励他去研究和模仿，这样，儿童就能了解同样媒介中，别人是如何达到效果的。⑤改革评价方法，鼓励儿童积极创造。美术活动中的评价者可以是教师，但更主要是儿童。教师的评价起着导向作用，儿童的相互评价更有价值。要鼓励儿童找出别人有创造性的表现并赞美他，为别人感到高兴，进而激励自己向他们学习，燃起希望的火花，争取更具有创造性的表现。在这一过程中，不仅儿童的评价能力可以得到提高，同时，他们能够从别人的评价中逐渐学会独立地、客观地看问题，学会尊重别人，消除自我中心，培养良好的自我意识，促进其社会性的发展。更重要的是，儿童逐渐地养成了创造的习惯。

（三）实践原则

实践性原则是指在美术教育中，教师要引导儿童积极参与美术实践活动，在实践中发展和培养他们的美术能力及兴趣。在幼儿园美术教育活动中应当注意：

（1）引导学前儿童运用多种感官通道进行美术活动。

（2）避免单纯的技能技巧训练和单纯的思想内容说教两个极端情绪。学前儿童的美术教育应注意将手、眼、脑的训练协调一致，使儿童真正得到全面和谐的发展。

四、幼儿园美术领域教育的内容

根据以上美术教育目标，幼儿园美术教育活动的内容主要有以下几种。

1. 绘画

（1）绘画工具和材料的认识和使用。幼儿可认识和使用的绘画工具和材料包括：绘画工具，如蜡笔、油画棒、彩色铅笔、彩色水笔、毛笔、水粉笔、水粉颜料、墨水、油彩等；绘画材料，如各类纸张、布、绢等。

（2）绘画的形式语言。绘画的形式语言是指线条、形状、明暗、色彩、构图等美术要素，是绘画表现的手段。美术教育中幼儿所要学习的绘画形式语言主要有线条、形状、色彩和构图。

①线条：有线条的形态和线条的变化。

②形状：形状是由线条构成的轮廓和结构，也是造型的基本要素之一。幼儿对形状的学习主要包括基本几何形状、基本几何形状的组合以及自然形体等。

③色彩：幼儿对于色彩的学习主要包括色彩的色相、明度的辨认和色彩的运用。幼儿学习运用色彩的内容主要包括主体色与背景色的处理、色彩的装饰和色彩的情感表现等。这类学习主要通过具体的操作活动来进行。

④构图：构图是指在一定的空间安排和处理人、物的关系和位置，把个别或局部的形象组成艺术的整体，以表达作品的主题思想和美感效果。简单地说，就是形象在画面中所占有的位置和空间所形成的画面分割形式，如单独构图、并列构图、均衡构图等。这需要把握整体的能力和预先构思的能力，对于幼儿来说有一定的困难，因此，需要他们逐步学习。

（3）绘画的题材。幼儿绘画的题材往往来自幼儿的生活，主要包括自然景物、日常用品、人物、植物与水果、动物、建筑物交通工具与生产工具、简单的生活事件、自己想象中的物体与事件，以及简单装饰物等。

2. 手工

（1）手工工具、材料及其性质。

手工工具：主要包括美工刀、剪刀、笔、尺、订书机、胶水、胶带、泥工板、牙签等。

手工材料：包括点状材料（如沙子、小珠子、纽扣、谷物、果核、种子、豆类等）、线状材料（如绳、棉线、毛线、橡皮筋、高粱秆等）、面状材料（如纸、棉花、布、树叶、羽毛、刨花等）、块状材料（如橡皮泥、面团、萝卜、瓶子、纸盒等）四种形态。

（2）手工材料的基本制作技法。幼儿可学习的手工材料的基本制作技法有：串连、粘贴、剪（如目测剪、沿轮廓剪和折叠剪）、撕（如目测撕、沿轮廓撕和折叠撕）、折（如对边折、对角折、双正方折、双三角折、集中一角折、集中一边折、四角向中心折和组合折）、贴、刻、染、盘绕、卷、串、编织、塑（如搓长、团圆、拍压、捏、挖、分泥、连接、伸拉）、插接等。

（3）手工的题材。幼儿手工活动的题材有玩具（如折纸、泥塑）、节日装饰物（如拉花、窗花）、游戏头饰（如帽饰、面具、纸花）、日常布置用品（如染纸、点线面状材料贴画、蔬果造型、瓶盒造型）和贺卡等。

3. 美术欣赏

（1）欣赏对象及其类型。幼儿美术欣赏的对象有很多的类型，包括绘画作品、雕塑作品、工艺美术作品、建筑艺术、儿童美术作品、自然景物，以及周围的环境等。通过感受和欣赏这种美，幼儿可以了解对称、均衡等形式美的初步概念，感受造型、色彩、构图等的情感表现，丰富审美经验。

（2）欣赏知识与技能。幼儿欣赏知识与技能主要包括幼儿对于艺术作品的形式（如造型、色彩、构图等方面）的分析、对作品主题（如艺术家的意图）的分析、对于作品的想象和表达、对于作品背景知识（如艺术家的生平等）的了解等。

五、幼儿园美术领域教育活动的设计与实施

（一）绘画活动的设计与实施

幼儿园美术绘画活动的设计应当遵循学前儿童绘画创作的自身特点。学前儿童绘画创作活动主要经历了表象摄入、体验加工、操作表象这样一个流程，每个阶段上又有不同的特点。科学的幼儿园美术教育活动的设计与设施应当建立在学前儿童创作的心理过程及其绘画发展年龄特点的基础之上。因此，可以将绘画教育的设计与指导分为以下三个阶段。

1. 审美表象摄入阶段的设计与指导

审美表象是指"通过审美感知的选择作用而生成的内部观觉。它不是复现知觉印象的镜像，而是借助于想象产生的具有生成性和创造性的意向"。黑格尔曾说过，"艺术家创作所依靠的是生活的富裕，而不是抽象的普泛性观念的富裕"，艺术的创造活动"首先是掌握现实及其形象的资禀和敏感，这种资禀和敏感通过经常在注意的听觉和视觉，把现实世界的丰富多彩的图形印入心灵里。此外，这种创造活动还要靠牢固的记忆力，能把这种多样图形的花花世界记住"。所以，艺术创作者"不仅要在世界里看得很多，熟悉外在的和内在的现象，而且还要把众多重大的东西摆在胸中玩味，深刻地被他们掌握和感动；它必须发出过很多的行动，得到过很多的经历，有丰富的生活，然后才有能力把具体形象、把生活中真正深刻的东西表现出来"。因此，学前儿童绘画教育指导的第一步，就是帮助他们在头脑中存储大量的具有生成性和创造性的审美意向。在进行设计与指导的过程中教师要注意以下问题：

（1）通过各种途径选择可供学前儿童欣赏感知的对象；
（2）感知过程中注意内容的科学性；
（3）感知过程中注意方法的合理性；
（4）感知过程中注意语言的引导性。

2. 艺术体验加工阶段的设计与指导

黑格尔说过，在艺术创作这种"使理性内容和现实形象相互渗透融合的过程中，艺术家一方面要求助于常醒的理解力，另一方面也要求助于深厚的心胸和灌输生气的情感"。在艺术创作中，情感起着动力性作用，它对于想象又起着组织材料的作用，同时情感又参与表象的内化过程。在幼儿园绘画创作过程中，教师可以通过以下几个方面来进行指导：

（1）创设宽松的心理环境；
（2）创设充满情感色彩的审美环境。其包括为学前儿童创设富有审美情感色彩的日常生活和学习环境，也包括教师结合具体的美术活动创设与之相适应的审美环境；
（3）引导儿童进行想象和体验；
（4）引导儿童对内在表象进行加工改造。例如，关于"鹅"，就要让儿童了解其基本结构形态是一个"Z"字形，其主要特征是头顶红冠，脖子细长且能转动，身体是椭圆状，并披满羽毛。在此基础上，引导儿童通过表象的变形、分解、组合、联想等方式生发、创造出许许多多的新表象。

3. 操作表现阶段的设计与指导

美术是一种符号系统，创作者在借助这一符号系统进行情感表达时，必然受制他所使用的美术媒介。因此，操作表现阶段的关键在于美术基本技能的掌握。在学前儿童美术教育的领域里，笔者把儿童需要掌握的基本技能分为以下三个方面：①手的动作：手眼协调、手的控制能力；②对工具和材料的理解与运用；③对外界信息的掌握及对色彩、形状和空间的认识与利用。根据基本技能的要求，在绘画操作表现阶段，教师的设计与指导应着重在以下几个方面：

（1）为儿童提供绘画工具和材料；
（2）学习各种绘画工具和材料的使用方法；

（3）帮助儿童进行创造性的画面表达；
（4）提供游戏化的练习。

（二）手工活动的设计与实施

幼儿园手工创作过程包含意图、构思与设计、制作与装饰三个阶段。它们既各有特点又相互联系，但其阶段的数量、先后的顺序又因手工制作者的年龄以及具体的操作而表现出差异性。幼儿园教师应当根据这些特点来进行设计与指导。

1. 意图阶段的设计与指导

意图就是动机，即制作一件手工作品的目的是什么。意图的出现既是创作的前提，又是创作的开端。目的不同，其制作过程的环节也会有所不同。意图制约着一切行为的方向和途径。在这一阶段的教育过程中，应注意帮助他们逐渐地将意图明朗化。因此，教师的设计与指导应注意以下几个方面：

（1）提供与材料充分接触的机会；
（2）在游戏与欣赏手工作品的过程中逐渐明确制作的意图；
（3）必要时在技术上给予儿童一定支持。

2. 构思与设计阶段的设计与指导

构思就是立意、构想。它是指头脑中通过想象和思维，对手工作品的造型、结构、色彩、装饰、成品效果、性能等各构成因素及其相互关系，以及与手工作品本身相关的各种外部制约条件进行全面的计划与思考的过程。在这一阶段，教师的设计与指导可以从以下几个方面入手：

（1）引导儿童欣赏佳作，学习其造型、色彩、构成等艺术手法；
（2）帮助儿童积累多种表象；
（3）提供多种材料，引导幼儿进行联想。

3. 制作与装饰阶段的设计与指导

制作是借助人的加工技巧对材料进行加工，改变材料的形态，从而实现设计方案的施工过程。制作的方法大致有三种：一是利用原材料直接加工成型；二是把原材料裁切成零部件，再对零部件进行加工，然后组装成型；三是通过中介环节（如制作模具）来间接成型。装饰是手工操作的最后一个阶段，它是指手工制品对所进行的恰如其分的涂绘、装饰。装饰的目的或出于锦上添花，增强审美性；或出于对作品保护的实用功能。在这一阶段上，教师的设计与指导应注意以下几个方面：

（1）让幼儿学习各种工具和材料的基本使用方法；
（2）提供练习的机会，锻炼儿童手的动作的灵活性；
（3）指导儿童将临摹、仿制与独创相结合；
（4）引导儿童将手工制作与绘画相结合；
（5）正确评价学前儿童的手工作品。

（三）幼儿园美术领域活动设计与指导案例

中班艺术活动：手形彩绘

【设计意图】

本次活动来源于主题"我最喜欢的动物"。活动安排制定后，教师收集了大量关于动物的题材，针对本班幼儿对手影感兴趣的特点，确定了本次活动的基本程序：观看手影视频→猜猜小动物→摆手型进行联想→立体彩绘，希望无论在创作形式和内容上都对传统美术教育活动有所突破，使幼儿在轻松愉快的游戏中体会简单、变化的手形带来的丰富联想与无穷乐趣，并让幼儿通过立体彩绘的方式，尝试将自己借助手形联想到的形象表达出来，在提高审美想象力和表现力的同时，获得创作喜悦和成就感，进一步激发幼儿对艺术的兴趣。

【活动目标】

1. 利用手掌、手指的形态，变换出不同的手形。
2. 了解手形彩绘这一艺术形式和创作方法。
3. 运用不同的色彩及辅助材料大胆尝试创意不同的手形彩绘，体验创作的乐趣。

【活动重点、难点】

重点：在玩手指游戏的基础上，发挥想象，尝试创作手形彩绘。

难点：作品独特，富有个性和创意。

【活动准备】

物质准备：幼儿及教师的左手掌、手指和手臂都涂上防护油以保护皮肤。PPT课件、水彩颜料、排笔、毛笔、辅助装饰材料、湿巾、幼儿工作服。

经验准备：了解手的各部位名称，能够通过手掌、手指及关节的活动做出各种手形。

【活动过程】

一、导入环节

1. 观看手影视频引入课题。
2. 借助手指游戏做好铺垫。

（1）教师边朗诵边表演：小兔子蹦蹦跳，孔雀抖羽毛；扁嘴鸭子嘎嘎叫，小猫耳朵摇；小羊走到大树下，大树快长高；小手快快并并好，小狗来到了。

（2）教师和幼儿一起玩"变变变"的手指游戏。

二、基本环节

1. 通过欣赏课件，了解手形彩绘。

第一张：提问："这个手形怎么摆的，它像什么呢？"

第二张：提问："学一学这个手形，想一想可以彩绘成什么？"

小结：你发现了吗，同一个手形可以想象、彩绘出不同的动物，是不是很有趣？

第三张：提问："学一学这个手形，谁摆出来了？四指弯曲，拇指捏住食指，像什么？啊呜！像不像动物的嘴巴？会是什么动物呢？（可以让幼儿说）我们一起来看！"

小结：你看，只要抓住了动物最明显的特征（比如嘴巴、颜色、花纹），同一个手形可以彩绘出那么多种动物。

第四张：提问："这是什么？你能用不同的手形摆出孔雀来吗？"（幼儿尝试）

小结：原来同一种动物，我们还可以摆出不同的手形，啊，真是太神奇了！

2. 教师现场示范，掌握作画步骤。

老师边彩绘长颈鹿，边讲解："小手摆好不要动，先把眼睛来固定，拿起大排刷，颜色赶快刷。"涂颜色的时候一定要涂得又浓又匀，这样画出来的效果会更好。底色涂好了，然后换小号的画笔勾出花纹，一支笔只蘸一种颜色。最后，再装饰打扮一下。

提问："刚才老师先摆出手形，然后又做了什么？"

3. 激发幼儿愿望，进行自主创作。

（1）激发幼儿愿望。

师：老师彩绘了长颈鹿，你想彩绘什么呢？

（2）介绍工具材料。

（3）提出绘画要求。

（4）幼儿自主创作。

提示第一步：用你涂上油的那只小手变出手形摆好不动，看看像什么？

提示第二步：把眼睛的位置固定好。

提示第三步：抓住动物的特征开始彩绘吧！

提示第四步：大刷可以涂底色，小刷可以画细小花纹。

4. 同伴相互欣赏，说说创作内容。

（1）请幼儿互相看一看别人的作品，说一说自己的作品。

（2）教师引导幼儿有针对性地点评2~3名幼儿的作品。

三、结束环节

1. 大胆展示自我。幼儿在舞台上随音乐大胆展示自己独特的手形彩绘。

2. 现场发起倡议。

提问：你为什么要画孔雀？你会怎样对待小动物呢？你想对老师们说什么？

小结：保护动物、爱我家园。

【活动反思】

本次活动最大的特点就是，选择的材料贴近幼儿的生活，选择的表现方式新颖，为大班幼儿所喜欢。教师在活动中大多以幼儿的自主学习为主。以提问引发幼儿的思考，让孩子在观察、发现、思考、表现中学习。通过PPT课件，展示多幅手形彩绘作品，让幼儿来猜一猜手形彩绘作品用了哪些方法，让幼儿更多地了解了手形彩绘以及对手形彩绘创作方法的理解，展示手形彩绘创作的分步操作方法，让孩子更形象地了解手形彩绘的绘画方法。也为接下来的创作活动做了很好的铺垫，在幼儿操作过程中，教师循环播放手形彩绘作品，并播放优美的背景音乐，为幼儿的创作活动营造很好的创作氛围。能力强的孩子在选择表现自己的作品时，很好地运用了色彩及花纹来表现。能力弱的孩子在选择表现自己的作品时，色彩过于单一，表现得不够丰满，但是在活动中幼儿参与的积极性很高，都主动地进行创作活动。在巡回拍摄的过程中教师发现有些孩子一边创作自己的一边观察别人的，在他们的创作过程中也是互相学习的过程。

第三节　幼儿园音乐领域教育内容与活动实施

音乐是幼儿喜闻乐见的一种表现形式，幼儿园音乐教育的根本特性是发展儿童的主体性，其使命在于促进其内发性精神的成长。在幼儿园音乐中其内涵具体包括哪些，其特点又是什么？在进行教育活动设计的时候应该如何设定音乐教育的目标，把握其层级关系，在实践中应该注意哪些问题？本节将围绕以上内容进行展开。

一、幼儿园音乐领域教育概述

（一）幼儿园音乐教育的内涵

音乐是一种幼儿喜欢且容易接受的艺术形式，它通过声音来传递感情和表达思想，是个体感知世界和认识世界的较早途径之一。音乐作为社会审美生活的一种主观反映，对儿童实施音乐教育除了可以发展他们的音乐能力之外，还可以促进他们身体、语言、认知、情感、个性、社会性等发展。幼儿园音乐教育指在幼儿园机构中，由幼儿园教师与幼儿为主体进行以音乐有关的教育活动。其主要包括歌唱活动、韵律活动、打击乐演奏和音乐欣赏。

（二）幼儿园音乐教育的特点

幼儿园音乐教育由于其教育对象的特殊性，其具有审美性、游戏性、综合性、整体性的特点。

1. 审美性

幼儿音乐教育主要是一种通过音乐实践活动中的审美感染过程，对幼儿施加整体的、全面发展教育影响的基本素质教育。音乐作为一种有效的教育手段，其特殊性就在于：它是通过审美感染的过程来达到完美人格塑造，音乐教育的所有目标都是通过"审美感动"的过程来达到。

2. 游戏性

幼儿园年龄阶段的幼儿大多还不能清晰地意识到自己行动的目的和意义，也不能很好地主动设计、支配和调整自己的行动。游戏与学习和工作的最主要区别是，游戏能够使幼儿从活动过程中获得自主性与愉悦。因此，具有游戏性质的音乐活动能够更好地吸引幼儿自觉自愿、快乐而不知疲倦地投入其中。目前，在幼儿园的音乐教育实践中，不仅强调必须选用一定比例的音乐游戏作为主要活动方式，且要求所有的音乐教学活动都应当具有游戏性。

3. 综合性

现代幼儿音乐教育理论认为：综合性的音乐教育活动是帮助幼儿自由进入音乐天地的另一重要条件。幼儿音乐教育的综合性主要体现在以下三个方面：①形式上的综合性，即唱歌、跳舞、奏乐、演戏、玩耍要综合一体；②过程上的综合性，即创作、表演、欣赏综合一体；③目的上的综合性，即娱乐、学习、工作与发展综合一体。

4. 整体性

现代幼儿审美心理的研究发现，人类审美活动与人类科学活动的最大区别就在于：审美活动是情感地、形象地、整体地把握对象，而科学活动则主要是理智地、抽象地、分析地把握对象，幼儿更多的是使用情感的、形象的、整体的方式认识和体验自身世界与外部世界。理智的、抽象的、分析的思维和体验方式，在学前晚期才逐步发展起来。因此，无论从幼儿角度还是从审美角度，都需要使幼儿能够直接面对有情感、有形象的音乐舞蹈艺术品，让幼儿有更多机会直接欣赏或表演音乐舞蹈艺术作品本身，而不是让他们更多地去面对种种孤立的节奏、音程、技巧或练习曲之类的学习材料。

（三）幼儿园音乐教育的价值

历史上我国的音乐教育曾被视为一种重要的社会教化手段，音乐不仅用于塑造个体的德行与人格，还被用于构建个体与社会、自然的和谐关系，因而具有重要的文化、社会和政治功能。随着人们对音乐教育认识的不断深化以及儿童发展观念的不断转变，音乐教育逐渐从注重社会教化或技能学习回到音乐本身。音乐教育的最高价值就在于其作为一种艺术表现形式的审美价值，艺术教育的主要作用在于帮助人们达到对事物艺术品质的感觉体验。幼儿园音乐教育的根本特性是发展儿童的主体性，其使命在于促进其内发性精神的成长。

二、幼儿园音乐领域教育的目标

（一）幼儿园音乐领域教育目标制定的依据

幼儿园音乐领域教育目标的设计需要遵循学前儿童身心发展的年龄特点，教育的目的即儿童的发展。音乐教育领域教育目标的设计需要遵循教育活动目标设计的发展性、完成性、灵活性。就发展性而言，目标设计要着眼于幼儿发展，一方面使目标既适应幼儿已有发展水平，又能促进幼儿达到新的发展水平；另一方面目标制定要考虑音乐教育当中的关键经验。

（二）幼儿园音乐领域教育目标的层次结构

幼儿园音乐教育目标的层次可包括总目标、年龄阶段目标和具体教育活动的目标。

1. 幼儿园音乐教育的总目标

幼儿园音乐教育的总目标主要包括以下一些内容：

（1）愿意积极参与音乐活动，能够运用音乐大胆地表现自己的情感和生活体验；

（2）能够学习一些基本的音乐知识，掌握一些简单的音乐技能和方法；

（3）会创造性地运用各种音乐媒介；

（4）通过音乐活动，初步感受并喜爱生活和音乐作品艺术中的美。

2. 幼儿园音乐教育的年龄阶段目标

幼儿园音乐教育各年龄阶段的目标是根据总目标，同时结合小班、中班、大班幼儿不同的身心发展水平而确立的，它保证了幼儿音乐教育教育总目标在各年龄段的贯彻落实，具有一定的连续性和较强的年龄适宜性。幼儿园音乐教育的年龄阶段目标详细内容如下。

（1）小班（幼儿年龄范围一般为3～4岁）音乐教育目标如下：

①容易被自然界中的鸟鸣、风声、雨声等好听的声音所吸引。

②喜欢听音乐或观看舞蹈、戏剧等表演。

③经常自哼自唱或模仿有趣的动作、表情和声调。

④能模仿学唱短小歌曲。

⑤能跟随熟悉的音乐做身体动作。

⑥能用声音、动作、姿态模拟自然界的事物和生活情景。

（2）中班（幼儿年龄范围一般为4～5岁）音乐教育目标如下：

①喜欢倾听各种好听的声音，感知声音的高低、长短、强弱等变化。

②能够专心地观看自己喜欢的文艺演出或艺术品，有模仿和参与的愿望。

③经常唱唱跳跳，愿意参加歌唱、律动、舞蹈、表演等活动。

④能用自然的、音量适中的声音基本准确地唱歌。

⑤能通过即兴哼唱、即兴表演或给熟悉的歌曲编词来表达自己的心情。

⑥能用拍手、踏脚等身体动作或可敲击的物品敲打节拍和基本节奏。

（3）大班（幼儿年龄范围一般为5～6岁）音乐教育目标如下：

①乐于模仿自然界和生活环境中有特点的声音，并产生相应的联想。

②欣赏音乐时可以用表情、动作、语言等方式表达自己对于音乐的理解。

③愿意和别人分享、交流自己喜爱的音乐作品和对音乐的美感体验。

④积极参与音乐活动，有自己比较喜欢的音乐表现形式。

⑤能用基本准确的节奏和音调唱歌。

⑥能用律动或简单的舞蹈动作表现自己的情绪或自然界的情景。

3. 幼儿园音乐教育具体教育活动的目标

幼儿园音乐教育具体教育活动的目标是根据音乐教育各年龄阶段的目标，同时结合具体教育活动内容而提出的，它保证了幼儿园音乐教育年龄段目标在每一节音乐教育活动中的贯彻落实，具有较强的操作性。例如：小班音乐教学活动"一对好朋友"的活动目标为：①感受歌曲的内容，会用连贯、柔和的声音表现欢快的情绪；②两两结伴边唱边演，创造性地做出亲近的动作，体验与同伴友好合作的快乐。

三、幼儿园音乐领域教育的原则

幼儿园音乐教育因为其方法与内容、教育对象的特殊性一般有如下几个原则。

1. 发展性原则

发展性原则是指在设计幼儿园的音乐教育活动时，教师必须准确地把握好幼儿原有的基础和能力水平，并以此为依据着眼于促进儿童身心的全面发展。贯彻发展性原则，应将儿童原有的基础和发展目标联系起来考虑；坚持以促进儿童全面的发展，既包括音乐素质和能力，也包括非音乐的素质和能力。

2. 主体性原则

主体性原则是指在设计和实施幼儿园音乐教育活动时，教师要注意发挥幼儿而非仅仅是教师的主体性，以幼儿为本，在音乐教育活动中注重发挥幼儿的自主性、能动性与创造性（超越性）。更多引导幼儿去进行音乐活动的自我选择、自我决策、自我设计与实施、自我反思和调控，根据幼儿的兴趣爱好来选择具体的音乐活动设计与实施。

3. 审美性原则

审美性原则是指在音乐教育活动设计中把握好儿童的审美特点，以审美感知的培养、审美情感的激发为出发点，遵循将审美的特殊性贯穿到音乐的欣赏、表演和创造等活动形式之中。音乐教育活动中的审美性原则，教师应当寓美于形、寓美于情、寓美于乐。

4. 整合性原则

整合性原则是指在音乐教育的活动设计中自然地将音乐领域的内容与其他学科领域的内容相互交融和渗透，同时也是将各种不同领域的音乐内容、不同的音乐方法等作为一个互相联系的完整体系来看待。遵循整合性原则，主要体现在音乐教育活动内容的整合、音乐教育活动形式相互整合以及音乐教育过程的整合。

四、幼儿园音乐领域教育的内容

对幼儿实施的音乐教育，包括通过有目的的、有计划的、专门的音乐教育活动进行的，也包括在日常生活中随机发生的音乐教育。幼儿园音乐教育活动的内容主要包括以下几个方面的内容。

（一）歌唱活动

学习歌唱活动的简单知识技能，包括唱歌姿势、呼吸、发声、咬字吐字、音准、协调一致、保护嗓音、表情等；学习歌唱活动的表演形式（包括独唱、齐唱、合唱、表演唱等）以及歌曲等。

（二）韵律活动

学习韵律活动的简单知识技能，包括节奏感、辨别音乐性质的能力、动作协调性等。学习韵律动作（又称律动，包括基本动作，如走、跑、跳、点头、弯腰、屈膝、击掌、招手等）；模仿动物、人的劳动、自然界的现象和日常生活的动作（如鸟飞、鱼游、锄地、刮风、下雨、花开、树长、开汽车、洗脸等）；舞蹈动作（包括踏步、小跑步、踏点步、进退步、踏跳步、跑跳步、秧歌步、滑步等及它们的各种组合）；学习韵律活动的表现形式（如独舞、双人舞、集体舞等）。

（三）打击乐演奏

学习打击乐演奏的简单知识技能及其活动常规，包括幼儿园常用的打击乐器的演奏，如鼓、铃鼓、串铃、碰铃、三角铁、锣、木鱼、沙锤、响板、双响筒等；学习为音乐作品配器、指挥，为音乐作品选配节奏及演奏方式；节奏读谱活动等。

（四）音乐欣赏

学习音乐欣赏的简单知识和技能，包括倾听声音的能力、表现声音的能力、对音乐表现手段感受能力（如力度、节奏、速度、旋律、音色等）；感受和欣赏音乐作品，音乐作品包括带歌词的古今中外优秀的儿歌、歌谣、故事片和动画片插曲，根据童话故事创作的音乐作品，中外著名作曲家优秀作品中适合幼儿欣赏的片段、钢琴教材及其他器乐教材中的小曲子等。

五、幼儿园音乐领域教育活动的设计与实施

（一）歌唱活动的设计与实施

歌唱活动的设计是依据歌唱关键经验，如选择歌曲、处理歌曲、选择教学方式、对幼儿施加教育影响的方案；也是对影响歌唱教育活动的主要因素，如歌唱教育活动目标、活动内容、教学方法、教师与幼儿以及环境媒介等进行合理而系统地编制和处理的过程。歌唱教育活动方案由四个部分构成：音乐材料、活动目标、活动准备与活动过程。

（1）音乐材料部分。音乐材料部分需要呈现曲谱、对歌曲的视觉符号表征（图片、视频、图谱等）、对歌曲的运动符号表现（动作设计）、情境设计中的道具。在具体某个活动方案的设计过程中，并非绝对需要完整的四个部分，根据具体歌曲与设计情况呈现其中部分内容即可。

（2）活动目标部分。活动目标往往由感受与表现两个部分构成。感受部分包括歌曲内容与形式两方面：一方面，要写清楚需要幼儿感受到的歌曲内容是什么；另一方面，要写清楚幼儿感受到的这首歌曲特有的音乐元素是什么。感受部分可以把内容与音乐感受合在一起写一条目标，也可以分开写成两条目标，视具体歌曲而定。表现部分要写明，表现的类型是身体动作表现还是嗓音表现，同时写明具体的身体动作表现要求或唱歌要求，如身体动作合拍地表演、唱出衬词部分、创编歌词等。

（3）活动准备部分。活动准备部分包括经验准备和物质准备两部分。歌曲中有生僻词、幼儿不熟悉的情境、知识类歌词等情况时，在教学活动之前需要对幼儿进行经验铺垫或准备，以便顺利展开歌唱教学。物质准备主要指设备、教具、学具的准备。

（4）活动过程部分。活动过程部分一般是按照歌曲内容感受、音乐感受、动作表现、嗓音表现四个环节推进。由于每首歌曲的侧重环节会有区别，导致不同的歌曲在教学的文本呈现上会有较大差别。

（二）韵律活动的设计与实施

韵律活动包括律动和律动组合、舞蹈、音乐游戏、歌唱表演。在幼儿园音乐韵律活动的实践中，以舞蹈为典型代表，且舞蹈多指集体舞蹈，其旨在提升幼儿空间适应能力与社会性交流能力。幼儿园集体舞教育活动是指以一个音乐作品为单位，基于对此音乐作品的感受与身体动作表现，最后走向具有舞伴与队形、集体协作完成的律动表演，从而促进幼儿音乐能力与社会性发展的一种音乐实践活动。

集体舞动作设计要遵循"由易至难"的原则，以使在每个教学环节出示的新动作都能达到"发展适宜"指标：一方面，保证新动作是在幼儿动作能力范围内；另一方面，保证新动作具有"新"的意义。集体舞动作由易至难的设计，一般由以下五个部分构成：①确定固定模型动作；

②确定上肢动作；③确定下肢动作；④确定队形变换动作或舞伴交换动作；⑤将音乐中的一段由固定模型动作转换成即兴动作。

（三）欣赏活动的设计与实施

幼儿园欣赏教育活动是指以一个音乐作品为单位，通过身体动作表演促进幼儿音乐能力发展的一种音乐实践活动。幼儿园音乐教育的所有内容类型都涉及欣赏。歌唱、打击乐、集体舞、音乐游戏等类型的音乐教育活动的第一个大环节，都是让幼儿感觉音乐作品的特征，这里的感受即欣赏。欣赏活动对幼儿节奏经验的获得发挥着巨大的作用。幼儿下肢合拍经验、合句段音乐结构经验获得的途径主要是欣赏活动。因此，欣赏活动是幼儿获得音乐经验不可缺少的一项音乐实践活动，是幼儿园音乐教育活动的重要组成部分。

在进行幼儿园欣赏活动的设计与实施时要注意幼儿的音乐感受特点，其突出表现在以下三个方面。

1. 幼儿喜欢声音饱满丰富、情绪愉悦浓烈的音乐

合奏比独奏更吸引幼儿的注意力，因为合奏的声音饱满丰富、音量大。欢快、激烈的音乐比舒缓、悲情的音乐更吸引幼儿的注意力。因为幼儿无条件地喜欢激烈的音量，喜欢能够让他们的神经系统变得异常兴奋的音响。鉴于此，在幼儿园音乐欣赏活动的设计中，应当挑选一些情绪活泼、欢快、激烈的作品作为幼儿音乐欣赏的材料。如果一个音乐作品的主段是抒情的，那么教师可以加一个激情段来进行对比，以便满足幼儿对浓烈音响的需求。

2. 幼儿喜欢生动的音乐内容

如果一个音乐作品没有生动的内容，幼儿就没有感受它的兴趣与能力。所以在设计时要注意幼儿的音乐感受必定要分为两个环节，且两个环节的顺序不能调换，必定是从内容感受环节走向音乐感受环节。不提供内容的音乐不在幼儿的感受阈内，这种重视音乐内容、轻视音乐形式的状态也是幼儿音乐欣赏重题材、轻风格的突出表现。如何能让幼儿感受与理解音乐？答案就是带幼儿进入音乐的内容形象中，让幼儿根据音乐作品联想一件事、一个人、一个动物，带幼儿进入星星、天空、小河、小动物的情境中，内容吸引幼儿的程度决定着音乐吸引幼儿的程度。

3. 幼儿喜欢在运动中感受音乐

幼儿的音乐感是由身体肌肉感引领的，通过静坐倾听来感知音乐比较为难幼儿，幼儿感知、理解音乐的过程就是身体运动的过程。所以，达尔克罗兹就儿童的音乐学习特点发出了"音乐即运动"的宣言。这里"运动"是指身体动作的表演，准确地说，是指幼儿合拍、合音乐句段结构地进行身体动作表演，即合乐的身体动作表演。鉴于此，身体动作是幼儿音乐学习的工具，让幼儿的身体动作合上音乐是幼儿园音乐教育的主要任务。

幼儿在身体动作合乐方面具有以下特点：①从容易做的动作开始，在设计时应当遵照拍腿—拍头—拍手—拍肩—踏步—走步；不移动动作—移动动作；单一动作—组合动作；上肢动作—下肢动作的由易到难的难度来设计；②从容易做动作的速度开始。由幼儿感到舒适的速度—教师严格规定的速度（每分钟120拍到136拍）—教师随意规定的稳定速度—教师有变化的速度—幼儿有变化的速度来进行。

在设计欣赏活动方案时要注意其一般由音乐材料、活动目标、活动准备和活动过程四部分组成。①音乐材料部分。音乐材料部分需要呈现乐谱，对音乐作品内容形象化挖掘所需要的视觉直观教具（图片、视频、图谱等）、对音乐作品的动作设计。②活动目标部分。活动目标往往由感受与表现两个部分构成。感受部分包括音乐内容与形式两方面，一方面写清楚通过什么方式使幼儿感受到音乐内容；另一方面写清楚需要幼儿实现的表现方面的关键经验是什么。③活动准备

部分。活动准备部分包括经验准备与物质准备。乐曲的音乐内容中有幼儿不是太熟悉的情境、事件、知识等情况时，教学活动之前需要对幼儿进行经验铺垫或准备，以便顺利展开教学。物质准备主要指设备、教具、学具的准备。④活动过程部分。活动过程部分一般按照音乐内容感受、音乐形式感受、身体动作表现三个环节推进。由于每首乐曲的侧重环节会有区别，导致不同的乐曲在教学环节的文本呈现上会有较大差异。

（四）打击乐活动的设计与实施

打击乐器是幼儿最容易掌握的乐器。打击乐器演奏是以身体大肌肉动作参与为主，运用一定的节奏和音色，通过打击乐操作来表现音乐的一种活动。打击乐器是幼儿表达音乐的一种最自然、最直接的工具，打击乐演奏活动是能够令幼儿感到快乐的一种音乐活动。幼儿的打击乐演奏能力既是节奏能力发展的一个方面，也是感知、理解及创造音乐能力的具体表现。

开展集体打击乐器演奏活动，可以使幼儿有机会参与表演比较长、大型、复杂的音乐作品，从而提高幼儿对这些音乐作品的熟悉程度，扩展幼儿的音乐词汇，提高幼儿的音乐理解能力与表现能力。

打击乐教育活动的设计是依据打击乐关键经验，选择音乐作品、处理音乐作品、选择教学方式、对幼儿施加教育影响的方案；也是对影响打击乐教育的主要因素，如活动目标、教育内容、教育方法、教师与幼儿以及环境媒介等进行合理而系统地编制和处理的过程。在打击乐教育活动设计与实施中应当注意以下四个方面的内容：音乐作品的选择、音乐内容形象的幼儿化挖掘、视觉媒介的设计、乐器的选择与演奏编制。

1. 音乐作品的选择

用于幼儿演奏的音乐作品一般不能长于3分钟，但音乐作品可以间断到什么程度可以不受限制。例如，用于小班幼儿演奏的音乐作品可以只有两句音乐，以便可以循环播放，小班幼儿非常乐意重复演奏、循环播放。而用于集体活动中演奏的音乐作品，一方面，应包括声乐与器乐两类，尤其是让幼儿自己配多声部伴奏的音乐作品，一定是声乐作品，且要适合幼儿歌唱；另一方面，无论是声乐作品还是器乐作品，其性质的范围可以涉及由"欢快、活泼"到"中速、行进"再到"抒情、缓慢"的所有横跨快、中、慢三类速度音乐。如果只有一段音乐，应是欢快、活泼的；如果有多段音乐，主段音乐应是欢快、活泼的，中速进行或抒情、缓慢的音乐用于对比。

2. 音乐内容形象的幼儿化挖掘

所有的音乐作品在与幼儿"见面"时，必须具有在幼儿生活经验范围内的音乐内容形象，这种音乐内容形象的挖掘是幼儿教师对音乐作品的二度创作，也是幼儿园音乐教育专业性的突出表现。在设计与实施时可以考虑的方式有对音乐内容形象的情境性挖掘，如用人物、动物行为构成的具体事件去解释音乐作品内容。

3. 视觉媒介的设计

在幼儿园打击乐活动中，视觉媒介设计主要包括视频与图片的设计。使用视频的目的是用直观生动的视频形象激发幼儿音乐活动的思维，把幼儿带入与音乐作品相关的内容形象中去。也可以通过用具体图像表达情境化音乐内容。

4. 乐器的选择与演奏编制

乐器的选择与演奏编制要根据所用的音乐来编排。此外要注意连贯性与契合性，从欣赏环节的身体动作表演到演奏环节的乐器演奏使用的是统一性质的音乐思维，是一个思维递进的过程，而不是割裂的状态。

（五）幼儿园音乐领域教育活动的案例

示例

小班音乐律动：两只小鸟

【设计意图】

"两只小鸟"这首音乐律动简单易懂，且节奏欢快。符合小班幼儿的实际，也能体现小班孩子天真可爱的童趣。小班幼儿对于两两结伴的歌唱表演很感兴趣，通过组织有趣且丰富的情节游戏，幼儿不仅能够提高自身的倾听能力、反应能力、音乐素养，也会获得快乐的情感体验。

【活动目标】

认知目标：理解歌曲内容，能用自然、轻柔的声音演唱歌曲。

技能目标：感受歌曲优美的意境，明确扮演角色并尝试用动作表现小鸟和好朋友游戏时的快乐。

情感目标：在情境中体验演唱歌曲的乐趣。

【活动重点】

理解歌曲内容，明确扮演角色并尝试用动作表现小鸟和好朋友游戏时的快乐。

【活动准备】

物质准备：PPT课件、《两只小鸟》及打雷下雨声的音乐、小鸟纸偶（幼儿人手一份）、树林、花丛、草地、房子、山洞的场景、钢琴。

经验准备：已学习过小鸟飞的动作。

【活动过程】

1. 幼儿进入场景并做发声练习。

（1）鸟妈妈带领幼儿做小鸟飞的动作经过草地、花丛、房子、山洞场景，最终进入树林场景并两人一组坐在"小树"上。（两把椅子挨在一起并在背后贴上小树的造型）

（2）发声练习：用小鸟叫声"喳喳"配"12345，54321"进行练习。

2. 借助课件及纸偶，感知歌曲，熟悉歌曲内容，理解并学说歌词。

（1）出示课件，引出两只小鸟，引导幼儿观察，熟悉歌词并感知歌曲旋律。

（2）出示纸偶，教师随钢琴音乐慢速地演唱歌曲并用教具演示提示幼儿，鼓励幼儿用动作提醒自己记忆歌词做动作，幼儿跟随教师学唱，进一步熟悉歌词。

3. 幼儿自行选择"丁丁和咚咚"的角色扮演，教师示范躲在椅子后的动作并强调听歌词内容后幼儿听音乐进行游戏。

（1）幼儿寻找到藏在"小树"里的纸偶"丁丁和咚咚"后套在自己手上，并通过教师提问并向同伴介绍，明确自身角色。

（2）请丁丁和咚咚分别围着自己的"小树"转一圈。

（3）强调游戏规则：当听到"丁丁（咚咚）飞走了"时扮演者需要快速躲到"小树"后边；当听到"回来吧，丁丁（咚咚）"时需坐到小树上。

（4）配上伴奏音乐幼儿表演歌曲并做出躲藏与飞回的动作。

4. 幼儿根据不同音频及图片做场景游戏。

（1）播放打雷、下雨、刮风的音频，启发鸟宝宝遇到危险时飞到安全地带：空旷的草地、山洞里边、小房子周围、花丛等场景，藏好后查看所有鸟宝宝是否都已离开被风刮得摇晃的"小树"。

（2）出示太阳图片，引导各位小鸟再次回到"小树"上陪伴它，为它唱歌。

5．教师引导、小结后以小鸟飞到树林外玩耍自然结束活动。

（1）你们喜欢丁丁和咚咚吗？为什么？

（2）小结：丁丁和咚咚这两只小鸟真懂事，听见大树的一声呼唤，就马上飞回来了，而大树也会为小鸟撑起一把遮阳伞，它们相亲相爱在一起，我们小朋友也要像两只小鸟一样相亲相爱。现在我们飞到小树林外面去玩玩吧！（幼儿听音乐做小鸟飞动作跑出活动室）

【活动反思】

本次活动"两只小鸟"总体思路较为清晰，能够达到教学目标。但在环节衔接上还有欠缺，应变能力需要提高。这是一首韵律比较欢快的音乐，但在导入部分为了追求新颖，增加了草地、花丛等多种场景，反而过于吸引幼儿注意力，下次可以设计得更加直奔主题。在学唱歌曲环节，教师应该多顾及个别孩子，给予帮助。学习教具"两只小鸟"藏在小树里让幼儿寻找，孩子很感兴趣。在情景游戏环节设置了打雷、下雨、刮风时所有"小鸟"飞到安全的草地、花丛环节，孩子的积极性比较高，和老师的互动也比较强烈，整个游戏气氛愉快，达到了活动高潮。因此，这个活动很符合小班幼儿的实际，也很能体现出小班孩子的天真可爱的童趣。整个活动下来，幼儿都很开心，深深地融入到整个游戏情景当中，达到了一个比较好的效果。

——【幼儿园教师资格证考试：考点预测】——

1．幼儿音乐教育主要有歌唱活动、（　　）、打击乐器演奏、音乐欣赏四种不同类型的活动。

A．韵律活动　　　　　　　　B．舞蹈活动
C．音乐游戏　　　　　　　　D．集体舞蹈

参考答案：A

2．幼儿绘画能力发展阶段的涂鸦期年龄在（　　）。

A．1.5～3岁　　　　　　　　B．3～4.5岁
C．5～6岁　　　　　　　　　D．8岁以后

参考答案：A

3．年幼的儿童在美术活动中的表现往往更集中在自我表达与尝试体验的（　　）。

A．积极、乐观　　　　　　　B．好玩、有趣
C．大胆、感性　　　　　　　D．形象、理智

参考答案：B

4．幼儿在绘画时，总认为凡是客观存在的东西都必须把它画出来，其视线就像X光一样能穿透任何东西似的，这种表现为（　　）。

A．拟人化　　　　　　　　　B．透明式

C. 展开式　　　　　　　　　　　　D. 夸张法

参考答案：B

📖 本章小结

本章主要介绍了幼儿园艺术领域教育活动的设计，首先阐述了整体幼儿园艺术领域教育活动的内涵与价值、论述了与《指南》相结合的目标的内容，并进行国际视野对比、提出相应的教育建议。其次分为美术领域与音乐领域两个部分，分别来进行其价值、内容结构、目标原则、设计与实施的深入说明，并在最后提供相应的教学实践案例进行参考。

🎯 关键术语

幼儿园艺术教育活动　幼儿园美术教育活动　幼儿园音乐教育活动　绘画欣赏歌唱韵律活动

💡 思考题

小海是个实习生，听说学校的实习指导老师要来观摩她的教学活动，特别准备了一个语言和美术相结合的教学活动。为了使指导老师满意，她不仅进行了精心准备，还进行了试教。活动过程是先讲一个故事，叫《颠倒的世界》，故事内容说的是在一个颠倒的世界里，样样事情都反了，比如，长颈鹿变短颈鹿了，乌龟跑得飞快，小兔子挪动身子很慢，房子会走……故事很好玩，听得幼儿哈哈大笑。然后，小海老师让幼儿自己想象：在你的颠倒世界里，还有什么事情反过来了？把它画下来以后进行交流。

令小海老师没有想到的是，事实真的颠倒了。试教时，她找来的一半孩子，都是平时被认为是画画不太好的，而留下准备正式上课的那一半幼儿都在外面学过画画，有的还得过奖。但遗憾的是，试教很成功，而正式教学很不如意。试教时的那批孩子想象力丰富，讲了很多稀奇古怪的相反事，笑得前仰后翻的，比如：在我的颠倒世界里，我变成了妈妈，妈妈变成了孩子，我看电视，命令妈妈写字。而正式教学中，那些很会画画的孩子却抓耳挠腮的，想不出要画什么，总是说这个东西不会画，那个东西不会画，还有相互模仿的。最不可思议的是，他们的绘画技能并没有比另一些孩子好，甚至还没有自己平时绘画课上画得好。

请你结合本章内容思考，这是为什么呢？

⭐ 建议的活动

活动名称：头饰制作

【活动目标】

欣赏头饰的外形美和色彩美。

在学习头饰制作基本方法的基础上，创造性地制作自己喜欢的头饰。

【活动准备】

1. 头饰作品：公鸡、孔雀、兔子、花猫、蜜蜂、花、松鼠、花等的头饰。
2. 铅笔画、剪刀、彩色水笔等。
3. 教师可事先组织幼儿策划一次戏剧表演，将本次活动置于活动需要的情况下更能激发幼儿对活动的兴趣。

【活动过程】

1. 展示头饰，通过艺术活动引发幼儿对头饰的兴趣。

2. 请幼儿将头饰拿下来，参与欣赏讨论。
3. 激发幼儿的创作动机，指导幼儿进行创作。
4. 明确并欣赏所制作的头饰。
5. 如果有戏剧表演，教师可让幼儿开展表演活动。

活动建议：

本活动可以请幼儿和家长一起在家里亲子合作共同制作头饰，并排练一个节目，教师在幼儿园里组织一次会演。

第八章 幼儿园区域活动的设计

学习目标

① 了解幼儿园区域活动的含义;

② 了解幼儿园区域活动的特点及其意义;

③ 明确幼儿园区域活动的种类;

④ 明确教师在区域活动中的角色;

⑤ 了解教师在区域活动中不同的观察策略。

导入案例

"在秋天里"主题活动

中三班正在热闹地开展着"在秋天里"的主题活动。教师根据这个主题设计了不少有趣的区角活动，例如"美丽的菊花""树叶变、变、变""水果篮""躲在哪里"等。孩子们根据自己的兴趣选择了不同的区角，兴高采烈地玩着，有的孩子对菊花感兴趣，于是就用各种颜色的纸、剪刀、胶水制作漂亮的菊花；有的孩子对树叶感兴趣，就用油画棒、水粉颜料、签画纸、固体胶将各种树叶组成一幅幅美丽的画，贴在展示区里给其他小朋友欣赏；还有的孩子对水果和数字感兴趣，就在"水果篮"区角，根据篮上的数字装入相应数量的水果；还有的孩子对昆虫感兴趣，跑到教师设计好的树林背景图前，将各种秋虫图片随意放在树林的任何地方，然后根据秋虫摆放的位置，用方位箭头图片来判断秋虫在树、花、草丛图片中的方向，学习方位知识……

以上所描述的是幼儿自主地进行游戏、操作的活动片段，是在幼儿园区域活动中发生的。那么区域活动究竟是什么？如何能够有效地进行区域活动呢？一起来学习幼儿园区域活动吧！

第一节 幼儿园区域活动的概述

一、幼儿园区域活动的内涵和意义

活动区是近年来我国幼儿园教育中普遍采用的、不可或缺的教育活动形式。这种教育形式创始于欧洲学前教育机构，20世纪70年代开始流行于美国幼教界，被看作是"开放式教育"思想的具体体现。20世纪70年代末，活动区教育开始进入我国幼儿园。随着对幼儿自主学习能力的愈加重视，区域活动如何更好地开展成为当今学前教育界普遍关注的问题，以下将从幼儿园区域活动的内涵以及意义进行介绍，详细地阐明幼儿园区域活动的含义和幼儿园开展区域活动的必要性。

（一）幼儿园区域活动的内涵

区域活动，也称活动区活动，区角活动。区域活动是指教师依据幼儿的兴趣、发展水平以及幼儿园的教育目标，创造性地划分一定的区域，提供丰富充足的材料，与幼儿共同制定活动规则，为幼儿创设具有支架性的环境；幼儿主动参与，自主选择活动区域、活动材料、活动方式，从而促进幼儿身心得到全面发展的开放的、低结构化的活动。

区域活动作为集体教学的重要补充之一，是重要的幼儿自主活动的方式。在区域活动中，幼儿对材料进行不断的探索，与同伴进行合作交流，主动建构自己的经验，充分体现了幼儿的主体性。其次，区域活动可以满足幼儿的好奇心和求知欲，为幼儿的发展提供多种多样的机会。

（二）幼儿园区域活动的意义

1. 有利于幼儿园课程的建构

（1）有利于拓展课程的组织形式。集体活动和区域活动是幼儿园学科教育的两种主要活动形式，二者相互补充。集体教学活动属于高结构化的教学活动，主要以集体的形式，教师是教育内容的决定者，课程的组织者和引导者。虽然集体活动有其自身的优势，但是对于幼儿的个别差异性关注不够，课程内容往往并未源于儿童的兴趣和经验。因此，仅靠集体活动来实施课程和促进幼儿的发展是不够的。区域活动是一种低结构化的活动，是由幼儿主动发起的深层次探究活动，以幼儿的兴趣为导向，是集体活动的一种拓展。区域活动可以很好地照顾到儿童的个别差异，促进个性化的学习与探索，并与集体活动内容相承接，有利于教育的系统性和连贯性。

（2）有利于整合课程资源。区域活动主要源自儿童的生活经验，这就要求教师充分挖掘家庭和社区中蕴藏的丰富教育资源，使活动区的设计更加满足幼儿的需要。这并非仅仅意味着让家长提供一些材料，区域活动和家庭、社区之间应该是互利的双向关系。首先，区域活动需要社区、家庭提供材料；其次，教师在观察中了解幼儿在社区、家庭中获得的已有经验，选择具有潜在价值的经验或有待学习的内容，进而生成新的区域活动；最后，在区域活动中，教师会了解到幼儿哪些能力不足，针对这些不足与家长进行沟通，提高家庭教育的质量。

2. 有利于促进幼儿的全面发展

（1）促进幼儿情感的发展。区域活动不同于集体活动，在区域活动中教师同幼儿的互动频率得到提高。区域活动往往是以小组的形式展开，教师能同组中每位幼儿进行实际性的交往，满足幼儿个别的需要和兴趣。从而让幼儿感受到教师对自己的重视，发现自己的闪光点，与教师形成情感上的共鸣，有助于提高幼儿的自信心，帮助幼儿形成良好的自我概念。其次，幼儿在区域活动中往往选择自己感兴趣、在自己能力范围以内的活动。这种选择是有目的且幼儿愿意坚持下去的，对培养幼儿的独立性具有推动作用。在独立选择好自己的活动之后，幼儿会更富有责任感，更加积极主动地参加活动，完成自己所选择的活动之后，幼儿的成就感也能得到提升。

（2）促进幼儿认知能力的发展。认知的发展包括对一切事物的认知和体会，认知不仅是指主体的感觉，也包括对事物的自主理解。区域活动突破了集体教学中幼儿处于被动的局面，更加强调幼儿的自主性。首先，幼儿在教师提供的多种多样的材料中进行操作，与周围的环境以及材料的相互作用中保持学习的积极性和探索欲望，从中进行经验的建构，不断地增加或修改已有的认知。其次，在区域活动中，幼儿会遇到各种各样的问题，幼儿往往需要通过自己的已有经验或是观察身边幼儿的方法策略来解决问题，在解决问题的过程中，幼儿的创造性以及想象力也得到了发展。

（3）促进幼儿操作能力的发展。苏霍姆林斯基曾说："儿童的智慧在他的手尖上。"幼儿的动手操作能力对幼儿的发展具有重要的影响。在幼儿阶段，幼儿主要通过视觉、听觉、嗅觉、触觉等感觉联合的探索性动作来感知、探索事物的性质、事物之间的关系、事物的变化与自己动作之间的关系，从而对周围的环境有更好的理解，构建自己的经验。在区域活动中，幼儿不断地去组合、改变材料的形态，锻炼自己的大肌肉，促进精细动作的发展，进而提高自己的操作能力。

（4）促进幼儿社会性的发展。幼儿期是个体社会性形成的关键时期，而交往是社会性形成的基本途径。在区域活动中，幼儿间的相互合作是区域活动的主要形式之一。首先，在合作中，幼儿与他人分享自己的见解，学会采纳他人的意见，尊重他人的看法。其次，在不同的区域活动中，幼儿可以体验到不同的身份角色，如商店的售货员、公交车司机、娃娃家的爸爸妈妈等。在体验不同的角色的过程中，幼儿需要站在自己所扮演的角色的角度看待问题，从而不断改变幼儿以自我为中心的交往意识，提高幼儿的共情能力、同情心。在交往过程中幼儿的语言交往能力会得到提高，社会性也会得到发展。

3. 幼儿园区域活动有利于促进教师的专业发展

（1）区域活动有利于促进教师专业知识的完善。幼儿园教师的专业知识包括幼儿的发展知识、幼儿保育教育知识以及通识性知识。每个幼儿都有自己不同的特质、不同的经验基础、不同的生长环境，从而使每个幼儿的发展水平各不相同。在区域活动中，教师有更多的机会去观察、了解、解读幼儿。首先，在了解不同幼儿的发展水平、经验背景以及性格特质的过程中，会不断地完善教师有关幼儿发展水平的知识。其次，好奇是这一年龄幼儿的主要特点，在区域活动中幼儿有很多机会进行自己探索，在探索过程中会遇到各种各样的问题，此时就需要教师"解惑"。"解惑"的过程中难免遇到教师也不了解的内容，这时就需要教师和幼儿共同学习，弥补教师知识的不足。

（2）区域活动有利于促进教师专业能力的发展。教学监控和教学探究能力、实践反思能力在教师的专业发展过程中起着重要的作用。在集体教学活动中，教学计划主要针对大多数幼儿的发展水平，教学的出发点也是为了完成教学大纲的任务，掌握到每位幼儿的发展状况和学习水平。在区域活动中，教师走进幼儿，了解每位幼儿的"最近发展区"，针对不同的幼儿制订不同的教育计划。例如，对一些发展较快的幼儿可以提供操作起来更难的材料；对一些发展较慢的儿童，教师可以为其提供支架，尽量满足发展的需要，显示活动的层次性。在这一过程中，教师的观察能力、问题解决能力会得到提高，在遇到问题时，也会促进教师自我反思：环境创设、材料投放是否符合幼儿特点？每个幼儿都在他们的"最近发展区"中吗？应如何更好地帮助幼儿解决问题，从而促进教师专业能力在实践中得到提高？

二、幼儿园区域活动的形式和特点

（一）幼儿园区域活动的形式

幼儿园区域活动的形式主要有以下几种：集体活动、分组活动、自选活动、自由活动、主题活动。

1. 集体活动

集体活动是指将区域活动作为对幼儿进行集体教育的方式之一，比如：需要全体幼儿获得某一种知识或技能时，根据活动目标，在一个或多个相关区域中投放恰当的操作材料，让幼儿通过自由的探索活动来感知内容，获得相关的经验。

2. 分组活动

分组活动是指将活动区作为对幼儿进行分组教学的场所。它在以下的条件下适用：一是发展幼儿智力上，在相关的区域活动中，对某些有特殊需要的儿童做必要的辅导，帮助他们获得相应的经验、技能；二是在区域活动开始阶段，帮助幼儿熟悉每个区域的内容、材料和工具的使用方法；三是材料不够，做不到人手一份的情况下或是活动区内幼儿数量不平均的情况下。

3. 自选活动

自选活动是指在人为创设的自然情境中进行的活动。自选活动主要适用于活动区活动成熟阶段，幼儿已对各区的材料、玩法、规则比较熟悉。

4. 自由活动

自由活动的特点是儿童在活动过程中其主体内在动机完全被激发，幼儿进行的是"自发学习"，他们更加积极地与环境进行交互作用。它与自选活动的主要区别是区域的提出、内容的选择、材料的添置等具有随机性以及幼儿的主动参与性。教师的教育意图在活动中不断调整，灵活地实现，它主要适用于区域活动的高级阶段。再就是一些特定的区域，如娃娃家、医院等。

5. 主题活动

主题活动是指各个区域的活动紧紧围绕一个主题，按照主题的目标进行内容的选择、材料的投放。它主要适用于教育内容需要多种活动形式配合才能完成，以加深印象，促进幼儿的理解。

（二）幼儿园区域活动的特点

区域活动是教师为幼儿创设丰富的活动环境，投放多元的材料，给幼儿主动探索的机会，让幼儿根据自己的兴趣、意愿、需要从而进行学习和探索的活动模式。其特点主要表现在以下五个方面。

1. 自主性

自主性是指幼儿是区域活动的主人，可以根据自己的兴趣自主选择活动的区域、活动材料、活动伙伴、活动的形式。也可以不同程度地参与活动区的划分、活动区规则的制定、提供活动区的材料，充分发挥幼儿的自主性。

2. 教育性

区域活动的教育性具有隐蔽的特征，不同于集体教学活动，区域活动没有明确的教育目标，通常是在幼儿与周围环境的相互作用、交往中得到经验的提升。主要体现在幼儿在游戏的过程中对材料的探索、操作，对区域规则的遵守，以及与伙伴们的相互交往中产生的积极体验。

3. 实践性

实践性是指在区域活动中幼儿要通过具体的实践活动来感知周围的世界，建构自己的经验，使得教育性得到发挥。区域活动中包括许多具体的活动，如娃娃家中的角色扮演、建构区中对材料的操作等，在幼儿的不断实践中，其自身能力得到不断的提高。

4. 个体化

个体化是指每位幼儿的前期经验、发展水平、个性倾向各有所不同，在选择活动区、活动内容、材料时便会出现个体差异，每位幼儿在进行区域活动时便会在其自身原有的经验基础上达到不同的水平，即每位幼儿的"最近发展区"都不相同。因此，幼儿在区域活动中的学习与发展具有明显的个体化的倾向。

5. 指导的间接性

在区域活动中教师更多是发挥着支架的角色，首先，在环境的创设中教师要充分发挥幼儿的主动性，让幼儿参与到环境的创设中去；其次，幼儿在活动中遇到问题时，教师应适当地介入，要以幼儿能够自己解决问题为前提对幼儿进行间接性的帮助，例如，幼儿遇到问题时，教师可以扮演合作者的角色，间接地帮助幼儿解决问题。最后，教师在区域活动中要观察幼儿，对每个幼儿的发展水平有正确的理解，因材施教，使每个幼儿都得到发展。

三、幼儿园区域活动的种类

幼儿园区域活动可以分为室内区域活动和室外区域活动。现阶段，幼儿园室内区域活动大致有以下三种类型：一是常规区域，如益智区、美工区、建构区、角色区等；二是特色区域，主要体现当地地域特色或园本、班本的特色的区域活动；三是主题区域，伴随主题教学活动的开展、主题目标、主题活动内容物化在区域材料当中，引导幼儿在区域的自主互动中实现主题目标。户外区域活动包括玩水区、玩沙区、园艺区、自然探索区、游戏区、攀爬区等，不同幼儿园根据自己的特色划分不同的室外活动区域。以下对幼儿园常规的区域活动进行详细的介绍。

1. 益智区

益智区可划分为科学区和数学区，主要是指教师投放高结构、低结构的材料，幼儿通过观察、判断、操作等形式进行各种智力活动发展思维，从而达到教育目的。高结构材料往往有明确的教育目标、玩法以及标准答案，如拼图、迷宫；低结构材料往往可变性强，没有固定的玩法，幼儿可以根据自己的想法创造性地操作，如雪花片、纸牌等。高结构材料和低结构材料可以相互变通，例如，老师给出一幅图片，让儿童根据图片用不同形状的卡片摆出来。益智区基本上是让幼儿在操作材料的过程中学到或得到知识的积累或经验的启发，帮助幼儿知识经验的内化。所以与其他区域相比，益智区更能促进幼儿认知能力的发展，提高幼儿思维能力，锻炼儿童分析问题以及解决问题的能力。教师在益智区中应投放充足、有层次且操作性较强的材料，从而满足儿童的不同需要。

2. 美工区

美工区是指幼儿通过操作各种美工材料，根据教师的范例或按照自己的意愿自由进行涂色、绘画、粘贴、印染等美工活动，从而发展幼儿的审美能力、创造能力及表达情绪情感的区域。在幼儿发展中，除了让儿童自由涂鸦外，也应该适当要求幼儿用点、线等画画，这对以后儿童书写能力的发展提供基础。此外，在手工活动中，剪纸、粘贴不但能促进儿童大小肌肉、精细动作的发展，而且能够帮助幼儿形成立体空间的概念。美工区应设置在离盥洗室或教室水龙头较近的地方，教师在美工区中应投放充足的材料。

3. 建构区

建构区是指幼儿运用各种结构玩具和相关辅助材料，通过与结构活动有关的各种动作，特别是手的精细动作来搭建各种物体，从而塑造物体形象，反映现实生活的区域。在搭建积木的过程中，会发展幼儿的空间概念、语言能力，往往在玩的过程中很容易产生社会交往，如争吵、合作，所以建构区也会发展儿童的社会交往能力。除了发展社会交往能力外，建构区也是"消化""反刍"知识和经验的区域，在搭建过程中，幼儿的经验得到了内化，已有经验也得到了再次表现。

4. 角色区

角色区是指幼儿园教师打造一个与幼儿生活相关的场景，让幼儿通过角色扮演的游戏，从侧面了解社会，增加社会生活经验的区域。幼儿可以在这个区域中模仿生活中的各个角色，复演所看到的社会情境。在模仿、复演的过程中可以发展幼儿的能力和情感，如幼儿的语言表达能力、社会交往能力，甚至也涉及数学能力。所以教师在设计环境时，应紧贴幼儿的生活经验，材料与所设计的场景要相匹配，避免有材料没情景等。

5. 阅读区（读书区）

阅读区又称图书区，是指幼儿通过图书的阅读与复述，从而掌握阅读方法和习惯，发展阅读理解能力及语言表达能力的区域。阅读区一般设在安静、光线充足的角落，环境应让幼儿感到舒适、温馨。

> **知识拓展**
>
> **小区域大智慧——区域活动中的困惑及改进措施**
>
> 区域活动是教师以幼儿发展目标和幼儿感兴趣的活动为依据设置区域和投放材料，幼儿按自己的意愿自主选择活动内容和材料，通过与材料、环境及同伴的互动进行学习并获得发展。它是以快乐和满足为目的，以操作、摆弄为途径的自主性学习活动。区域活动充分体现了幼儿身心发展的特点，可满足幼儿活动和游戏的需要，更好地促进幼儿自然、自由、快乐、健康地成长，实现"玩中学""做中学"。
>
> 现实中很多幼儿园各区域之间缺少联系，区域活动空间狭小，加之幼儿在活动中规则意识的欠缺，所以，在区域活动中，幼儿经常处于一种无序状态。

如何进行区域空间的整体布局，又如何实现最佳的细节体现是教师在区域活动中核心的困惑和亟待解的问题。

1. 创设以幼儿为本的区域空间

（1）站在幼儿的立场上进行规划和设计。这就要求教师遵循幼儿的年龄特征、认知水平，满足幼儿的内在需要、兴趣和爱好，符合幼儿的"最近发展区"。

（2）教师创设的区域是幼儿喜爱和感兴趣的。区域活动要有足够的吸引力，能唤醒幼儿的好奇心和好感，呼唤着幼儿参与其中的冲动。区域活动要充满童真童趣，投放的材料要多样性、可变性，能调动幼儿积极性自发进行活动、游戏。

（3）创设的区域要能促进幼儿的全面发展，促进幼儿全面发展是区域活动设置的根本出发点。在自由欢快、幼儿感兴趣的氛围下，幼儿的创造力、想象力、审美力、智力都会得到逐步的发展。

2. 对区域活动进行科学合理的空间分割

首先，区域的数量与大小要适宜。不同幼儿园班级的活动室大小是不同的，这就需要因地制宜。空间大的活动室可多设置区域，空间小的活动室要设置精而少的区域。区域面积的大小应根据区域所承载的活动目标的重要程度、一次进区的幼儿数量、幼儿在区域内的活动幅度来具体确定，并兼具空间视觉上的美感，切忌平均用力。

第二节　幼儿园区域活动组织的指导

一、幼儿园区域活动指导的概述

区域活动虽然是幼儿自主活动的区域，但是并不意味着是幼儿单独一个人的区域，也并不意味着教师能放任不管。教师应主动地对区域活动积极地关注，并对幼儿适时地指导，才能更好地发挥区域活动的作用。教师区域活动指导有什么必要性呢？教师又在区域活动中扮演着什么角色呢？这是幼儿教育工作者和学前教育专业的学生应当思索和考虑到的两个问题。

（一）教师区域活动指导的必要性

幼儿园教师在幼儿区域活动中发挥着重要的作用。有些错误观念认为，幼儿在区域游戏中是完全自由的，但是根据维果茨基的"最近发展区"理论，儿童要与一个更有能力的伙伴共同参与问题的探究和解决，儿童、教师和社会环境之间的相互关系通过"最近发展区"促进儿童的发展。所以一旦幼儿在区域活动中出现了困难难以再继续进行的时候，此时教师的重要性地位就得以凸显出来。根据社会互动理论，教师对儿童区域活动的指导质量也可以通过促进儿童某方面的游戏能力、促进儿童出现更高质量的交往，这些交往进而促进儿童不断地积极发展。

虽然教师对儿童区域活动中的指导是非常有必要的，但是非指导性学派的理论认为，要肯定儿童的自主游戏行为，强调非干预的重要性，将除去成人指导或干预的游戏本身看作是促进儿童社会性和智力发展的重要因素。这也给了教育工作者很大的启示，也存在可取之处。即使教师对于幼儿成长、促进幼儿发展的过程中起着重要的作用，但是儿童是教育的主体，教师在区域活动中不能先入为主，把自己的想法强加于幼儿的身上，这样不仅不会使幼儿得到进一步的发展，反而有可能对幼儿的发展起到阻碍的作用。教师在指导幼儿区域游戏的过程中要考虑以下两件事情：一是教师是否保证儿童的自主游戏权，尊重幼儿的主体地位。《儿童权利公约》中将游戏作为儿童的一项基本权利，然而在实践中，儿童的游戏权并没有很好地得到完全的保障；二是教师是否介入，介入得是否恰当。有的老师认为，区域活动是幼儿的自主活动，只要老师介入，就是在干扰儿童的活动。而有些老师却走了相反的路，介入过多，进而使幼儿的主动性无法得到很好的发挥，使得区域游戏成了教师的"主场"。这两种极端都是不可取的，事实上，幼儿在区域活动时，教师适当的介入方式是非常重要的，介入的时机也是非常重要的，最关键的是把握一个"度"。

（二）教师在区域活动内的角色

区域活动是幼儿园一种常见的活动形式，区域活动与集体活动相比最大的特点是，在尊重幼儿自主性和差异性的基础上促进幼儿主动学习并获得多样化的经验。区域活动的特殊性决定了教师在区域互动内角色的特殊性和多元性，教师与幼儿并不是单纯的介入指导关系，教师是区域活动环境的创设者；是区域活动观察者、记录者；是区域活动的参与者；是区域活动的指导者；是区域活动的反思者和评价者。

1. 区域活动环境的创设者

（1）教师是幼儿宽松心理环境的创设者。幼儿在区域中活动的前提是要有安全、自由、宽松的心理环境。在区域活动中，幼儿的任何想法都应受到尊重和重视，幼儿可以在区域中毫无顾忌、毫无拘束地表现自己，提出自己的想法。教师不再是高高在上的权威，教师适当地点头、微笑、使用鼓励的语句等都可以让幼儿感到安心和信任，从而更好地投入区域活动。

（2）教师是区域活动中材料的投放者。材料对于区域活动起着至关重要的作用。在区角活动中，材料是"不说话的老师"，是幼儿活动的载体，是区域活动的实施与开展的核心，是区域活动的灵魂。离开了材料，幼儿的发展就难以实现。在不同的区域中，都应该有着不同层次、不同种类的材料供儿童选择，教师要关注每个幼儿在各种活动中的起点和兴趣取向，根据幼儿不断地发展的特点，不断地对材料进行变换。

在投放材料的时候应注意以下问题：①多样性与多量性。教师给幼儿提供的材料应该是丰富的、多样的，一是这样能切实地促进幼儿的全面发展。例如："我和小动物做朋友"区域活动中应该投放不同的材料，如小动物的头饰、小动物的玩具、小动物的画册、绘本等。幼儿在进行区域活动中，可以根据自己不同的需求进行材料的选择；二是单一的材料会让幼儿在区域活动的过程中感觉到枯燥，而多样的材料会吸引幼儿的注意，使幼儿产生新鲜感；三是投放数量充足、种类丰富全面的材料，以满足所有幼儿活动的需要。这样可以避免幼儿自主选择时因为材料不足或者种类单一而引起的纷争。然而，多量是在一定范围内，并不是没有限度的多。如果教师投放的区域活动材料过多的话，那么还会起到适得其反的效果。因为会扰乱幼儿的注意力，使幼儿难以选择，也难以完成教师制定的教育目标。②层次性。即由易到难，由简到繁。投放的材料应该根据儿童不同活动的开展做到由易到难进行变换，在同一个活动区域内，提供不同难度的材料。例如，在"我会用筷子"区域活动中，有些幼儿对用筷子夹偏小一点的东西较为困难，教师可以为其准备不同大小的物体供幼儿学习使用筷子，小一点的如绿豆、黄豆等，大一点的如一个面包等。不同难度层次的材料可以满足不同发展水平幼儿的需要。③目的性。是指材料投放时，教师在了解幼儿年龄、兴趣特点的基础上，对本班幼儿近期和远期培养目标有一个清晰的把握，并以本班幼儿的阶段培养目标为依据，选择、配备、投放材料，使教育目标隐性地体现于材料之中。教师在投放区域活动的材料时，应对本班幼儿的兴趣点与发展特点有一个大致的了解，并对幼儿的近期发展和远期发展有个大致的规划，通过上述的依据，制定教育目标，并且投放材料，使教育目的隐性地融入材料中，活动材料要体现教育目标。④可操作性。教师在区域活动中投放的材料不应该是"现成"的，应是可供幼儿充分探究的。皮亚杰认为，儿童的智慧源于材料。正是因为材料具有可操作性，引发了幼儿对材料的探究，动手动脑并与身边的环境积极地互动，进而丰富幼儿的经验。

（3）区域活动的观察者。蒙台梭利认为：要教育儿童就要了解儿童。在蒙台梭利看来，教师是儿童的观察者和引导者，应该让幼儿自己去发展。在投放了不同的材料之后，教师要关注幼儿在区域中活动的整个过程，观察幼儿对材料的操作情况。通过教师的观察，可以帮助教师精准地了解幼儿在区域活动中的表现，并且给幼儿适时和适当的帮助，总结区域活动的观察经验，提出有效的建议。由于不同儿童的兴趣点、发展水平不同，观察分为整体观察和个别观察。整体观察是为了达到了解全班幼儿不同的学习兴趣、发展的水平、学习的方式和活动中幼儿的情绪表现的目的而进行的观察。整体观察的方法主要有扫视和巡视。扫视即教师在固定的地方环视全班幼儿的活动情况；巡视即教师在各个区域间走动，观察幼儿的操作。个别观察是指为了了解个别幼儿的活动情况、发展的进度，有时也为了检验教师所投放的材料和制定的教育目标是否符合幼儿的认知发展水平。对能力特别强或特别弱的幼儿留意他们学习的动机、目标和困难，在适当的时候介入幼儿的活动，以帮助他们完成学习任务。个别观察的方法包括：旁观和参与式观察。旁观即教师不参与幼儿的活动，在幼儿遇到困难时也不干预、介入或指导，仅仅是看幼儿的操作过程或聆听幼儿的交谈，必要时进行书面记录；参与式观察即教师以看幼儿活动为主，在必要时给予幼儿指导。作为观察者，教师应仔细观察活动中幼儿的材料使用、动作发展、语言表达以及人际交往过程中偶发行为的状况，便于理解幼儿并调整指导策略，对于观察所获得的信息，教师应该进行及时地整理所得的材料，这样才能获得规律性的认识，使教师向一名研究人员方向发展。

2. 教师是区域活动的参与者

教师是区域活动的参与者。区域活动的根本目的是幼儿通过活动区的材料或者与他人的交往、合作积极主动地探究环境、操作材料，发现并解决在活动中出现的问题，成为活动区的"主体"。在区域活动中，教师不是高高在上的权威的代表，不是知识的灌输者，幼儿也不是知识被动的接收者。某些教师在组织区域活动时，其实就是让幼儿"玩一会儿"，教师只是在一旁观望，有的时候维持一下活动区域的秩序，对于幼儿的活动很少或者没有实质上的建议和指导；而有些教师为了省事，把自己的想法强加给幼儿，教师不应仅仅充当旁观者或维持纪律的角色，应以玩伴、朋友的身份与幼儿互动，通过平等交流适时介入幼儿的活动，与幼儿亦师亦友，与幼儿站在同等的地位上，站在幼儿的立场和角度去思考问题。以一颗真诚的心去体察幼儿在区域活动中的喜怒哀乐，像朋友般地引导帮助幼儿发现问题，探索问题，解决问题。教师参与幼儿的活动，一方面可以给幼儿的活动以适当的指导，促进幼儿的发展；另一方面可以在活动中促进师幼之间的互动，增加教师与幼儿之间的感情。

3. 教师是区域活动的指导者

根据维果茨基的"最近发展区"理论，儿童的发展任何时候不是仅仅由成熟的部分决定的。儿童有两个发展的水平，一是现有的发展水平，表现在儿童能够独立地、自如地完成教师提出的智力任务；第二个是潜在的发展水平，即儿童还不能独立地完成任务，而必须在教师的帮助下，在任何的活动中，通过模仿和自己努力才能完成的智力任务，这两个水平之间的幅度则为"最近发展区"。教师在区域活动中仅扮演材料的提供者是远远不够的，当幼儿在区域活动遇到困难或者需要帮助时，教师应及时地给予指导，促进儿童进一步发展。

教师指导也不能盲目地指导，要重视对指导策略和介入时机的准确把握。指导策略包括隐性指导、直接指导、引导式指导。

（1）隐性指导。隐性指导即教师根据幼儿的年龄特点、兴趣以及教师制定的教育目标，活动前有目的地投放、提供操作材料，通过投放材料实现指导的目的，就是一种隐性指导；或者在某些活动中让能力相对强的幼儿带着能力相对弱的幼儿一起活动，虽然教师未与幼儿直接接触，但是也达到了指导的效果，这就是一种隐性指导。

（2）直接指导。直接指导即教师根据教育教学目标，选择对某一活动区或某些幼儿进行定点指导。如对操作中出现错误的幼儿，或者幼儿在操作中遇到了困难，教师引导其探索最佳的操作方法，这种面对面的指导就是直接指导。

（3）引导式指导。引导式指导是对幼儿心理和情感上的指导。例如，在一次搭建游戏中，某小朋友不小心碰坏了小朋友的"动物园"，孩子们很激动，有的埋怨、有的动手推搡。教师马上说："动物园'地震'了，我们快抢修好吧！"孩子们又投入到新游戏中，巧妙地化解了即将发生的纠纷。总之，教师的指导应注意：多观察少指导，点到为止；声音以被指导幼儿听清为度；重在隐性（间接）指导；要因人、因事把握好介入指导时机。

4. 教师是区域活动的反思者和评价者

教师对于区域活动的效果评价极其重要，是必不可少的一个环节，它能让教师通过回顾活动的情况，发现问题，提出问题，挖掘材料的多种功能，从而更好地发展区域活动。

教师对于区域活动的评价可以包括以下几个部分：一是让幼儿进行自我评价；二是让幼儿的伙伴之间相互评价；三是教师对幼儿的评价。

（1）幼儿的自我评价。教师可以为幼儿设计"自我评价表"，幼儿可以根据在区域活动中的实际情况，在"自我评价表"上对应自己的名字里画上相应的标记，画"笑脸"表示玩得好、感觉开心；画"哭脸"表示玩得不好、不开心；画"愁脸"加上小问号，表示在区域活动中遇到了问题。同时，教师应该鼓励幼儿根据活动的具体内容大胆设计各式各样的评价标识，使评价环节更好地与活动有机地融为一体。

（2）不同幼儿之间相互评价。幼儿在区域活动结束后，可以让不同的幼儿进行相互交流，交流的内容主要是自己在区域活动中的感受与成果；其次可以促进不同的幼儿相互欣赏自己在区域活动中的成果。在相互交流和相互欣赏的过程中强化对有益信息的感知和记忆。在一定程度上，幼儿在这种评价方式下懂得同伴间的相互尊重，促进其社会性的发展。

（3）教师对幼儿的评价。教师对幼儿的评价要客观且全面。客观评价是指教师应尽量少代入个人的情感对幼儿进行评价；全面评价指教师要从多方面指标对幼儿进行评价，如思维、语言、社会性、情感发展等。

二、幼儿园区域活动的指导策略

教师在区域活动中的指导如此重要，并不意味着教师可以对幼儿进行盲目地指导，而是要掌握一定的指导方法，在适当的时候用适当的方法进行指导。教师应注意幼儿在区域活动中的时机问题和实施恰当的观察策略，从而对幼儿的指导更上一层楼，促进幼儿更好地发展。

［微视频］
幼儿园区域活动的指导策略

（一）教师在指导中所要注意的问题

1. 教师定位好自身的角色

教师要相信幼儿的潜力和能力，让幼儿成为学习的主人。在区域活动中，教师应当成为幼儿的朋友，而不是权威，将他们平等对待，教师对自己的角色定位应是"环境的创设者、活动的观察者、活动的参与者和指导者、活动的评价者"。

2. 加强语言指导艺术性

对于小班幼儿来说，他们年龄小，理解语意的能力差。这就要求教师用生动的、富有趣味性的语言去引导幼儿主动参与活动；中班幼儿语言有了一定的发展，此时对理解语意的能力逐渐增强，与小班幼儿相比有了一定的交往意识和社会经验。在此基础上，教师要运用带有启发性、建议性的语言来引导幼儿，主动地去参与活动；大班应趋于理性的指导，大班幼儿在理解和分析问题上都积累了一定的经验，有一些逻辑思维能力及分析判断问题的能力，教师给幼儿的指导语可以更加趋于理性，使幼儿从中感悟出一定的道理。

（二）区域活动中教师指导的时机策略

1. 遇到困难难以解决时

幼儿在区域活动中会遇到各种各样的困难，例如，对活动的步骤不清楚或者无法应对游戏中出现的新情况。当幼儿遇到困难时，教师不应立即给幼儿提供帮助，而应给幼儿提供充分的探索和操作时间，让他们独立思考和解决或者与其他小伙伴共同交流、解决问题。培养克服困难的坚持性和解决问题的能力。但是如果当幼儿确实难以解决问题时，甚至将要放弃之时，教师可以采取适当的方式介入，进行适当的指导帮助他们解决困难和问题，提升幼儿在这方面的经验，促进幼儿的发展。

例如，大班美发屋里来了位顾客，理发师连忙迎过去问："请问你要洗头还是剪头？""我要染红色的头发去参加表演""啊，我们这里没有红色的染发水，不能染红头发，就给你染黄色的吧，黄色的也很好看。"顾客失望地说："这是什么美发屋，连红色头发都染不了！"说着就要走，理发师则回到座位，游戏没法进行下去了。这时在一旁观察的教师以经理的身份适时介入："哦，这位顾客要染红色的头发，我是这里的经理，这是我刚进的红色染发水。"说着，拿出一瓶"红色染发水"递给理发师。理发师愣了愣，接过染发水，像模像样地给顾客染发。在此案例中，教师先静静地观察，让幼儿自己解决，在他们协商无果的情况下适时介入，解决了理发店没有红色染发水而使游戏无法正常进行下去的问题。用其他物品替代红色染发水不但能使幼儿继续游戏，而且还能激发幼儿的创造性思维，幼儿受到启发后就会在以后的游戏活动中寻找其他替代物解决遇到的问题。幼儿一旦有了这种创造性解决问题的意识，就会形成动力定型。

2. 发生争执时

每个幼儿都是独立的个体，在区域活动中，很可能会出现材料数量少但是幼儿多的情况，这时候就会使一些幼儿的需要得不到满足；或者在与其他幼儿合作的过程中，自己的独特想法得不到别人的认可和肯定的情况下，就会与其他幼儿出现冲突与争执。但是一旦出现上述事件时，有些教师会担心幼儿不能很好地解决矛盾从而马上就介入，进行劝阻和规劝，这种做法其实对幼儿的发展并不利，因为这使幼儿丧失了一次自己解决冲突、达成理解、培养移情能力和换位思考能力，达成理解和共识的机会。正确的做法应当是，当幼儿出现纠纷时，教师要善于认真观察，分析幼儿产生冲突与争执的原因，给他们自己解决问题的机会。如果幼儿之间实在解决不了自己的矛盾时，教师可以通过适当的方式调解。

例如，小班娃娃家里，由于主要成员已满，明明小朋友想加入而无法加入，他又不想参与其他区角的游戏，就跟强强争抢着都要当爸爸。只见明明说："我们轮着当爸爸，我当一会儿你当一会儿。"强强大声说："不行，你到别的地方去玩吧，我先来的。"明明也不示弱："是我先到厨房炒菜的。"说着还相互推搡起来。教师观察他们没有很好的解决办法，便及时介入，启发他们思考："娃娃家里除了爸爸妈妈还会有谁呢？"只见明明一拍脑袋说："我来当爷爷，我先去买菜。"教师的介入，解决了幼儿争抢角色的矛盾，明明高高兴兴地到娃娃家做起了爷爷，如愿玩起了自己喜欢的娃娃家游戏。

3. 不守规则时

幼儿处在一个对世界认识和探索的阶段，对许多事情充满着好奇，同时自我约束能力却又十分有限，面对幼儿出现的一些行为，许多教师会依据自己心中固有的标准进行评判，予以制止或者批评，这可能会扼杀幼儿的创造性，或者磨灭幼儿对某一事物的兴趣。这种干预的思维往往是成年人思维的产物，体现的是成人世界的认识。但是，如果在区域活动中幼儿发生不守规则的现象，教师必须进行介入，这关系到幼儿的规则意识的建立和良好习惯的养成。

例如，在娃娃家中，因为活动材料有限，幼儿会发生有关材料的冲突，有些幼儿很有可能会抢占其他小朋友的活动材料，这时教师应适当介入，对幼儿进行引导，学会让幼儿移情和换位思考，让幼儿懂得"先来后到"的道理。

4. "成果"出现时

不同的幼儿在不同的区域活动中会有不同的"成果"，在幼儿产生成果时，教师可以进行介入，将他们的"成果"进行总结和宣传。例如，"精彩瞬间照相馆"是孩子们非常喜欢去的区角，其中的彩绘师是一个很具有挑战性的角色，不仅需要细心观察每一位顾客的打扮和妆容，还要将他们有特征的样貌画下来，但是往往小顾客拿到了自己的肖像照时会觉得好像不怎么好看，经常会有彩绘师跟教师抱怨这是一个"吃力不讨好"的工作，此时教师可以和彩绘师一起设计，制作了一面摄影照片墙，和彩绘师们一起将原本的简笔画做一些边框装饰，布置在墙面上，瞬间质感提升了不少，并且和他们一起构思创意，将每一个小顾客的画像制定成册，并配上封底封面，精美的画册深受小顾客的欢迎。最后让其他幼儿共同欣赏照片墙。一方面，这体现了幼儿的主体地位，幼儿也在每一次的活动中得到了经验的提升，培养了幼儿的自信心，让幼儿体验到了成功的喜悦和被人赞美的快乐，增进他们对区域活动的兴趣，并保持对下一次区域活动的热情与期待；另一方面，幼儿之间相互欣赏，相互交流，相互分享经验，可以促使他们的认知发展。

（三）区域活动中教师的观察策略

在前文（本章的第二节）提到，教师是区域活动的观察者，观察着幼儿在区域内活动的情况。在实际操作中，教师要具备敏锐的观察能力、决策能力和随机应变能力，应当适时地介入幼儿的活动，强调幼儿的主体性地位，让区域活动成为幼儿自主探索的活动。

教师在幼儿区域活动中的观察主要有两个方面：一是对活动区域的观察，包括：①幼儿对各个活动区域的使用频率；②活动材料的数量和难易程度；③幼儿间的冲突与环境的关系；④事故与环境的关系。二是对幼儿的观察和评估，主要包括：①幼儿的兴趣；②活动参与情况；③社会交往水平；④认知发展水平；⑤遵守规则情况。

以下将从以材料出发和以幼儿出发的观察进行讲述。

1. 观察从材料出发

教师应当关注材料如何引发幼儿的兴趣，寻找幼儿与材料之间的兴趣的结合点。幼儿能够很好地操作材料，能与材料进行良好的互动，同时可以让大多数的幼儿参与其中，这就是合适的材料。

2. 观察从幼儿出发

（1）明确观察方向，制定观察纲要。观察时要将全班幼儿与个别幼儿相结合进行观察，了解幼儿的需要和兴趣。确定观察的方向后，教师可以把握整体，有目的地进行观察，从而能够及时地获得珍贵的一手资料，从中分析产生的原因，并针对原因及时作出调整。强化发现问题、分析问题、解决问题之间的成效，使幼儿在一个高效、互动的环境中得到最大化的发展。

（2）落实观察目标，推进观察进程。观察直接影响着教师的思考、分析是否正确。根据观察内容对幼儿行为的性质作出正确判断得出结论，并对幼儿行为的原因进行分析，以此能够横向和纵向地进行观察、比较、分析。在区域活动材料与幼儿的"合作互动"中往往会出现很多教师所没有预料到的情况，如材料不合适情况、材料缺失情况等。这时教师可以从幼儿行为表现上进行分析观察，针对幼儿不同的行为表现，分析因材料可能出现的不同状况，寻找对策，将其进行针对性、合理性的调整，以此来推动区域活动顺利开展。

第三节　幼儿园区域活动实施案例及效果分析

在幼儿园的实际操作中，教师往往对各个活动区的目标、材料投放以及指导策略抱有疑问。以下将举两个例子，分别阐述如何围绕一个主题设计各区的目标、材料投放的策略以及教师观察指导策略。

> **示例**
>
> 大班主题区域活动——雨
>
> （一）活动产生的背景与条件
>
> 　　一个下雨天，王逸突然跑来说："王老师，贺扬在踩雨，他还把水溅到了我的身上。"王老师连忙跑出去，发现贺扬还在踩水塘，边上的小朋友说："贺扬，老师要批评你啦！"可贺扬却一边看王老师，一边还在玩雨。看到小朋友对雨这么感兴趣，王老师想到这一阶段幼儿园一直在围绕"春天的故事"开展活动，就问幼儿："春天里还有哪些故事？"有的小朋友就说："还有下雨天的故事。"看到孩子们这么有兴趣，而且关于"雨"也蕴含着许多教育价值，王老师认为应该及时抓住孩子的兴趣点，根据《纲要》提出的"既贴近幼儿生活来选择感兴趣的事物和问题，又有助于拓展幼儿的经验和视野"这一原则，充分挖掘教育的价值。于是，师生共同产生了"雨"这一主题性区角活动，在活动中让幼儿自选区角、自选合作伙伴玩有关雨的游戏，使幼儿已有的零星知识、经验得到提升和拓展。
>
> （二）活动目标
>
> 　　1. 能自选游戏内容和游戏伙伴进行区角游戏活动；
>
> 　　2. 尝试运用多种材料、多种形式，感知雨、表现雨，培养幼儿大胆表现的能力及创造能力；
>
> 　　3. 能与同伴分享参加区角活动的快乐，并在自我评价活动中感受、体验创造活动带来的乐趣。
>
> （三）分区目标
>
> 　　1. 动手区（雨具加工厂）。
>
> 　　一级目标：幼儿能收集并自选喜欢的废旧材料（一次性桌布、购物塑料袋、米袋、防水布等）制作各种各样的雨具；
>
> 　　二级目标：能大胆运用各种辅助材料、采用多种方法（绘画、手工）对制作好的雨具进行装饰；
>
> 　　三级目标：与同伴能友好合作、相互帮助，制作与众不同的雨具，并结伴表演。
>
> 　　2. 设计区（七彩染坊）（重点指导内容：扎染伞面）。
>
> 　　一级目标：初步掌握用各色颜料扎染宣纸伞面的技能；
>
> 　　二级目标：掌握协调配色的规律，在活动中注意清洁卫生，养成良好的操作习惯；

三级目标：乐于向同伴介绍自己的构思、设计过程及活动中快乐的情感体验。

3．气象区（小小气象员）。

一级目标：学习做个小小气象员，向大家报告今天的天气预报；

二级目标：会做气象记录，并能向同伴介绍自己做的气象记录；

三级目标：了解下雨天动植物变化的一些情况，并能用响亮的声音、用气象预报的形式介绍给观众。

4．语言区（娃娃读画和雨天的故事）。

一级目标：能看图点字，认读有关"雨"的诗歌；

二级目标：能以拉线画的方式表现下雨的情节，并尝试讲述。将自制图片、字卡替换进诗歌，对诗歌进行创编，并有表情地进行朗诵、表演，体验与同伴合作表演的乐趣；

三级目标：幼儿能大胆地做小老师，会教同伴讲述自己和爸爸妈妈编的图书，并尝试表演。

5．音乐区（小雨点在唱歌）。

一级目标：会唱《春雨沙沙》《小小雨点》等歌曲；

二级目标：能自选小雨点的节奏卡编排节奏型打击乐并进行演奏活动，培养幼儿的创造力；

三级目标：尝试用自己收集的废旧物品（酸奶瓶、易拉罐等）制作打击乐器并进行演奏活动，体验创作、合作演奏的乐趣。

6．科学区（小雨滴旅行记）。

一级目标：通过观察、讨论图片，了解小雨滴的形成过程；

二级目标：仔细观察、思考，尝试用各种工具测量并记录雨量；

三级目标：尝试用绘画的方式来表现小雨滴旅行记，并向同伴及老师介绍。

（四）活动准备

1．知识准备：活动前让幼儿看雨、玩雨、感知雨、讨论雨等，在前阶段系列活动中获得一定的知识经验。

2．环境创设：师生共同收集各种雨衣、雨伞、雨披等材料，并将其布置在活动室内。

3．活动区域创设。

（1）气象区：气象记录板、气象广播台，幼儿前阶段记录的各种气象图及笔、记录纸、有关标记图、话筒；

（2）动手区：各种塑料袋、一次性桌布、包装纸、西装袋、即时贴、彩笔、剪刀、胶带、丝带、塑料篓子等；

（3）语言区：拉线板、彩线、画报、图片、幼儿自制的图书等；

（4）设计区：各种颜料水、宣纸、餐巾纸等；

（5）音乐区：节奏板、雨滴卡、茶叶筒、易拉罐、黄豆、沙子、小石子等，打击乐器若干、话筒、录音机等。

（6）科学区：白纸、彩笔、有关水的三态图片，各种装雨水的杯子、尺子、小棒、记录纸等。

（五）活动组织与指导

1．活动流程：

（1）自由选择。（幼儿自由选择活动区域、游戏材料和合作伙伴到各个区角活动。）

（2）自主展开。（幼儿自主活动，教师以观察者、引导者、合作者的身份参与幼儿的活动，并给予适当指导。）

(3) 自主交流。(在活动中启发幼儿互相交流、互相合作；活动结束时能对游戏情况进行自我评价，讲述今天自己在活动中的感受、体会。)

①请幼儿向同伴介绍游戏情况，讲述自己在游戏中碰到哪些情况，是如何解决的；

②引导幼儿讲述自己在游戏中快乐的情感体验。

2. 观察重点：

(1) 结合幼儿在动手区（雨具加工厂）内制作的雨具特点（款式相同的较多），观察幼儿今天是否能发挥想象，尝试运用多种材料制作不同的雨具；

(2) 引导幼儿在语言区大胆、富有创造性地创编并表演雨天的故事；

(3) 有些幼儿做事情很快，但是缺乏创造性，每次活动表现得比较单一，做完后往往不能自主地到其他区角去活动。在这次的活动中，教师将重点观察这些幼儿在这方面是否有所进步。

3. 指导重点：

(1) 当幼儿在活动中出现兴趣下降的情况时，教师应采取以下措施：及时增加新的游戏材料丰富区角内容，吸引幼儿参加；对幼儿提高游戏要求、难度；引导幼儿友好地与其他组的小朋友调换游戏内容。

(2) 当有幼儿在制作中运用与上次不同的材料时，及时予以表扬，有意识地引起幼儿对多种材料的注意；

(3) 针对部分幼儿只会操作、不善于交流的薄弱点，重点指导他们讲述操作的内容和过程，帮助这些幼儿提高口语表达能力。

示例

区域活动开始了，孩子们根据自己的喜好自由地选择了不同的区域开始玩游戏。但是"筑长城"游戏中一个人都没有，于是张老师说："谁愿意去玩筑长城啊？"可是没有人理睬。也许是幼儿光顾着玩游戏没有听见，于是张老师耐心地提高了嗓门："今天谁愿意去玩筑长城啊？"这时，王艺举手说："我去吧！"后来有几个幼儿也陆陆续续地响应了，要去玩"筑长城"。

"筑长城"的游戏开始了，从窗口望去，王艺等几名幼儿都在玩儿，可是一会游戏就结束了，见此情况张老师就从头到尾把整个游戏的过程和玩法讲给了他们听，开始他们几个人分配了不同的任务，在张老师的辅导下"筑长城"总算开展起来了。在区域活动进行到一半的时候，张老师发现筑长城的幼儿乱成一团，跑过去一看，孩子们正在搭马骑马玩儿呢。看到张老师来孩子们又赶紧拆掉，嘴里却不停地说一点都不好玩。

一、活动分析

区域活动本身具有自由、自选、独立而协作的优势，可是上述案例中的"筑长城"是在没有人想玩的情况下由老师介入，和幼儿商讨后幼儿才进行游戏的。根据孩子们的反应，可以做出以下原因分析。

(一) 材料的投放问题

(1) 在材料的投放过程中，教师发现幼儿的兴趣不高，但没有及时调整材料，材料也比较单一。当幼儿对某件事物有着浓厚的兴趣时，便能在活动中保持愉快的情绪，处于积极主动的探求状态，兴趣是幼儿学习的原动力，而幼儿的能力与水平又是制约其发展的影响因素。当幼儿觉得游戏也就如此时，他们就会失去兴趣，也就不愿意再玩了。

（2）投放材料时没有考虑到个体差异。每个幼儿都是一个独立的个体，且幼儿之间存在着个体差异性，幼儿教育要允许幼儿以适合自己的方式、速度去学习、探索。只有这样，才能让每个幼儿都能体验到成功。活动区域投放的材料不是一成不变的，应该遵循从简到繁、从易到难的原则，有计划地投放，维持幼儿持久的兴趣。

（二）教师的指导问题

在区域活动中，教师是观察者、引导者。教师支持、鼓励幼儿探索和操作材料，根据幼儿在区域中的表现，随时给予一定的帮助、引导，并建立区域活动常规，引导幼儿自主地进行区域活动，培养幼儿的自理能力。在案例中，孩子对于"筑长城"区域游戏的出发点不是基于自身兴趣，而是由于教师的威严和刻意引导才得以开展，教师没有给予他们足够的空间。教师应该多给予鼓励，为幼儿创设一个轻松和谐的环境。

二、对策与思考

1. 对材料重新进行调整

（1）材料太单一，而且没有层次性。针对这个问题，教师在"筑长城"游戏当中要进行观察，评估每个幼儿的发展状况，根据教育目标为不同发展水平的幼儿提供不同层次的材料，让幼儿在材料的"互动"中积累各种经验，所以除了保留原来的游戏程序之外，还应准备其他各种材料，比如让幼儿自己设计纸箱进行游戏，适当增加难度，以保证幼儿玩的持久性和创造性，提高他们的注意力和记忆力的发展，这样就不会出现无事可做的现象了。

（2）针对幼儿的兴趣投放材料，随着幼儿游戏水平的提高，要及时地补充、调整，根据幼儿的兴趣和需要，改进或者摒弃不合适的材料，开发挖掘新材料，使投放的材料更具有针对性，更符合幼儿的发展水平。

2. 在活动中发挥幼儿的创造性

在区域学习活动中，教师注意为幼儿提供丰富多彩的、具有启发性的活动材料，从而解放幼儿的头脑和手脚，给予幼儿足够的自由度，使幼儿充分地表现自我、勇于创新。

3. 指导得当、适时、有针对性

在观察指导的时候，要给幼儿一定的空间去发挥，给他们宽松的环境去讲述他们的需求、困难等，要仔细地倾听幼儿的"秘密"，站在幼儿的视角上去想、去看问题，这样才能更高效地推动幼儿游戏。

——【幼儿园教师资格证考试：考点预测】——

活动区设置不科学的做法是（ ）。
A. 在教室入口处创设建构区　　　　B. 在美工区旁边创设科学探索区
C. 在益智区旁边创设阅读区　　　　D. 在表演区旁边创设建构区
参考答案：A

【本章小结】

1. 区域活动：区域活动是指教师依据幼儿的兴趣、发展水平以及幼儿园的教育目标，创造性地划分一定的区域，提供丰富充足的材料，与幼儿共同制定活动规则，为幼儿创设具有支架性的环境；幼儿主动参与，自主选择活动区域、活动材料、活动方式，从而促进幼儿身心得到全面发展的、开放的、低结构化的活动。
2. 幼儿园区域活动的意义：有利于幼儿园课程的建构、有利于促进幼儿的全面发展、有利于促进教师的专业发展。
3. 幼儿园区域活动的形式主要有以下几种：集体活动、分组活动、自选活动、自由活动、主题活动。
4. 幼儿园区域活动的特点：自主性、教育性、实践性、个性化、指导的间接性。
5. 幼儿园区域活动包括室内区域活动和室外区域活动。室内区域活动大致有以下三种类型：①常规区域，如益智区、美工区、建构区、角色区等；②特色区域，主要体现当地地域特色或园本、班本的特色的区域活动；③主题区域，伴随主题教学活动的开展、主题目标、主题活动内容物化在区域材料当中，引导幼儿在区域的自主互动中实现主题目标。户外区域活动包括玩水区、玩沙区、园艺区、自然探索区、游戏区、攀爬区等。
6. 教师在区域活动内的角色：教师是区域活动环境的创设者、区域活动的参与者、区域活动的反思者和评价者。
7. 区域活动中教师指导的时机策略。教师对幼儿的指导主要从以下几个时机进行：①幼儿遇到困难难以解决时；②幼儿发生争执时；③幼儿不守规则时；④幼儿的"成果"出现时。
8. 区域活动中教师的观察策略：首先，观察应从幼儿出发。教师应当关注材料如何引发幼儿的兴趣，寻找幼儿与材料之间的兴趣的结合点。幼儿能够很好地操作材料，能与材料进行良好的互动，同时可以让大多数的幼儿参与其中，这就是合适的材料。其次，观察还应从材料出发，落实观察目标，推进观察进程，明确观察方向，制定观察纲要。

关键术语

幼儿园区域活动 益智区 美工区 建构区 角色区 阅读区

思考题

1. 简述幼儿园区域活动的含义。
2. 简述区域活动的意义。
3. 区域活动应该如何分类？
4. 简述教师在区域活动中的角色。
5. 简述教师在区域活动中指导的必要性。
6. 简述教师在不同时机指导的策略。

建议的活动

结合幼儿园的见习或实习经历，观察不同区域活动的特色，总结在区域活动的开展中会出现哪些问题，思考如何解决这些问题。

第九章 幼儿园主题活动的设计

学习目标

1. 明确幼儿园主题活动的概念；
2. 了解幼儿园主题活动的理论基础；
3. 掌握幼儿园主题活动的组织与指导原则；
4. 学习幼儿园主题活动的设计思路，能够独立设计幼儿园主题活动。

导入案例

风车

在活动室的一角,杨老师在泡沫板上布置了风车的步骤图,小朋友们很快被吸引住了,开始自己做风车。看着自己制作的风车转动起来,小朋友们都非常高兴。

过了几天,小朋友们对制作风车的兴趣渐渐淡去了。杨老师又在墙壁上布置了各种各样风车的图片,以及一些我国有特色的民间风车,并且在上面提了两个问题:"风车是哪个国家的特色?风车有什么作用?"同时,留出了一个版块——"我设计的风车"。

各种风车图片吸引了小朋友们的注意,有的小朋友问:"这种风车怎么跟我们的玩具风车不一样呢?"还有的小朋友非常好奇:"风车下面怎么像房子一样?"孩子们议论起来,"我知道这个是荷兰的风车,它可以发电的,发出来的电可以通到每家每户。""妈妈告诉我,这种风车是荷兰有名的景点。"辰辰还找了一个放薯片的空筒做起了荷兰式的风车。铭铭则去找了一个小的皮鞋盒子,和皓皓一起合作设计起了风车,安安设计了向日葵形状的风车……

上述案例中当幼儿对制作单一的风车不再感兴趣的时候,杨老师不是追随幼儿把材料撤掉,开展下一个活动,而是进一步去挖掘其中有价值的内容加以拓展,来引发幼儿进一步的探索。杨老师通过投放不同的风车图片激发幼儿继续探索学习的兴趣,开展了一系列活动,让他们通过观察比较了解风车的不同外形和不同功用,通过多种渠道了解风车历史,通过自己想象还制作了各种不同的风车。《纲要》明确指出,幼儿园教育活动的组织应注重综合性、活动性和趣味性。围绕幼儿生活而开展的综合主题教育活动和整合教育活动成为幼儿园教育的重要手段。

第一节 幼儿园主题活动的概述

课程是实现幼儿园教育培养目标的重要保证,是幼儿园教育教学体系的基本内容。什么样的课程能够保证幼儿全面和谐地发展?什么样的课程可以提高幼儿园的教学水平?《纲要》倡导了一系列新时代的幼儿园教育理念,幼儿园教师们进行实践尝试,践行了从分科到综合的课程教学实验。这种综合课程在幼儿园实践中效果突出,有利于促进学习者有逻辑地主动学习。围绕幼儿生活而开展的综合主题教育活动和整合教育活动成为幼儿园教育的重要手段。

一、幼儿园主题活动的概念

(一)"主题"的内涵

主题,一般是指文艺作品中或者社会活动等所要表现的中心思想,泛指主要内容。引申到日常生活中,随处可见的主题公园、主题餐厅以及主题乐园等,主题化的场所更具特色化与情境化,每一位深入主题情境中的人都会有更加有趣、特别的感受,主题化的场景会给人留下难忘的印象。

（二）主题活动的内涵

主题活动指在集体性活动中，以一个主题为线索，围绕主题进行活动与交流。以大家非常熟知的主题班会、主题教育为例，主题班会是围绕特定的主题展开的集体性的活动，在班级会议中教师与同学们围绕主题进行交流与活动；主题教育也是以一个特定的主题为线索的集体性活动，教师围绕某一特定主题对学生进行教育。

（三）幼儿园主题活动的内涵

幼儿园主题活动是指在一定的时间里，围绕一个中心内容即主题来组织的教育教学活动，是需要师幼共同参与建构、共同完成的活动。幼儿园主题活动打破了幼儿园各个学科之间的界限，克服了学科活动过分强调自身知识体系以至于割裂各领域之间联系的弊端。幼儿园主题活动从幼儿的兴趣、需要和经验出发，紧密结合社会生活、民族文化、科学知识等，有计划、有针对性地开展一系列活动，幼儿在幼儿园主题活动中可以获得与主题相关的比较完整的经验，进行学习和探索。

幼儿园主题活动是一种源于活动课程理念的综合课程教学，它最大的特点是以幼儿的兴趣为出发点开展一系列的活动，是促使幼儿围绕着一个主题自主观察探索周围现象和事物，教师适时适度地予以支持和引导的一种系列活动。

二、幼儿园主题活动的理论基础

主题活动是目前我国幼儿园普遍采用的一种综合性课程，综合性课程是"将课程的各种因素综合化的课程"。20世纪初美国实用主义哲学家、教育家杜威就提出"从做中学""学校即社会"，强调"教育即生活""教育即经验的改造"，儿童的生活是一个整体，一个总体，然而儿童一到学校，多种多样的学科便把他的世界加以割裂和肢解，幼儿园主题活动的开展受杜威儿童经验思想的影响较大；20世纪初美国教育家克伯屈的"方案教学"主张幼儿园课程采取主题活动的方式，并由教师和儿童一起设计，既不分科也不分割，孩子在对他们有兴趣、有意义的主题下学习，自然是事半功倍，快乐更是不可言喻。20世纪五六十年代后，在皮亚杰理论的影响下，幼儿园综合性课程在世界各地广泛运用。近几年，意大利瑞吉欧教育体系盛行，幼儿园主题活动在其影响下呈现多样化发展的趋势。

20世纪初始建的我国幼儿园主要借鉴国外的教育模式。20世纪二三十年代，我国开始了主题教育活动的研究，幼儿教育专家陈鹤琴先生在实践研究的基础上所创的"五指活动课程"中的"整个教学法"，其以"单元教学法"为组织形式，将健康、社会、科学、艺术、语文这五类活动形式融合为一个整体，通过一个中心单元来整合各学科的内容，打破了学科教学的界限。幼儿教育专家张雪门先生提出"行为课程"，即"生活即是教育，五六岁的孩子们在幼稚园生活的实践，就是行为课程"，主张儿童通过行为进行学习。陈鹤琴、张雪门等先驱的教育思想对我国幼儿教育影响深远，20世纪80年代幼儿园教育改革中比较有影响的就是开展幼儿园主题教育活动。到20世纪90年代，在学前教育界专家、学者的研究下，幼儿园主题活动呈现多样化的发展趋势。近年来，学前教育课程改革不断深入，关于幼儿园主题活动的研究也越来越多，越来越深入。

> 📖 拓展阅读
>
> **瑞吉欧教育体系**
>
> 数十年的艰苦创业，使意大利在举世闻名的蒙台梭利之后，又形成了一套"独特与

革新的哲学和课程假设，学校组织方法以及环境设计的原则"。人们称这个综合体为"瑞吉欧·艾米里亚教育体系"。其宗旨是儿童的学习不是独立建构的，而是在诸多条件下，主要是在与家长和教师、同伴的相互作用过程中建构的；是在特定的文化背景中建构知识、情感和人格。在互动过程中，儿童既是受益者，又是贡献者。

意大利瑞吉欧教育理念倡导在主题探究活动中，教师要以幼儿为本，要关注幼儿的兴趣、需要，鼓励幼儿通过表达性、沟通性及认知性语言来探索环境和表达自我。瑞吉欧教育体系没有明确规定的课程内容，更没有固定的教材，或预先设计好的教育活动方案，课程的内容来自周围的环境，来自儿童生活中儿童感兴趣的事物、现象或者问题。其组织与实施主要以方案活动的方式来展开，儿童在教师的支持和帮助下，围绕某个感兴趣的生活中的"主题"或认识中的问题进行研究和探讨，在共同的研究探讨中发现知识、理解意义、建构知识。

三、幼儿园主题活动的类型

（一）从主题结构化程度来看

幼儿园主题活动的结构化程度有高低之分，结构化程度较高的主题活动偏向于教师的预设，而结构化程度较低的主题活动偏向于幼儿自己的生成或是教师和幼儿共同生成。目前，我国幼儿园中的主题活动结构化程度多样，高结构化的主体活动和低结构化的主题活动会同时存在，两者之间可以相互补充。两者之间没有优劣之分，只有适合与不适合，幼儿园主题活动进行得良好与否，与幼儿园教师的素质、幼儿的年龄、外部环境等都有一定的关系。例如，对于综合素质一般、教学经验不够丰富的教师，可以选择结构化程度较高的主题活动，因为主题活动相对于一般领域活动不确定性较大，选择结构化程度较高的活动教学效果较好；相反，对于综合素质高的幼儿园教师，可以在充分了解本班幼儿的基础上，选择结构化程度较低的主题活动，在活动过程中可生成空间较大，更加关注幼儿；另外在幼儿年龄方面，对于小班的幼儿，比较适合采用结构化程度高的主题活动进行教育教学，随着幼儿年龄的增长可以逐渐过渡，反之则相反。

（二）从主题生成性的程度来看

幼儿园主题活动可以分为预设型、半生成型和生成型三种类型。预设型的幼儿园主题活动是指在活动开始前教师就已经设计好活动目标、活动内容等，不会因为活动过程中的其他因素而改变。而半生成型则是指教师在活动开始前计划好活动目标、内容等，并在活动过程中结合幼儿的兴趣、需要进行调整并最终完成教学；生成型幼儿园主题活动是指在幼儿的兴趣和需要下确定活动主题，幼儿的主体地位非常凸显。在幼儿园的教学活动中预设型、半生成型、生成型活动三者相互区分，同时又可以相互转化，以达到最好的教学效果。

四、幼儿园主题活动的特点

幼儿园主题活动是根据幼儿身心发展的特点，顺应了各种教育要素之间的联系与客观规律，通过合理地选择教育内容、教育方法、科学的教育过程而形成的一种课程活动模式，主题活动有一般性和普遍性的特点，对于幼儿园阶段，幼儿园主题活动有其自身特殊的特点。

（一）主题活动的一般特点

1. 系统性

在集体性活动中，主题活动是指以一个主题为线索，围绕主题进行活动与交流。主题活动中大主题下的各个具体小主题之间相互关联，形成一个系统的教学内容。教师根据学生学习的发展的规律和教育大纲确定利于学生成长的主题，并且大主题下可以设置几个具体的小主题，确定教学实施的具体内容来细化教学，层次分明，有逻辑、系统性地进行教育教学。

2. 综合性

主题活动打破了学科的局限，并且不再局限于教材上的内容，主题活动可以将各个学科的内容有机组合在一起，并且主题活动的内容更加贴近生活，关注学生的兴趣和需要。学生在日常的学习和生活中感兴趣的内容，有利于学生进步的内容都可以作为主题活动的内容。

3. 灵活性

相对于传统的分科教学来说，主题活动更灵活，它可以根据时间、季节、节日以及学生的兴趣灵活地确定主题的内容。可以设计一个大主题，几个月完成，也可以设计一个小主题，一个月或半个月完成，同样一个大主题下可以设计若干个相对应的小主题，前后有顺序地开展活动，这样的灵活的教学形式，是传统的分科教学所不具备的。

（二）幼儿园主题活动的特点

由于幼儿园教育对象的特殊性，幼儿园主题活动除了满足以上主题活动的一般特点外，幼儿园主题活动也有其自身的特点。根据皮亚杰的认知发展阶段理论，幼儿园阶段的幼儿主要处于前运算阶段，幼儿的心理发展水平决定了他们的主题活动要满足的特点。

1. 活动性

活动学习是幼儿的主要学习方式，在这个阶段，儿童通过语言、模仿、想象、符号游戏和符号绘画来发展符号化的表征图式。他们的知识仍然在很大程度上取决于自身的知觉。幼儿的学习是建立在对外界的客观事物的触摸、观察、操作的基础上，在主题活动中幼儿与同伴、教师形成同伴互动与师幼互动，在活动中幼儿自己动手操作、直接观察，亲身经历与体会习得相对全面和系统的直接经验与间接经验，从而促进自身的成长与发展。

2. 开放性

幼儿园主题活动的主题网络是开放的，幼儿园主题活动可以分为预设型、半生成型和生成型三种类型，由此可知幼儿园主题活动的网络不仅仅局限于教师预设的主题，半生成型和生成型的主题使幼儿园主题活动网络更具开放性，幼儿的兴趣多元，变化不一，活动的主题也更加多元与开放；幼儿园的活动环境更加开放，幼儿园主题活动能够打破班级和幼儿园的围墙，幼儿的活动不会局限在活动室或者某个区角，幼儿可以在主题活动中跟随老师走出教室，走出幼儿园，走进家庭，走进社区，走进其他更多的场所。

3. 情境性

幼儿园主题活动的进行往往和主题环境创设相辅相成，要想达到更好的教学效果，与主题活动相关的环境创设必不可少，幼儿在主题化的班级环境中熏陶，在这样形象生动的环境中感受学习，有利于加强对主题活动的学习。例如，以交通安全为主题开展活动时，教师可以在班级中增加马路、红绿灯、交通标志的元素进行班级主题墙的设计，同时可以加上灯光、音效等为幼儿营造氛围，使幼儿身临其境地感受。又如在进行"牙齿卫生"相关主题活动时，教师和幼儿可以一同进行班级环境创设，共同完成班级环境的布置，在布置陈列的过程中可以发挥幼儿的主动性，教师也可以从中发现幼儿的兴趣点，将幼儿感兴趣的内容融入班级布置，使他们在环境中受到熏陶，更加乐于接受主题教育，提升教育的有效性。

第二节　幼儿园主题活动组织的指导策略

幼儿园主题活动是教师为促进幼儿身心发展而开展的有计划、有组织的活动，是基于学习者、学习的理论来帮助和支持幼儿内部学习的发生。幼儿园主题活动会渗透多个领域，并且活动的内容有内在的逻辑关系。组织主题活动是一门教学艺术，为了让幼儿园主题活动更好地发挥功能，有效地促进幼儿多方面的发展，在进行活动组织时应遵循一些原则，参考一些策略。

一、幼儿园主题活动的组织与指导原则

为了保证幼儿园主题活动的质量，并且符合教育教学、幼儿身心发展的客观规律，实现幼儿教育的目标，在幼儿园主题活动实施的过程中，必须遵循一定的基本原则，并且确保基本原则贯穿在幼儿园主题教育活动的全过程。

（一）幼儿本位原则

幼儿本位原则是指幼儿主题活动的开展要以幼儿兴趣为本，以幼儿经验为本，要能促进幼儿的全面发展。首先在《纲要》中指出，"善于发现幼儿感兴趣的事物、游戏和偶发事件中所隐含的教育价值，把握时机，积极引导"。兴趣是最好的老师，是推动幼儿学习的内驱力，在组织主题活动时教师要注意观察幼儿的兴趣点，在幼儿兴趣点的基础上形成活动主题。教师可以从幼儿同伴之间谈论的话题、幼儿日常观察的事物、出现的新鲜事物等方面切入。幼儿之间经常会谈论他们感兴趣的事物，比如发现了哪些好玩的、好看的事物，从幼儿谈论的话题中，教师应灵敏地捕捉幼儿的兴趣点，并生成相关的主题。其次在《指南》中指出，幼儿的学习是以直接经验为基础，教师要珍视生活的独特价值，最大限度地支持和满足幼儿通过直接感知、实际操作和亲身体验获取经验的需要。教师在组织幼儿园主题活动前要了解班级中幼儿的生活经验，可以通过家园互动的形式深入了解每一位幼儿的已有经验水平。最后，以幼儿为本的原则也应体现在最终的活动目的上，要促进幼儿的全面发展，使幼儿从现有的发展水平向"最近发展区"发展，促进幼儿体力、智力、道德、意志、情感等的发展。

（二）整合性原则

整合性原则是指把幼儿园主题设计作为一个完整的系统，保证学前儿童身心整体、健全、和谐地发展，综合化地整合课程活动的各要素，实施教育。包括整合活动目标、活动内容、活动形式、教育资源等方面。首先，幼儿园主题活动目标的确定不能单单追求知识或技能的获得，而应全面考虑情感态度、习惯个性、知识经验、技能水平等综合素质的培养和提高，即活动的主要目标应是整个人的发展。其次，活动内容的整合，它是以目标的整合为前提，主要表现是使同一个领域的不同方面的内容或不同领域的内容之间产生有机的联系，内容的整合最终应落实到具体的教育活动之中。例如语言教育领域，不仅可以在语言教育领域内部对知识学习和能力培养进行整合，而且还可以将社会、科学、艺术等领域的学习内容整合在一起。再次，活动形式和活动过程的整合，将具有一定联系性的教学、游戏、日常生活等活动加以整合，将集体活动、小组活动、个别活动加以互补运用，使教育活动一致地对儿童的成长产生积极的影响。最后，教育资源的整

合与教育内容紧密相关，教育资源中蕴含了多种教育内容，对教育资源的整合有利于教育内容的整合，有利于拓展幼儿园主题活动的空间，丰富其形式和手段，家庭及社区都有丰富的教育资源，应充分地加以运用，并进行有机的整合，使它们真正协调一致地对幼儿的成长产生积极的、有效的影响。

（三）渗透性原则

幼儿园主题活动设计的渗透性原则是指在主题活动设计中将五大领域的内容以不同的学习形式与方法进行有机融合，使幼儿园主题活动成为一个相互联系、不可分割的完整体系。首先，幼儿园主题活动是在幼儿已有生活经验的基础上进行，活动的内容源于生活，并且涉及健康、语言、社会、科学、艺术领域，幼儿园主题活动将这些领域的内容以主题的形式进行组织整合，在主题下形成的具体的教学活动中相互渗透。比如各领域教学目标的相互渗透性，主题下的各个活动之间要有逻辑与联系，知识之间要相互衔接，有利于幼儿多角度学习与理解，有利于全面掌握相关的经验。其次，幼儿园主题活动的学习方式与方法多样，并且可以相互渗透和有机的组合。幼儿主要的学习方式有观察学习、操作学习、倾听学习、室内学习、户外学习、交往学习、模仿学习、合作学习、冲突学习、同伴游戏中学习等，幼儿教师在进行主题活动设计时，可以采用适合幼儿的多种学习方式，多种学习方式的相互渗透有利于适应幼儿对不同知识内容的学习，加深幼儿的学习，便于幼儿获得活动经验与学习经验。

（四）实践性原则

实践性原则是指人们在进行创造性思维的过程中，必须参与实践，在实践中促进思维能力的进一步发展，在实践中检验思维成果的正确性。幼儿园主题活动实施的实践性原则是指教师在组织幼儿园主题活动时要以幼儿的实际活动为基础，创设相关情境，使幼儿在主题化的情境中通过一系列的操作活动以及与教师、同伴之间的互动来获得经验。根据幼儿思维发展的特点，幼儿初期的思维仍具有一定的直观行动性、具体形象性，他们的思维活动离不开事物的直接感知，并依赖于其自身的行动。主题活动满足实践性原则，幼儿可以在教师创设的情境中反复练习、反复实践，幼儿可以多感官协同参与进行活动学习。

二、幼儿园主题活动组织的设计思路

幼儿园主题活动已逐渐成为幼儿园教育活动的主要类型，在活动组织设计时要综合考虑儿童、主题自身特性、教师、可利用教育资源、学科知识、活动周期等因素。主题活动方案结构包括主题名称、主题说明、主题目标、主题网络及主题系列活动，主题系列活动是指在主题下逐个设计主题网络中的具体活动，幼儿园教育活动种类多样，教育内容丰富，并且教育形式不一，不同的活动根据不同的内容会有多样的设计思路和方法，在幼儿园主题活动的组织中可以参考以下思路。

（一）选择、确定活动主题

幼儿园主题活动的主题确定十分重要，"主题"处于核心位置，起着统率的作用，选择与确定主题是最基本、最重要的一步。在活动主题确定时要考虑儿童、主题自身、教师、已开展过的主题等方面，儿童的需要、兴趣、已有的生活经验是影响主题选择与确定的首要因素，教师可以通过观察、谈话等多种形式了解幼儿的需要与兴趣，在此基础上考虑可能的主题；主题当中蕴含的教育价值和可能涵盖的教育内容，教师在选择与确定主题时也应慎重考虑；另外教师本身的特长能力、知识储备，在一定程度上也会影响到主题的选择与确定。在确定主题名称方面要注意名称的适儿化，避免过于成人化的倾向，这一阶段的幼儿主要处于前运算阶段，幼儿以自己的身体和动作为中心，从自己的立场和观点去认识事物。教师在活动命名时要用幼儿熟悉、喜欢、易于理解的名称，例如"植物""动物"等名称对于幼儿来说过于抽象化，并且缺乏吸引力，改为"我最喜欢的一种植物""我的动物朋友"则能让幼儿感受到参与感，容易吸引幼儿兴趣，方便主题活动的顺利开展。在幼儿园中，小班、中班、大班常见的主题活动名称具体见表9-1。

表9-1 幼儿园小班、中班、大班常见的主题活动名称

小班主题	中班主题	大班主题
我上幼儿园了	我上中班了	我长大了
我自己	我的家	我的祖国叫中国
秋天到了	多彩的秋天	秋天多美好
亲亲小动物	我的动物朋友	动物王国
一起玩玩具	我们去游玩	奇妙的水和风
冬天里	新年到	快乐的一年

（二）确定活动总目标

主题活动总目标的确定需要综合考虑各种因素，比如幼儿园教育总目标、主题中蕴含的发展价值、本班幼儿的发展水平、已有经验和需要等。总目标具有全面性，幼儿园的教育内容可以划分为健康、语言、社会、科学和艺术五个领域，因此主题活动的总目标通常是这五个领域目标的有机结合；总目标具有综合性，在设计目标时要涵盖各种幼儿需要的经验，可以有不同侧重，但这些内容之间应该是内在的、有机联系的综合，要避免简单拼凑各个学科或领域目标的"大拼盘"做法。

（三）设计主题活动内容

主题活动目标确定后，可以根据主题活动目标、幼儿的需要和兴趣、可利用的教育资源等因素设计一系列活动内容，可以初步确定活动的名称、重点领域、目标。这个过程要考虑组成主题系列活动具体有哪些内容，涉及哪些教育领域，每个活动可能有助于达到哪些幼儿园主题活动总目标，幼儿园主题活动的目标和内容要具有整体性、综合性，应考虑主题对各学习领域的涵盖性经验，用不同的领域来诠释主题。

（四）编制主题活动网络

主题活动网络的编制可以分为两步：第一步，围绕主题，通过发散性思维将可能的活动内容罗列出来，然后根据内容的教育价值和可行性进行选择；第二步，将选择好的活动根据幼儿的学习规律，按照一定的格式进行编排，比如说按照时间顺序、幼儿的发展水平、事物的共同性质为思路进行编排，教师可以采用表格的形式进行编排，表格的主要条目包括活动名称、活动时间、活动类型、活动地点、主要内容和组织形式等。

（五）设置主题活动周期

教师初期组织主题活动可以逐渐探索，最初建议教师以"周"为单位进行幼儿园主题活动的设计与组织。以"周"为周期设计教学，时间较短，内容相对集中，不太容易受到幼儿园传统的常规课程的影响而延迟进度。同时以"周"为周期的活动，便于根据活动主题布置周末的家庭活动，加强家园社协同育人的机制。待教师的专业水平、教师已有的教育经验、教师对幼儿园主题

活动的理解等达到一定水平后，可以尝试将活动周期延长至"月"和"学期"，将幼儿园主题活动的周期设置更加灵活。此外，幼儿园除了进行主题活动外，幼儿园常规活动的进行也必不可少，有些幼儿园还设有园本课程等。幼儿园常规活动有利于促进幼儿在日常的教育活动中养成良好的生活和行为习惯，主题活动则更加强调知识的学习，更为重视各领域知识之间的联系，并力求使不同领域的知识有机联系在一起，给予幼儿整体性的影响。可以说，在幼儿园教育中两种活动模式都十分重要，对于幼儿来说，好的教育模式应是主题活动与常规活动并行的模式。

（六）设计子活动具体方案

在确定好幼儿园主题活动的内容之后，教师可以开始设计主题下具体活动的方案，设计每个子活动，每个子活动的设计主要需要包括活动名称、活动目标、活动重难点、活动准备、活动过程、活动延伸和活动评价七大方面，子活动的具体设计，可以参照各领域的活动设计。

（七）整合利用活动资源

在设计主题活动的过程中，教师应考虑创设什么样的环境，开展哪些相应的区域活动，区域活动中应投放哪些材料，需要幼儿家长做哪些工作，家园之间怎样合作，如何利用园所资源和园外资源，如何做到家园社协同共育，以及如何使这些方面围绕活动主题形成教育合力。可以说，对教育资源的整合有利于教育内容的整合，有利于拓展儿童活动的空间，丰富幼儿教育的方法、形式和手段。

第三节　幼儿园主题活动实施案例及效果分析

幼儿园主题活动已经成为教育教学活动的主体，幼儿园主题活动丰富多彩，目前主要是以教师预设主题为主，在主题活动实施过程中根据幼儿的兴趣进行转移而生成新的主题活动，通过幼儿园主题活动的实施幼儿获得全面且完整的发展。依据幼儿园日常开展的主体活动，本节主要列出社会生活类主题、认知类主题、探究类主题进行效果分析。

一、社会生活类主题活动案例及效果分析

示例

我要上学啦

（北京市六一幼儿园　朱金玲）

一、主题活动由来

教师发现大班幼儿对上小学有强烈的好奇心：小学校园是什么样的？小学生上什么课？有没有玩的时间？都玩些什么？针对幼儿的问题生成了"我要上学啦"主题活动。

二、主题活动总目标

1．了解小学生的学习、生活以及校园环境。

2．鼓励幼儿用不同方式大胆表达自己的想法和感受。

3．培养幼儿解决问题的能力，促进他们积极主动地学习。

4．激发幼儿对上小学的兴趣和愿望。

三、主题活动中的区域创设

角色区：快乐小学

【区域目标】

1．理解角色的职责，按角色的规定、要求进行活动。

2．初步建立协作关系，即各区域之间的联系与协调，共同开展游戏。

3．让幼儿亲身体验小学的学习活动，激发幼儿上小学的愿望。

【区域墙饰】

小学课程表，小学课堂制度，小学生上课的照片等。

【区域材料】

小学一年级上册课本（语文、数学），黑板，白板笔等。

【指导重点】

1．引导幼儿根据上课内容准备相应的文具和课本。

2．培养幼儿遵守课堂纪律的习惯。

3．引导幼儿在课堂上积极回答问题。

【活动过程】

由孩子自己来当老师、当小学生，"小老师"根据自己的兴趣和特长来选择学习内容。

建构区：我心中的小学

【区域目标】

1．搭建整体建筑，体验搭建小学的快乐。

2．对小学的建筑和设施有一定的了解。

【区域墙饰】

各种小学的环境照片。

【区域材料】

积木，搭建的辅助材料（易拉罐、小盒子等）。

【指导重点】

1．鼓励幼儿在积木建构过程中遇到困难时自己思考解决问题的方法。

2．激发幼儿创造的兴趣，发展他们的建构能力。

阅读区：名字的书写

【区域目标】

1．掌握正确的使用方法，掌握正确的握笔方法和写字姿势，工具、材料摆放有序。

2．学习书写自己的名字，了解基本的书写要求。

【区域材料】

沙盘，白纸，笔。

【指导重点】

1．引导幼儿正确地书写自己的名字。

2．培养幼儿掌握正确的握笔方法和写字姿势。

四、主题活动具体实施

活动一：小阿力的大学校

【活动目标】

1．通过阅读故事，能够感受小阿力上学前后的情绪和心理变化，并能用丰富的词汇来表达。
　　2. 结合自己的实际，能大胆说出自己的想法，并寻找解决的策略。
【活动准备】
　　经验准备：通过前期参观小学的活动已对小学有了初步了解。
　　物质准备：故事书及主要插图，幼儿绘画记录用的纸、笔。
【活动过程】
　　1. 通过故事感受人物的情绪和心理变化，并能用丰富的词汇来表达。
　　（1）教师阅读故事《小阿力的大学校》，并结合插图帮助幼儿理解故事。
　　（2）提问："小阿力知道自己要上学了，他的心情是怎么样的？"
　　（3）提问："他上学以后，心情是怎样的？为什么？他是怎么做的？"
　　（4）讨论："他的心情为什么会有变化？是什么让他的心情有了变化呢？"
　　2. 结合自己的实际，大胆说出自己的想法，并寻找解决的策略。
　　（1）提问："小朋友们也要上学了，面对新环境，你们的心情怎么样？有什么想法？"
　　（2）幼儿用绘画的方式记录自己的想法与心情，并与他人自由交流。
　　（3）集体分享。
　　（4）讨论："有什么办法能缓解我们的情绪？"
【活动延伸】
　　1. 继续寻找适宜的解决策略。
　　2. 关注其他班级的幼儿是否也有这样的情绪和心理，提示幼儿："我们怎么做才能把我们知道的方法介绍给更多的人？"

活动二：我想了解小学的……

【活动目标】
　　1. 培养幼儿解决问题的能力，促使他们积极主动地学习。
　　2. 激发幼儿上小学的意识和愿望。
【活动准备】
　　经验准备：幼儿与家长在家中搜集有关小学的图片和照片。
　　物质准备：纸，笔。
【活动过程】
　　1. 通过讨论，了解幼儿最关注小学哪方面的问题。教师请幼儿根据自己的想法和经验提出最想了解有关小学的哪些问题。要注意鼓励每一个幼儿都积极表达，并请幼儿用绘画的形式记录自己的想法。
　　2. 了解解决这些问题的途径和方法。
　　（1）讨论："小朋友们想知道的有关小学的问题是什么？我们怎么才能知道？"
　　（2）自由讨论。
　　（3）把幼儿的方法记录下来。
　　3. 进行分类整理，制订寻找答案的计划。教师和幼儿一起对问题进行分类，并讨论哪些问题适宜用什么途径来找到答案，幼儿根据自己的情况选择并制订自己的计划。

活动三：参观小学时，我应该怎么做

【活动目标】
　　1. 培养幼儿解决问题的能力。
　　2. 培养幼儿外出遵守规则的意识。

【活动准备】

经验准备：幼儿对小学已有了一个初步的了解。

物质准备：幼儿问题记录手册。

【活动重点、难点】

重点：培养幼儿将自己想问的问题用图画的形式记录下来，制作成册。

难点：促使幼儿发挥想象力，勇于提问及敢于创新。

【活动过程】

1. 交流参观小学时自己最想看的内容。

指导语："明天我们就要参观小学了，你们最想看什么？"教师请幼儿根据自己最想看的内容设计《参观小学调查表》，把自己最想知道的问题用图文并茂的形式记录下来。

2. 讨论参观小学时应该遵守的规则。

指导语："参观小学时，我们应该怎么做？应该遵守哪些规则呢？"教师引导幼儿学习考虑别人的感受：参观小学时小学生们在上课，我们如何做才能不打扰别人呢？教师和幼儿一起讨论制定参观的规则。

活动四：参观小学

【活动目标】

1. 了解小学生的学习以及校园环境。

2. 收集整理相关资料，能大胆地与小学生和老师进行交流。

【活动准备】

经验准备：共同交流，了解幼儿想知道小学哪些方面的信息，有哪些不明白的问题要幼儿提出，共同协商确定参观的内容。

物质准备：照相机。

【活动重点、难点】

重点：引导幼儿大胆清楚地与小学生和老师进行交流。

难点：鼓励幼儿在活动中能够勇敢地向小学生和老师表达自己要上小学的愿望，对自己有信心。

【活动过程】

1. 教师带幼儿按照拟定的参观路线进行参观，如入校→早操→升旗→专业教室→楼道环境，初步了解小学的常规性活动。

2. 到一年级教室里听一节课，进一步感受小学生的学习生活。

3. 与小学教师和小学生进行交流。

4. 回幼儿园后交流分享并整理相关资料，为下一阶段的活动做准备。

活动五：课间十分钟

【活动目标】

1. 通过体验活动，了解小学生"课间十分钟"的内容，培养幼儿建立初步的时间意识。

2. 培养幼儿尝试自己制订计划、调整计划、完成计划的能力。

3. 提高幼儿自己解决问题的意识和能力。

【活动准备】

经验准备：前期开展过"幼小衔接"的主题活动，使幼儿对小学的生活有一个初步的了解。

物质准备：制作计划表的各种材料；铃鼓一个，前期"幼小衔接"内容的墙面支持。

【活动重点、难点】

重点：让幼儿亲身体验"十分钟"的长短，并了解哪些活动适宜在这段时间进行。

难点：在制订计划的技能上，幼儿之间的差异较大，因此教师准备的材料要有层次性，并对个别幼儿进行有针对性的指导。

【活动过程】

1．利用主题活动墙面，回顾幼儿了解的小学生的生活。

2．讨论："小学生的一天和我们的一天有什么相同和不同之处？"（教师用钟表图示来帮助幼儿整理）"你们最喜欢小学生一天里的什么活动？"引出"课间十分钟"。

3．讨论："'课间十分钟'都可以进行哪些活动？"

4．幼儿自己制订"课间十分钟"的活动计划。

5．模拟体验活动："课间十分钟"。

6．体验完之后，幼儿自己对照计划来检验：完成了哪些内容？没完成哪些内容？为什么？

7．自由讨论，教师用图表的形式和幼儿一起整理："课间十分钟"必须进行哪些活动？适宜做什么游戏？如何更好地安排"课间十分钟"的活动？

活动六：比较幼儿园与小学的不同之处

【活动目标】

1．分析、比较后发现幼儿园与小学的不同之处，增强比较、概括能力。

2．运用绘画的形式表现幼儿园和小学的主要特征，布局完整。

【活动准备】

经验准备：参观小学的照片，小学的课本。

物质准备：纸、笔。

【活动过程】

1．引导幼儿对小学和幼儿园的照片及图片进行比较，同时让幼儿互相说一说、比一比：幼儿园和小学的哪些地方不一样？

2．幼儿比较的时候，教师可以在黑板上写出几个提示性的词语，以便最后对不同点进行分类、归纳。

3．教师归纳的时候一定要对应地说："例如：幼儿园里有早饭，小学里没有早饭；幼儿园厕所的门上没有'男'和'女'字，小学厕所的门上有'男'和'女'字。"

4．引导幼儿用自己的绘画表达出这些不同点，在幼儿绘画时教师还要提醒幼儿要根据相同点和不同点来画。

5．教师让幼儿给大家讲讲自己画的幼儿园和小学的不同点。

效果分析

幼小衔接一直是幼儿园教育的重要内容，2021年教育部发布的《关于大力推进幼儿园与小学科学衔接的指导意见》再次强调，幼儿园要做好入学准备教育。本主题活动从幼儿出发，符合幼儿年龄阶段的认知水平，主题内容丰富、有序，紧密联系幼儿的生活；子活动间层层联系，有逻辑性，先用绘本故事引出活动主题，再进行交流思考，激发幼儿深入思考，紧接着实地参观，初次接触小学，再一步步深入发现小学与幼儿园的更多不同；主题实施的各个环节准备充分，安排科学合理；活动形式丰富，有交流分享、实地参观等，符合幼儿的意愿，幼儿易于接受，能让幼儿积极参与到活动中；环境布置和活动区域的设置都紧紧围绕主题，为主题活动服务。

二、认知类主题活动案例及效果分析

> **示例**

中班主题活动：水

一、主题的来源

水是宝贵的自然资源，而在幼儿眼中，水也是一种天然的游戏资源，爱玩水几乎是幼儿的天性。在幼儿园里，教师在组织幼儿的一日生活活动中，经常看到有幼儿趁洗手、喝水时玩水；下雨时带幼儿在走廊上散步，也会有幼儿冒着被教师批评的"风险"偷偷用手去接屋檐上滴下来的水，或用脚去踩地上的积水，乐此不疲。因此，基于幼儿的兴趣点，教师开展了中班生态式主题活动"水"，从幼儿的兴趣点入手，进一步激发幼儿对自然现象的兴趣；同时，培养幼儿节约用水的良好意识和习惯。

二、主题教育目标的预设

1．情感目标——萌发关心环境、保护自然的美好情感；通过操作，对物体沉浮现象产生探索兴趣；体验戏水的快乐；增强认识自然现象的兴趣；熟悉乐曲《泼水歌》，感受乐曲热情、欢快的特点；有节约用水的环保意识；愿意与同伴交流自己的发现；养成遵守规则的良好品德。

2．知识目标——初步了解水是从哪里来的；初步了解人类与水的关系，知道地球上所有的生物都离不开水；知道各种物体在水中的沉浮情况；初步认识雨的作用。

3．能力目标——能描述自己看到的船的外形和乘船的经历；提高穿越障碍的能力；尝试利用各种工具玩水；学习为乐曲选择配器方案。

三、主题活动网络的预设（图9-1）

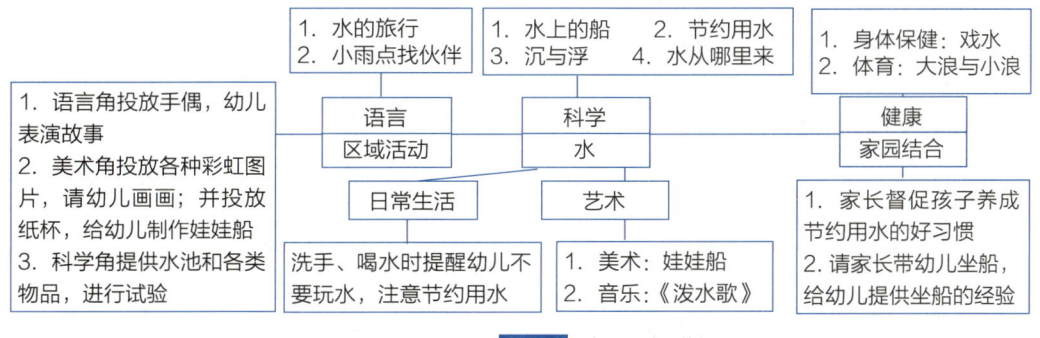

图9-1　主题活动网络预设图

四、主题探究进程的预设（图9-2）

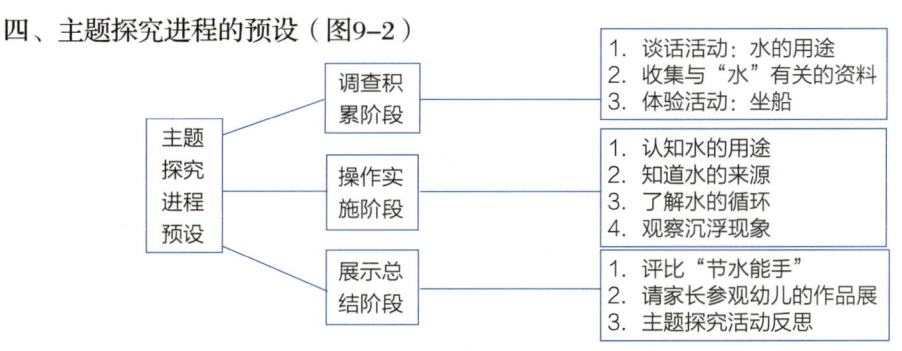

图9-2　主题探究进程预设图

五、可利用的教育资源

1. 环境创设。

主题墙：布置主题墙——"请珍惜每一滴水"。

2. 活动区。

语言区：投放手偶，幼儿复习表演故事《水从哪里来》。

美术区：投放各种彩虹图片，幼儿画彩虹；投放纸杯、剪刀、铅笔、水彩笔，幼儿制作娃娃船。

科学区：提供水池和各类不同材质的物品，幼儿做沉浮实验。

3. 家长参与。

（1）请家长为孩子准备各种用于做沉浮实验的物品。

（2）请家长搜集有关水的资料。

（3）请家长在家适当为孩子提供玩水的机会，同时在日常生活中以身作则，培养孩子节约用水的良好习惯。

4. 社区与社会资源的利用。

家长带孩子坐一次公园的游船，丰富幼儿坐船的经历。

六、主题探究活动的开展与生成

活动一：科学活动——节约用水。

活动二：科学活动——水从哪里来。

活动三：语言活动——水的旅行。

活动四：语言活动——小雨点找伙伴。

活动五：科学活动——沉与浮。

活动六：身体保健活动——戏水。

活动七：科学活动——水上的船。

活动八：美术活动——娃娃船。

活动九：音乐活动——泼水歌。

活动十：体育活动——大浪和小浪。

七、生成的主题网络（图9-3）

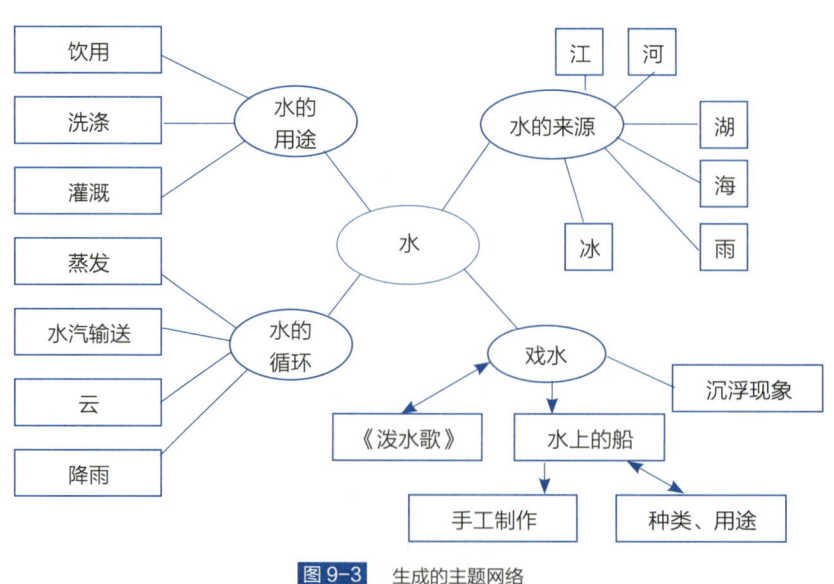

图9-3　生成的主题网络

效果分析

水对于幼儿来说既是熟悉的存在又充满着奥秘，本主题从幼儿的兴趣点出发，融合健康、语言、科学、艺术等领域内容，开展了本主题活动，先以童话故事《水从哪里来》作为铺垫探讨水的循环这一知识点，引导幼儿在轻松有趣的故事情节中一步步明白水循环的道理，再结合彩图《水的旅行图》将枯燥、抽象的自然科学知识形象生动地呈现在幼儿面前，在学习知识点后，幼儿在戏水环节快乐参与，通过真实体验感受水的用途。本主题活动的进行不但能够让幼儿了解、学习关于水从哪里来，人类与水的关系等知识点，还帮助幼儿形成环保的意识，学会爱惜水资源。

三、探究类主题活动案例及效果分析

示例

有趣的测量
（北京市六一幼儿园　陈洁）

一、主题活动由来

幼儿在美工区玩颜料游戏，教师发现幼儿总会弄脏桌子，清洁起来费时费力，还影响大家进行下一个活动。在讨论如何解决这一问题时，孩子们提出可为桌子定制桌布。在《幼儿园快乐与发展课程》一书的引领下，幼儿园开展了"量一量桌子的长度"的测量主题活动。通过集体活动的形式，让幼儿体验用多种自然物进行测量，并通过在生活环节、区域活动及家园配合中激发孩子们对非标准测量工具的探索学习，发现并总结出适宜的测量方法，积累相关经验，例如：感知测量的必要、用途，模仿测量行为，探索非标准测量工具，体验测量的方法，体验"等长复制"的测量过程。

二、主题活动总目标

1. 掌握用自然物测量的基本方法，愿意与同伴交流自己的经验。
2. 能在测量的过程中自己发现问题并尝试与同伴合作解决问题。
3. 对测量活动感兴趣并尝试运用到生活中解决实际问题。

三、主题活动中的区域创设

图书区：测量书

【区域目标】

喜欢阅读有关测量的书籍，通过阅读了解和巩固测量经验。

【区域墙饰】

创设重点推荐栏目——测量系列绘本《一寸虫》和《我家漂亮的尺子》。

【区域材料】

绘本《一寸虫》和《我家漂亮的尺子》。

【指导重点】

教师根据主题活动的进展情况向幼儿重点推荐绘本故事，例如，在主题活动中期推荐绘本《一寸虫》，巩固幼儿对测量方法的理解和认识；在测量活动后期，向幼儿推荐绘本《我家漂亮的尺子》，让幼儿了解尺子在测量活动中的意义与应用。

科学区：测量游戏

【区域目标】

1. 愿意尝试使用多种测量工具进行测量活动。
2. 在不断的探索测量活动中，巩固测量经验，激发测量兴趣。

【区域墙饰】

量一量区域背景墙，引导幼儿利用多种自然物测量桌子的长度，并将自己测量的记录表分类粘贴到相应的区域内。

【区域材料】

测量桌子长度的记录表，笔，橡皮，多种便于取放的自然物（积木、玩具、书）。

【指导重点】

引导幼儿将自己的测量结果准确地填写在记录表中，并与同伴分享，提升幼儿的测量经验。

美工区：设计美丽的桌布

【区域目标】

1. 用装饰桌布的形式激发进一步测量的兴趣。
2. 在设计装饰桌布时，敢于大胆尝试与表现。
3. 学习单独纹样、四方连续纹样的装饰手法。

【区域墙饰】

创设桌布欣赏背景，设计创作经验提升墙面，漂亮的桌布设计作品展。

【区域材料】

桌布欣赏图片，桌布小样半成品，颜料，油画棒，水彩笔等。

【指导重点】

教师引导幼儿不断提升装饰经验，学习和尝试用不同的方法设计桌布图案，理解单独纹样与四方连续纹样的装饰手法，并出示相应的欣赏图片供幼儿感知。

四、主题活动具体实施

活动一：用自然物测量桌子有多长

【活动目标】

1. 体验用多种自然物进行测量，知道测量可以通过自然物来实现。
2. 通过亲身尝试产生对测量活动的兴趣。

【活动准备】

经验准备：初步尝试过生活中的自然物测量工具。

物质准备：积木等自然物，记录表。

【活动过程】

1. 回顾第一次测量的活动经验。

教师："在上次的活动中，我们都用了哪些自然物进行测量？"

幼儿："积木、书、玩具……"

教师："生活中有许多物品都可以用来帮助我们测量。"

2. 幼儿分组讨论确定每组使用一种自然物作为工具测量桌子的长度。

（1）幼儿测量并利用记录表记录。

（2）粘贴记录表，交流与分享。

【重点引导】

教师："为什么使用同样一种测量工具，结果却不一样？"幼儿："小朋友选用的积木不一样长。"

幼儿："也有的小朋友选用的图书不一样大。"

……

教师："那在下一次的测量活动中，我们可以怎样选择工具测量呢？"

幼儿："要使用一样长的测量工具进行测量。"

教师："下次测量的工具为'一支铅笔'。"

【活动延伸】

1. 引导幼儿利用多种自然物在科学区进行自主测量，积累相关的测量经验。

2. 及时创设主题墙面内容，支持幼儿回顾和提升活动经验。

【活动建议】

在操作过程中，教师要善于观察幼儿的活动，例如：活动中有的孩子通过选择相同的测量工具，体验了"等长复制"的测量过程；而有的孩子则使用了不一样长的同种类工具——不一样长的积木进行测量。这样在交流与分享环节中，要有意识地引导使用不同测量方法的幼儿进行分享，从而总结出有益的测量经验——测量时使用一样长的测量工具进行测量比较适宜，为下次的集体测量活动做好铺垫。

活动二：用铅笔测量桌子有多长

【活动目标】

1. 通过测量桌子的长度，能了解并学习适宜的测量方法。

2. 通过活动，能发现问题并积极解决问题，体验测量、探究的快乐。

【活动准备】

经验准备：个别幼儿有用自然物测量某物并做记录的经验。

前期活动：在尝试颜料游戏中，引导幼儿发现颜料容易弄脏桌子，进而产生为桌子定制桌布的需要。教师提问："你想用什么材料来测量桌子的长度？"幼儿根据自己的想法来选择，初步交流测量的标准，并确定以"铅笔"为本次活动的测量工具。

物质准备：记录表，记录板，测量工具（铅笔每人1支）。

【活动重点、难点】

重点：幼儿的自主测量。

难点：对测量方法的发现与学习。

【活动过程】

1. 通过回忆前期活动，引发本次的活动内容。

教师："上次活动中，我们为了制作桌布，已经讨论过测量桌子长度的话题。我们确定了一种测量工具，是什么呀？"

幼儿："一支铅笔。"

教师："那今天就请小朋友们来用一支铅笔试一试，测量一下桌子的长度。"

2. 自主测量并记录，教师巡回观察并指导。

3. 通过交流讨论，引导幼儿发现问题，了解正确的测量方法。

（1）介绍自己的测量情况（工具、结果）。

（2）发现问题，引发讨论，与老师一起研究测量方法。

教师："同样的材料，为什么你们得到的结果不一样呢？"（幼儿说说自己的想法）

幼儿："玲玲和晶晶用铅笔测量的方法不一样。"

①出示照片。

教师："请大家看一看，说说哪些方法比较适宜，为什么？哪些方法需要调整，为什么？"

幼儿："玲玲的方法比较适宜，她比着桌子边量，这才是桌子的长度。"

②教师记录正确的方法。例如：测量时笔要放直，可以比着桌子边量；测量时要将笔首尾相接地进行测量；可以用笔做一下标记。

【指导重点】

鼓励幼儿大胆尝试与发现问题：用相机记录幼儿测量方法中好的地方与问题，为下一步交流做准备。

【活动延伸】

请幼儿再用正确的方法进行一次测量。

【活动建议】

活动中教师要善于观察幼儿的操作，并进行指导，以便在分享环节有目的地引导幼儿分享经验。教师应及时将幼儿活动的过程呈现在主题墙面上，帮助幼儿提升和巩固测量经验，为下一次测量活动奠定基础。

活动三：测量标记用处大

【活动目标】

1. 能发现问题、解决问题，培养幼儿的探索能力。
2. 通过实践学习在测量时如何做标记更适宜。

【活动准备】

一样长的铅笔、记录表。

【活动重点】

提升和论证测量时用笔做标记的方法。

【活动过程】

1. 回忆上次的测量经验。

比较适宜的测量方法：测量时笔要放直，可以比着桌子边量；测量时要将笔首尾相接地进行测量，可以做一下记号。

2. 请幼儿根据第三次的测量经验，进行测量活动并做记录。

3. 分享与讨论，通过交流讨论，引导幼儿发现问题，了解在测量中做标记的意义。

（1）引导幼儿观察测量结果，发现问题，深入思考。

教师："请观察我们的记录表，你发现了什么问题？"

幼儿："测量的结果还是不一样。有的测出是5支半铅笔长，有的测出是6支铅笔长。"

教师："为什么我们运用了总结出的适宜方法，得出的结果还会不一样？问题出在哪儿？"

针对上次总结出的适宜的测量经验，教师排除了"测量时笔要放直，可以比着桌子边量"这一条件，把问题集中在了"做标记"减少测量误差上。

幼儿："测量时铅笔移动后首尾之间有距离。"

（2）提升测量经验，如何做标记更适宜。

教师："我们怎么做能更准确地使铅笔移动后首尾相接呢？"

幼儿："我可以用手来做标记！"

经过讨论提出了3种做标记的方法：①用手指在桌子旁做标记。②用手指在铅笔边上做标记，复制测量时可以用铅笔压住手指的地方。③用笔在桌子边画标记。

教师："这三种做标记的方法，哪一种更适宜呢？为什么？"

幼儿："第三种方法最好，因为笔尖比手指细，而且标记不会动。"

【活动延伸】
　　引导幼儿利用新方法再次进行测量。
【活动建议】
　　丰富主题墙面上有关此活动的内容。

活动四：语言活动"一寸虫"

【活动目标】
　　1. 在情境中尝试利用"一寸虫"进行测量，激发幼儿对测量活动的兴趣。
　　2. 欣赏、理解绘本故事内容，感受一寸虫的机智和勇敢。
【活动准备】
　　绘本《一寸虫》，测量材料——寸虫和知更鸟（每人1个）。
【活动重点、难点】
　　重点：运用适宜的测量方法进行测量。
　　难点：理解故事内容，感受一寸虫的机智。
【活动过程】
　　1. 谈话活动，引出绘本《一寸虫》这一主题。
　　教师："谁能说一说，我们上次是用什么工具来测量桌子的？有哪些方法？"
　　幼儿："用一支铅笔测量的，测量时要首尾相接沿一条直线去测量，可以做标记。"
　　教师："有一个小虫子，它的名字叫一寸虫，一寸有多长呢？"（引导幼儿说一说或用手比一下自己认为的一寸的长度）
　　2. 阅读绘本《一寸虫》中"一寸虫与知更鸟"的章节。
　　（1）出示"一寸虫和知更鸟的画面"，引发讨论。
　　教师："知更鸟看见一寸虫笑了，为什么？"
　　幼儿："想吃掉一寸虫……"
　　教师："一寸虫会怎么做？"
　　幼儿："逃走……"
　　（2）阅读绘本，激发幼儿合作帮助一寸虫测量知更鸟的愿望。
　　教师："一寸虫对知更鸟说：'我会量东西。'知更鸟请一寸虫量尾巴，并说：'如果你量不好，我就要吃掉你。'一寸虫可以怎样量知更鸟的尾巴呢？"
　　幼儿："用身体量，头和尾相连在知更鸟的尾巴……"
　　教师："让我们一起来帮帮一寸虫吧！"
　　（3）引导幼儿两人一组利用"一寸虫和知更鸟的画面"进行测量活动，并进行测量分享。
　　3. 阅读绘本中"一寸虫与火烈鸟、巨嘴鸟、苍鹭、雉鸡、蜂鸟"的章节。
　　教师："接下来，知更鸟又带着一寸虫去找哪些鸟测量去了呢？"
　　4. 阅读绘本中"一寸虫与夜莺"的章节，理解故事大意，展开讨论。
　　教师："夜莺让一寸虫量自己的歌声，否则就吃掉它，歌声怎么量呢？谁能说一说？"
　　幼儿："歌声又不是东西，怎么量呢？"
　　教师："我们来看看'一寸虫'是怎么做的吧！"
　　5. 小结，回顾故事内容。
　　教师："多么聪明机智的一寸虫，利用自己的智慧避开了夜莺的刁难，逃走了。好了，故事讲完了，让我们一起回忆一下书里的内容吧！"
【活动延伸】
　　引导幼儿说一说自己对故事的理解和感受。

【活动建议】
　　在活动过程中可以结合幼儿的测量经验，在讲述故事时，利用一寸虫测量火烈鸟的颈部。

活动五：不一样的尺子

【活动目标】
　　1. 了解尺子的多样性，知道不同的尺子有不一样的用途。
　　2. 能发现尺子的共同点，激发对尺子的探究欲望。

【活动准备】
　　经验准备：在幼儿寻找尺子的过程中，家长有意识地向幼儿介绍了尺子的名称和用途。
　　物质准备：幼儿从家里带来的各种各样的尺子，各种尺子的图片，讨论交流记录纸。

【活动重点】
　　能通过观察和思考发现尺子都有刻度的共同点。

【活动过程】
　　1. 出示尺子图片，引入主题。
　　教师："看一看图片上的物体都是什么？你知道它们是做什么用的吗？"
　　幼儿："三角板、尺子、半圆仪……量东西用的。"
　　教师："它们有一个共同的名字叫'尺子'，是用来测量物体的。"
　　2. 交流与分享自己带来的尺子的特点与用途。
　　教师："谁能向大家介绍一下自己的尺子，要求说出尺子的名称、特点和用途。"
　　幼儿："我的尺子是直尺，它是长方形的，可以用来测量书的大小、玩具的长度、积木的……"
　　幼儿："我的尺子叫半圆仪，它是半圆形状的，爸爸告诉我它可以测量桌子的角有多大和其他有角的东西的角度。"
　　3. 提出问题，引发思考：尺子的共同点和不同点。
　　（1）讨论与记录。
　　教师："我们介绍了那么多不一样的尺子，请你们仔细观察它们到底有哪些不一样的地方。"
　　幼儿："它们的外形不一样，有的是长的、有的是半圆……"
　　幼儿："有的是塑料做的，有点硬；有的是软软的，像个带子；有的是纸做的，但是容易坏。"
　　教师："仔细观察，尺子有这么多不一样的地方，那你能找出它们的共同点吗？"
　　幼儿："我看到每个尺子上都有数字。"
　　教师："这些数字在尺子上的名字叫刻度，你们还有新的发现吗？"
　　幼儿："它们都能测量东西……"
　　（2）提升与总结。
　　教师："尺子的种类很多，它们有不同的名字，都是用来测量物体的，但是测量不同的物体要用不同的尺子。"

【活动延伸】
　　班级中设置一块区域摆放各种各样的尺子，供幼儿进行探索与应用。

【活动建议】
　　1. 家园配合：教师要引导家长在幼儿收集各种各样的尺子时，针对尺子的名称、特点和用途三方面给孩子做出介绍。
　　2. 为了便于幼儿更清晰地认知尺子，教师在讨论环节，要根据幼儿说出的尺子的异同点进行图文式记录。在经验提升环节也要有意识地引导幼儿关注记录纸的内容。

活动六：美术活动"尺子画一画"

【活动目标】

1. 巩固和丰富对尺子的认知和理解。

2. 喜欢参与活动，能大胆利用尺子进行绘画创作，发展创造力与想象力。

【活动准备】

1. 幼儿从家里收集的各种各样的尺子：卷尺、直尺、半圆仪……

2. 用尺子创作的美术作品：造型艺术、绘画作品。

3. 基本创作的美工工具材料。

【活动重点】

能用不同的尺子画出不同的线条与形状。

【活动过程】

1. 出示各种各样的尺子，引导幼儿回忆尺子的名称和用途。

教师："还记得这些尺子的名字吗？它们分别可以干什么呢？"

幼儿："这是我带的半圆仪，它能测量角度……"

2. 欣赏与表达。

教师："尺子除了可以用来测量，还可以用来进行美术创作，让我们一起来欣赏一下吧！说一说你看到作品的感受，讲一讲你认为它是怎样做的？"

幼儿："我觉得特别神奇和有趣，没想到尺子还能拼出小动物来。"

幼儿："这幅画真好看，它是由许多弧线和直线组成的，我想它是用半圆仪和直尺比着画的。"

3. 幼儿创作与分享。

（1）创作前的创意分享。

教师："我们也来用尺子创作作品怎么样？谁能说一说你打算用尺子做什么呢？"

幼儿："我想画许多楼房，那是我们的小区。"

教师："可以选择哪些尺子呢，怎么用？"

幼儿："直尺，画楼房的墙……"

幼儿："我想用尺子粘一张桌子。"

教师："很好的想法，可以怎么做？"

幼儿："用卷尺当桌面，下面粘上四个半圆仪当桌子腿。"

教师："很不错的创意，谁还有不一样的想法？"

幼儿："……"

（2）幼儿自选材料进行创作。

（3）分享与交流。教师引导幼儿从以下方面进行分享：①介绍自己的作品名称及制作方法。②两人或多人进行作品讲述、故事创编活动。

【活动延伸】

1. 创设尺子作品展示区。

2. 活动材料投放在美工区，供幼儿区域活动创作使用。

【活动建议】

活动中教师要提示幼儿注意不要被尺子边的尖扎到，激发幼儿的创新意识，鼓励幼儿创作和别人不一样的作品。

活动七：大树有多粗——哪种尺子最合适

【活动目标】

1. 大胆尝试，并积极表达自己的操作感受。

2. 根据测量物体的特点和对测量工具的理解，确定测量树干的尺子类型。

【活动准备】

经验准备：对尺子有一定的认知与了解。

物质准备：卷尺，直尺，半圆仪，三角板，记录纸。

【活动重点】

根据活动经验推断出适宜测量大树粗细的测量工具。

【活动过程】

1. 讨论测量方法。

教师："操场上有三棵差不多粗细的杨树，用什么方法能知道哪棵树最粗呢？"

幼儿："用尺子量一量。"

教师："哪种尺子最适宜呢？"

幼儿："我觉得都可以，因为尺子就是量东西用的。"

幼儿："我觉得量衣服的皮尺可以，因为它可以抱住大树。"

2. 幼儿自选测量工具进行测量。

3. 分享与表达测量感受，找出适宜测量大树粗细的测量工具。

（1）分享与记录。

教师："谁能向大家介绍一下你选用的是什么尺子，是怎样测量的，你有什么感受？你认为它适宜测量大树的粗细吗？"

幼儿："我用的是直尺，它不能弯曲，测起来很麻烦，动来动去的，我觉得它不适合。"

幼儿："我用的是卷尺，它能贴在大树干上，测起来特别方便。"

（2）教师引导幼儿提升经验。

教师："测量大树粗细的方法有很多，我们可以选择质地软一些、能弯曲的尺子，如卷尺和皮尺等，这样就能将大树环绕起来进行测量了。"

【活动延伸】

引导幼儿选择适宜的尺子测量大树的粗细，评出"最粗的大树冠军"，并为大树系上冠军牌。

【活动建议】

在分享与表达的记录过程中，教师可以记录适宜的测量工具和不适宜的测量工具。

效果分析

幼儿发现问题，一起探究如何解决问题，教师以此作为教育契机，形成幼儿园主题活动。教师为幼儿做好环境的准备，启发幼儿一步深入探究测量的奥秘，发现有趣的测量。幼儿园探究类的主题活动着眼于培养幼儿的创新意识和动手操作能力，幼儿在本主题活动中自主观察与探索、自由表达。需要强调的是探究类主题活动离不开与之紧密联系的物质环境，例如环境创设、各个区域的环境、材料投放等；最离不开的还是宽松自由的心理环境，在安全、宽松的心理环境中，幼儿才会发生主动学习与探究。幼儿探究的问题是从生活中来，最后再应用到生活中去，这样更有利于幼儿的学习和提高。

——【幼儿园教师资格证考试：真题·2020年下】——

为了帮助小班新入园的幼儿尽快适应集体生活，于老师准备开展"高高兴兴上幼儿园"系列主题活动，请围绕该主题为于老师设计三个子活动。

要求：

（1）写出主题活动总目标。

（2）写出其中一个子活动的活动方案，包括活动的名称、目标、准备和主要环节。

（3）写出另外两个子活动的名称目标。

本章小结

1. 幼儿园主题活动是指在一定的时间里，围绕一个中心内容即主题来组织的教育教学活动，是需要师幼共同参与建构，共同完成的活动。幼儿园主题活动从幼儿的兴趣、需要和经验出发，打破了幼儿园各个学科之间的界限，幼儿在幼儿园主题活动中可以获得与主题相关的比较完整的经验，进行学习和探索。

2. 幼儿园主题活动的类型：从主题结构化程度来看，结构化程度较高的主题活动偏向于教师的预设，而结构化程度较低的主题活动偏向于幼儿自己的生成或是教师和幼儿共同生成；从主题生成性的程度来看，幼儿园主题活动可以分为预设型、半生成型和生成型三种类型。

3. 主题活动组织是一门教学的艺术，为了让幼儿园主题活动更好地发挥功能，有效地促进幼儿多方面的发展，在进行活动组织时应遵循一些原则：儿童本位原则、整合性原则、渗透性原则和实践性原则。

4. 一般情况下的幼儿园主题活动组织设计，首先要选择确定活动主题、确定活动总目标。其次设计主题活动的内容，编制主题活动网络，与此同时设置主题活动周期。最后设计子活动的具体方案，在设计过程当中还要整合利用活动资源等。

关键术语

幼儿园主题活动　整合性原则　渗透性原则　主题活动网络

思考题

1. 幼儿园主题活动有何特点？
2. 幼儿园主题活动的类型有哪些？
3. 简述幼儿园主题活动的组织与指导原则。

建议的活动

最近大三班的许多小朋友用大大小小的纸盒制作小汽车等物品，马老师发现制作的汽车装饰不太一样，但结构差不多，往往只有车厢、车轮、车灯等，马老师认为可以根据这种情况生成一个"汽车"主题活动，引发幼儿的深度学习。请帮助马老师设计一个"汽车"主题活动。

参考文献

[1] 中华人民共和国教育部颁布. 幼儿园工作规程[M]. 北京：首都师范大学出版社，2016.

[2] 中华人民共和国教育部颁布. 幼儿园教育指导纲要（试行）[M]. 北京：北京师范大学出版社，2001.

[3] 中华人民共和国教育部颁布. 3—6岁儿童学习与发展指南[M]. 北京：首都师范大学出版社，2016.

[4] 朱家雄. 幼儿园教育活动设计与实施[M]. 北京：高等教育出版社，2008.

[5] 朱家雄. 幼儿园课程的理论与实践[M]. 上海：华东师范大学出版社，2012.

[6] 朱家雄. 幼儿园课程论[M]. 北京：中央广播电视大学出版社，2007.

[7] 张明红. 学前儿童语言教育与活动指导[M]. 上海：华东师范大学出版社，2014.

[8] 张明红. 学前儿童社会学习与发展核心经验[M]. 南京：南京师范大学出版社，2018.

[9] 鄢超云. 学前教育评价[M]. 北京：高等教育出版社，2010.

[10] 张亚军，方明惠. 幼儿园活动设计与经典案例[M]. 上海：华东师范大学出版社，2013.

[11] 靳玉乐. 现代教育学[M]. 成都：四川教育出版社，2011.

[12] 甄丽娜. 幼儿园教育活动设计与指导[M]. 北京：北京师范大学出版社，2016.

[13] 黄人颂. 学前教育学[M]. 北京：人民教育出版社，2015.

[14] 邓霁岚. 幼儿园教育活动设计与实施[M]. 武汉：武汉大学出版社，2018.

[15] 成军，张淑琼. 幼儿园教育活动设计与实施[M]. 北京：高等教育出版社，2016.

[16] 张淑琼，陆丽华. 幼儿园教育活动设计与实施[M]. 北京：北京师范大学出版社，2012.

[17] 朱凯利. 幼儿园教育活动设计与指导[M]. 西安：陕西师范大学出版总社有限公司，2014.

[18] 高敬. 幼儿园教育活动设计与指导[M]. 上海：华东师范大学出版社，2014.

[19] 麦少美，孙树珍. 学前儿童健康教育活动指导[M]. 上海：复旦大学出版社，2019.

[20] 张小红，尹艳玲，江海威. 学前儿童健康教育活动指导[M]. 北京：航空工业出版社，2019.

[21] 杨旭，康素洁. 幼儿园健康教育活动设计与指导[M]. 长沙：湖南大学出版社，2013.

[22] 代晓明，喻正莹. 学前卫生学[M]. 青岛：中国海洋大学出版社，2014.

[23] 叶平枝，徐宝良. 学前儿童健康教育与活动指导[M]. 长沙：湖南大学出版社，2015.

[24] 郑晓边. 学前儿童健康教育[M]. 武汉：武汉大学出版社. 2018.

[25] 刘艳. 幼儿心理健康问题及其影响因素分析与应对[J]. 学前教育研究，2015（03）.

[26] 许卓娅. 幼儿园音乐教育与活动设计[M]. 北京：高等教育出版社，2009.

[27] 许卓娅. 学前儿童音乐教育[M]. 北京：人民教育出版社，1996.

[28] 卢筱红. 幼儿园教育活动设计与实践指导[M]. 南昌：江西高校出版社，2014.

[29] 邓晓辉，邹琳，李婷. 幼儿园活动设计[M]. 北京：航空工业出版社，2016.

[30] 周燕. 幼儿园活动设计[M]. 成都：西南交通大学出版社，2014.

[31] 陈福静. 幼儿园主题活动的设计与实施策略[M]. 北京：中国轻工业出版社，2016.

[32] 黄瑾. 学前儿童数学教育[M]. 上海：华东师范大学出版社，2007.

[33] 黄瑾. 学前儿童数学教育与活动指导[M]. 上海：华东师范大学出版社，2014.

[34] 黄瑾. 幼儿园教育活动设计与指导[M]. 上海：华东师范大学出版社，2007.

[35] 虞永平. 幼儿园社会教育的方法[J]. 山东教育（幼教刊），2005（27）.

［36］虞永平. 幼儿园社会教育与领域渗透［J］. 幼儿教育，2005（09）.

［37］虞永平，原晋霞. 幼儿园课程［M］. 北京：高等教育出版社，2014.

［38］宗珣. 幼儿园主题活动设计与指导［M］. 合肥：安徽大学出版社，2017.

［39］赵旭莹，周立莉. 幼儿园综合主题活动设计技巧与优秀案例［M］. 北京：中国轻工业出版社，2014.

［40］夏力. 回归生活：幼儿园教育活动案例及评析［M］. 上海：复旦大学出版社，2008.

［41］袁红燕. 幼儿探究性主题活动的实践探索研究［J］. 皖西学院学报，2020.

［42］赵芳. 当前幼儿园主题教学活动中的问题及对策［J］. 红河学院学报，2017（05）.

［43］虞永平，张帅. 从模仿借鉴到规范创新——新中国成立70年来幼儿园课程的发展［J］. 南京师大学报（社会科学版），2019（06）.

［44］叶亚玲，傅建明. 幼儿园教育活动设计［M］. 上海：复旦大学出版社，2014.

［45］张慧和，张俊. 幼儿园数学教育［M］. 北京：人民教育出版社，2004.

［46］邱淑慧. 学前儿童科学教育与活动指导［M］. 北京：教育科学出版社，2016.

［47］约翰·杜威. 经验与教育［M］. 姜文闵，译. 北京：人民教育出版社，2005.

［48］赵祥麟，王承绪. 杜威教育论著选［M］. 上海：华东师范大学出版社，1981.

［49］约翰·杜威. 民主主义与教育［M］. 王承绪，译. 北京：人民教育出版社，1990.

［50］迈·凯梅·普林格尔. 儿童的需要［M］. 禹春云，译. 北京：春秋出版社，1989.

［51］哈贝马斯. 认识与兴趣［M］. 郭官义，李黎，译. 上海：学林出版社，1999.

［52］约翰·杜威. 学校与社会·明日之学校［M］. 赵祥麟，等，译. 北京：人民教育出版社，2005.

［53］夏征农. 辞海（教育学·心理学分册）［M］. 上海：上海辞书出版社，1987.

［54］顾明远. 教育大辞典（第1卷）［M］. 上海：上海教育出版社，1990.

［55］李沐明. 幼儿教育词典［M］. 哈尔滨：黑龙江科学技术出版社，1987.

［56］祝士媛，唐淑. 幼儿教育百科辞典［M］. 上海：上海教育出版社，1989.

［57］潘文国. 语言的定义［J］. 华东师范大学学报（哲学社会科学版），2001（1）.

［58］祝泽舟，乔芳玲. 0—3岁婴幼儿语言发展与教育［M］. 上海：复旦大学出版社，2011.

［59］董菊初. 张志公语文教育思想概说［M］. 北京：人民教育出版社，2001.

［60］李香娥，李宪勇. 学前儿童语言教育［M］. 沈阳：辽宁大学出版社，2013.

［61］叶瑞祥. 简明学习科学全书［M］. 北京：团结出版社，2017.

［62］李俊梅，张凤英. 学前儿童语言教育活动指导［M］. 北京：北京理工大学出版社，2019.

［63］张政，李传江. 幼儿园开展辩论活动的问题与思考——以大班辩论活动"大人好还是小孩好"为例［J］. 幼儿教育，2017（18）.

［64］杨君莉. 幼儿文学活动与幼儿审美情感的发展［J］. 文学教育（下），2021.

［65］王翠霞，刘静，汤杰英. 大班辩论活动"晴天好还是雨天好"及评析［J］. 幼儿教育，2014（07）.

［66］于开莲. 幼儿园社会教育活动指导［M］. 北京：人民教育出版社，2011.

［67］李幼穗. 儿童社会性发展及其培养［M］. 上海：华东师范大学出版社，2004.

［68］吴丽丽. 幼儿园社会教育的目标解读与实施途径［J］. 西北成人教育学院学报，2016（03）.

［69］张成林，杨翠. 学前儿童社会教育与活动指导［M］. 广州：广东高等教育出版社，2019.

［70］彭海蕾. 学前儿童社会教育与活动指导［M］. 北京：教育科学出版社，2012.

［71］王乃正，江夏. 学前儿童社会教育与活动指导［M］. 长沙：湖南大学出版社，2015.

［72］张岩莉. 学前儿童社会教育［M］. 上海：复旦大学出版社，2016.

［73］王冬兰. 幼儿园社会教育活动内容的选择与实施探析［J］. 教育导刊（下半月），2011.

［74］吕炳君. 学前儿童社会教育［M］. 武汉：华中师范大学出版社，2013.

[75] 苏媛媛. 5—6岁幼儿自我意识发展的特点研究[D]. 长春：东北师范大学，2013.

[76] 徐琳. 幼儿社会教育与活动指导[M]. 南京：江苏凤凰教育出版社，2013.

[77] 赵景辉. 学前儿童社会教育[M]. 重庆：西南大学出版社，2018.

[78] 郦燕君. 学前儿童科学教育[M]. 北京：高等教育出版社，2014.

[79] 郭敏，丁金霞. 论生态观视野下幼儿园音乐教育价值的复归[J]. 当代教育与文化，2017（06）.

[80] 刘占兰. 学前儿童科学教育[M]. 北京：北京师范大学出版社，2008.

[81] 王振宇. 学前儿童发展心理学[M]. 北京：人民教育出版社，2015.

[82] 吕萍. 论儿童科学概念的形成[D]. 上海：上海师范大学，2015.

[83] 鄢超云. 朴素物理理论与儿童科学教育——促进理论与证据的协调[D]. 上海：华东师范大学，2004.

[84] 苏贵民. 幼儿园科学领域课程实施研究[D]. 重庆：西南大学，2008.

[85] 陈婷. 城乡大班幼儿前科学概念的研究[D]. 金华：浙江师范大学，2020.

[86] 彭春燕. 5—7岁儿童光影概念发展的研究[D]. 长沙：湖南师范大学，2011.

[87] 郭亦勤. 学前儿童艺术教育活动指导[M]. 上海：复旦大学出版社，2005.

[88] 孔起英. 幼儿园美术教育[M]. 北京：人民教育出版社，2004.

[89] 魏传义. 艺术教育学[M]. 重庆：重庆出版社，1990.

[90] 黑格尔. 美学[M]. 朱光潜，译. 商务印书馆. 1995.

[91] 曹能秀. 学前比较教育[M]. 上海：华东师范大学出版社，2009.

[92] 张沪，张宗麟. 幼儿教育文集[M]. 长沙：湖南教育出版社，1985.

[93] 王晓玲，钱光丽. 幼儿园多元文化教育目标定位与实践策略[J]. 学前教育研究，2016（04）.